もしもし"調査相談室"に寄せられる

よくある金融実務相談事例 200

行方 洋一／林 正裕［監修］　小宮 夏樹［編集代表］

融資問題研究会［編］
一般社団法人 金融財政事情研究会

刊行にあたって

　一般社団法人 金融財政事情研究会の「融資問題研究会」は1980年に発足し、現在では約300の金融機関に会員としてご登録いただいています。

　融資問題研究会の"調査相談室"では、会員の方から電話・FAX・Eメール等で一般的な金融実務に関するご相談をいただき、調査相談員が回答となるべき参考文献（書籍や雑誌）を検索・調査して、該当する情報（資料）を提供させていただいています。

　"調査相談室"には、年間で約2,000件にも及ぶ調査相談が寄せられています。

　2016年の相談事例を内容別に見てみますと、①担保・保証（17％）、②取引の相手方（15％）、③回収・差押え（11％）、④融資管理（10％）、⑤相続（10％）、⑥預金・手形（9％）、⑦貸出（7％）、⑧倒産・再生（4％）、⑨協同組織金融機関（4％）、⑩その他（13％）と非常に多岐にわたっています。その中でも、複数の金融機関から寄せられた同様のご相談を200事例ピックアップし、一般的な対応をコンパクトに解説させていただきました。

　"調査相談室"に寄せられる金融実務相談は、会員金融機関の職員のみならず、非会員金融機関の職員にとりましても、日々同様の案件に接し、「この場合は、どう対処すべきなのか？」といった共通の悩みを抱くことがあるかと思われます。今回、そうした悩みを解消するための一助になればと思い本書を刊行いたしました。

　本書を、金融実務を行ううえでのハンドブックとして、ご活用していただければ幸いです。

　なお、"調査相談室"は、有資格者（弁護士等）が行っている法律相談所ではございませんので、個別具体的な案件（契約書等の内容確認など）のご相談には対応することはできません。あくまでも共通した案件に対する一般的な対処方法や手続の際の留意点など、当会の刊行物に記載のある資料を提供させていただくものですので、その点は、ご理解のほどよろしくお願い申し上げます。

融資問題研究会 事務局

目　次

第 1 章　預金・手形

001　預金者の家族への払戻し …………………………… 2
002　預金者の入居する施設職員への払戻し …………… 3
003　離婚した夫婦の一方に対する預金の払戻し ……… 4
004　未成年の子ども名義の預金の払戻し ……………… 5
005　共同相続人の1人からの相続預金払戻請求 ……… 6
006　元清算人からの払戻請求 …………………………… 7
007　預金の拘束 …………………………………………… 8
008　疑わしい相手からの口座開設依頼 ………………… 10
009　預金口座の強制解約の可否 ………………………… 11
010　反社会的勢力の預金口座の解約 …………………… 12
011　警察からの預金口座凍結依頼への対応 …………… 13
012　預金口座解約後の返還方法 ………………………… 15
013　通帳の喪失届受理の際の本人確認 ………………… 16
014　遺言執行者からの相続預金払戻請求 ……………… 17
015　定期預金の一部に対する差押え …………………… 18
016　自動継続特約付定期預金への差押え ……………… 19
017　自動継続特約付定期預金の預金者の死亡 ………… 20
018　預金者死亡後の振込金の取扱い …………………… 21
019　口座振替依頼人死亡後の振替の継続 ……………… 22
020　滞納処分による差押えが競合した場合 …………… 23
021　預金差押えに対する陳述書の記載 ………………… 24
022　睡眠預金（休眠預金）への差押え ………………… 25
023　預金の差押えと利息 ………………………………… 26
024　当座貸越の消滅時効の起算点 ……………………… 27
025　自動継続特約付定期預金の消滅時効の起算点 …… 28
026　税務署からの預金調査への対応 …………………… 29
027　振込金の受領拒否 …………………………………… 31
028　代表資格の表示のない手形 ………………………… 32

029	受取人名のカナ文字表記	33
030	登記簿上の所在地と異なる手形上の肩書地	34
031	複数の手形の呈示と資金不足	35
032	振出日、裏書日、満期日の先後関係	36
033	割引手形の白地補充	38
034	手形の回収義務	39

第2章　取引の相手方

035	高齢者との取引	42
036	成年後見人との取引	43
037	任意後見人との取引	44
038	未成年者との取引	45
039	外国人との取引	46
040	代筆の取扱い	48
041	代理人との取引	49
042	破産者の権利や資格の制限および復権	50
043	株式会社との取引	51
044	複数の代表取締役が存在する会社との取引	52
045	代表者死亡後、新代表者選任までの対応	54
046	代表者の死亡と請求・通知の相手方	55
047	旧代表者との取引	56
048	取引先の法人成り	57
049	地方公共団体との取引	59
050	税理士法人との取引	59
051	マンション管理組合との取引	60
052	相続財産管理人との取引	62
053	医療法人との取引	63
054	社会福祉法人との取引	64
055	地縁団体との取引	65
056	権利能力なき社団との取引	66
057	任意団体との取引	67

058	農業協同組合との取引	68
059	宗教法人との取引	69
060	学校法人との取引	70
061	NPO法人との取引	72
062	清算会社との取引	73
063	一般社団法人（一般財団法人）との取引	75
064	合同会社（LLC）との取引	76
065	特例有限会社との取引	77
066	有限責任事業組合（LLP）との取引	79
067	共同企業体（JV）との取引	80

第3章　融資管理

068	証書の紛失	82
069	主債務の条件変更と担保保証への影響	83
070	手形貸付の条件変更と旧手形の返却の要否	84
071	条件変更と連帯債務	85
072	離婚に伴う債務引受	86
073	当座貸越先の死亡	88
074	取引先の事業譲渡	89
075	取引先の吸収合併	91
076	取引先の会社分割	92
077	取引先法人の解散	93
078	成年後見人と利益相反	94
079	期限の利益喪失事由の該当性	95
080	期限の利益の復活	96
081	貸出金の消滅時効の起算日	97
082	連帯保証人と時効管理	99
083	承認と時効中断	100
084	保証人の弁済と主債務の時効中断	101
085	時効完成後の債務承認	102

第4章　担保・保証

- 086　抵当権登記費用・印紙税の費用負担 …………………… 104
- 087　未登記建物の担保取得 ………………………………… 105
- 088　共有持分への抵当権設定 ……………………………… 106
- 089　抵当権と賃借権の優劣 ………………………………… 106
- 090　融資実行日と抵当権登記日のズレ …………………… 108
- 091　根抵当権と被担保債権の範囲 ………………………… 109
- 092　根抵当不動産の譲渡への対応 ………………………… 110
- 093　根抵当権と債務引受 …………………………………… 112
- 094　共用根抵当権の確定事由 ……………………………… 113
- 095　破産手続と根抵当権の確定 …………………………… 114
- 096　根抵当権と滞納処分による差押えとの優劣 ………… 115
- 097　収益物件の賃料債権の確保 …………………………… 116
- 098　担保物件の売却と連帯保証人の同意 ………………… 118
- 099　借地上の建物の担保取得 ……………………………… 119
- 100　地役権が設定されている土地の担保取得 …………… 120
- 101　保留地の担保取得 ……………………………………… 121
- 102　株式の担保取得 ………………………………………… 123
- 103　生命保険への担保設定 ………………………………… 124
- 104　メガソーラーに対する担保設定 ……………………… 125
- 105　担保不動産競売代金の余剰分 ………………………… 127
- 106　保証人の追加・脱退への対応 ………………………… 128
- 107　経営者保証ガイドライン ……………………………… 129
- 108　信用保証協会の代位弁済と未収利息 ………………… 131
- 109　根保証の元本確定事由 ………………………………… 132

第5章　回収・差押え

- 110　債権証書の返却方法 …………………………………… 134
- 111　手形貸付の期日前における一部弁済 ………………… 135
- 112　第三者弁済の受領 ……………………………………… 136

113	期限前繰上弁済と手数料	137
114	競売配当金の充当順序	138
115	任意売却と詐害行為取消権	139
116	賃料への物上代位と敷金の充当	140
117	物上代位による差押えと時効の中断	141
118	不動産競売における時効中断終了時期	142
119	競売手続の取消し・取下げと時効中断	143
120	生命保険金からの回収	145
121	火災保険に対する質権設定	146
122	僚店預金との相殺	147
123	総合口座との相殺	148
124	相殺と払戻充当の差異	149
125	当座勘定解約前の相殺の可否	150
126	年金を原資とする預金との相殺の可否	151

第6章　貸　出

127	融資証明書と貸付義務	154
128	約定書徴求時や融資取引の際の説明義務	155
129	契約書の訂正と捨印	156
130	契約書と印鑑登録証明書の記載の不一致	157
131	代表者の肩書きの表記方法	158
132	債務引受の際の約定書の徴求	160
133	既存取引先への暴力団排除条項の適用	161
134	連帯債務と連帯保証	162
135	建築基準法違反の建物に対する融資	163
136	連帯債務と手形貸付	164
137	ABLを用いた融資手法	165
138	シンジケート・ローン参加の留意点	167

第7章　倒産・再生

- 139　預金者の破産手続、民事再生手続への対応 …………… 170
- 140　受任通知到達後の預金払戻し ……………………………… 171
- 141　連帯債務者の1人が破産した場合 ………………………… 172
- 142　破産手続開始の決定と法人代表者への影響 …………… 173
- 143　破産手続開始決定後の保証人の弁済 …………………… 174
- 144　滞納処分と破産 ……………………………………………… 175
- 145　自由財産からの債権回収 …………………………………… 176
- 146　貸出先の破産と抵当権による回収 ………………………… 177
- 147　別除権の放棄と意思表示 …………………………………… 178
- 148　受任通知到達後の相殺 ……………………………………… 179
- 149　当座貸越債権との相殺 ……………………………………… 180
- 150　劣後債権との相殺 …………………………………………… 182
- 151　債権届出後の相殺 …………………………………………… 183
- 152　破産免責と相殺 ……………………………………………… 184
- 153　不誠実な破産者の免責と意見申述 ………………………… 185
- 154　主債務者の破産と保証債務の時効管理 ………………… 186
- 155　破産者との契約の有効性 …………………………………… 188
- 156　破産手続終結後の会社代表者への預金払戻し ………… 189
- 157　民事再生の申立てと相殺 …………………………………… 190
- 158　民事再生手続における住宅資金特別条項 ……………… 191

第8章　相　続

- 159　代襲相続の考え方 …………………………………………… 196
- 160　養子縁組と相続 ……………………………………………… 197
- 161　遺留分を侵害する預金の払戻し …………………………… 198
- 162　遺言がある場合の遺産分割協議との優劣 ……………… 199
- 163　外国国籍を有する被相続人の預金の取扱い …………… 200
- 164　韓国国籍を有するお客さまの死亡と相続 ……………… 201
- 165　相続権の調査 ………………………………………………… 202

166	相続放棄と熟慮期間内の回収	203
167	相続人全員が相続放棄をした場合の対応	204
168	相続人の1人が行方不明の場合	205
169	未成年の相続人への対応	206
170	相続債務の引受	207
171	連帯保証人の死亡	209
172	連帯債務者の死亡	210
173	物上保証人の死亡	211
174	根抵当権設定者兼債務者の死亡と相続	212
175	連帯保証人が債務者を相続した場合の対応	214
176	共同相続人の1人からの全額弁済	215
177	相続預金の滞納処分	216
178	貸金庫の内容物の引渡し	217
179	相続人による貸金庫開扉要求	218
180	預金相続人からの取引履歴開示請求	219
181	相続人からの解約預金の取引経過開示請求	221

第9章　協同組織金融機関

182	地区内転入予定者の会員資格	224
183	親子会社の会員資格	225
184	学校法人・財団法人の会員資格の判定基準	226
185	地区内の大学に通学する学生の会員資格	227
186	アパート経営と会員資格	228
187	会員の地区外転出と貸付債務	229
188	事後地区外貸出の存続と持分払戻しの要否	230
189	非会員を連帯債務者とする借入れの申出	231
190	理事との取引と利益相反	232
191	持分払戻請求権の消滅時効	233
192	持分への滞納処分による差押え	234
193	会員の民事再生（会社更生）手続開始決定	235
194	会員の破産手続開始決定	236

第10章　その他

- 195　誤振込への対応 …………………………………………… 238
- 196　貸金庫への差押え ………………………………………… 240
- 197　店内遺失物への対応 ……………………………………… 241
- 198　競売不動産に残された前所有者の持ち物 ……………… 242
- 199　保証人への情報開示 ……………………………………… 243
- 200　防犯カメラの映像提供・調査 …………………………… 244

※本書は、原則として平成28（2016）年12月末時点の法令等に基づいて編集しています。

監修者、編集・執筆者一覧（＊所属は平成28年11月末現在）

監　　修	弁護士　　行方 洋一
	弁護士　　林 正裕
編集代表	弁護士　　小宮 夏樹
執　　筆	調査相談員　伊木 達哉
	調査相談員　米山 裕一
編集補助	調査相談員　武田 敦
	調査相談員　長岡 洋人

凡　例

※下記の引用文献は、次のような略称で記載しました。

畑中龍太郎／中務嗣治郎／神田秀樹／深山卓也［監修］『銀行窓口の法務対策4500講』（金融財政事情研究会） ・Ⅰ巻：コンプライアンス・取引の相手方・預金・金融商品編 ・Ⅱ巻：為替・手形小切手・電子記録債権・付随業務・周辺業務編 ・Ⅲ巻：貸出・管理・保証編 ・Ⅳ巻：担保編 ・Ⅴ巻：回収・担保権の実行・事業再生編	『4500講』Ⅰ巻 Ⅱ巻 Ⅲ巻 Ⅳ巻 Ⅴ巻
伊藤眞／中務嗣治郎／深山卓也／中原利明／三上徹／能城弘昭［編集代表］『新訂貸出管理回収手続双書 貸出管理』（金融財政事情研究会）	伊藤眞ほか『貸出管理』
伊藤眞／中務嗣治郎／深山卓也／中原利明／三上徹／能城弘昭［編集代表］『新訂貸出管理回収手続双書 不動産担保（上）（下）』（金融財政事情研究会）	伊藤眞ほか『不動産担保（上）（下）』
田原睦夫・山本和彦［監修］／全国倒産処理弁護士ネットワーク［編］『注釈破産法（上）（下）』（金融財政事情研究会）	田原睦夫ほか『注釈破産法（上）（下）』

犯罪利用預金口座等に係る資金による被害回復分配金の支払等に関する法律	振り込め詐欺救済法
民間公益活動を促進するための休眠預金等に係る資金の活用に関する法律	休眠預金活用法
犯罪による収益の移転防止に関する法律	犯罪収益移転防止法
外国為替及び外国貿易法	外為法
障害を理由とする差別の解消の推進に関する法律	障害者差別解消法
一般社団法人及び一般財団法人に関する法律	一般社団財団法人法
公益社団法人及び公益財団法人の認定等に関する法律	公益法人認定法
有限責任事業組合契約に関する法律	有限責任事業組合法

最高裁判所民事判例集	民集
大審院民事判決録	民録
最高裁判所裁判集民事	集民
大審院判決全集	全集
金融法務事情	金法
金融・商事判例	金判
判例タイムズ	判タ
銀行法務21	銀法
法律新聞	新聞

第1章
預金・手形

預金者の家族への払戻し

預金者が「高齢のため」あるいは「入院しているため」来店ができず、代わりに預金者の家族が払戻しを請求してきました。この場合、どのように対応すべきでしょうか。

　預金払戻請求を預金者本人以外の第三者が行う場合、通常は、その第三者に払戻権限があるかどうか、本人の意思確認が必要になります。この確認を怠ると、後で本人から「その払戻しは無効である」と主張される可能性があります。

　払戻しを求めてきた家族が、通帳・届出印と預金者の委任状を持参したのであれば、金融機関所定の本人確認手続で家族であることを確認し、払戻しに応じてよいでしょう（民法99条1項）。

　また、委任状がない場合であっても、家族が真正な通帳・届出印を持参して払戻しを求めてきたのであれば、所定の手続で家族であることを確認し、預金者が来店できない理由を聴取し、特段の事情がなければ、家族を預金者の使者と考えて預金の払戻しに応じることができます。

　しかしながら、家族の態度に不自然なところがあり、払戻しの事情を確認できない場合は、無断で払戻しをしようとしている可能性もありますので注意が必要です。この場合には、払戻回数や金額、資金使途その他の具体的な状況により、担当者が預金者に直接面談するなどして事実関係を確認すべきといえます。このような対応をとるのは、民法478条や預金約款の免責条項によって預金払戻しについて金融機関が免責を受けるために必要だからです。

　では、預金者に意思能力のない可能性がある場合、たとえば、認知症を患っている場合には、家族による払戻しが預金者の"お願い"に基づく場合であっても、原則として応じることはできません。なぜなら、意思能力のない状態での"お願い"は有効な払戻権限の授権とはならず、この場合の家族への払戻しは、無権代理人への払戻しになるからです。しかしながら、このような取扱いを形式的に貫くと、入院費等、やむを得ず本人のために資金が必要である場合であっても、いっさい払戻しには応じられないという問題が生じます。

　そこで一定の場合には、本人の意思確認なく預金の払戻しに応じる必要があ

ります。その際には、①預金者本人が来店できない理由、②本人の意思確認ができない理由、③申出金額の必要性等の事情を聴取し、医師の診断書や病院の請求書等の提出を受けて、例外的に払戻しを行うか否かの判断をすることが一般的な実務対応といえます。

相談事例 002　預金者の入居する施設職員への払戻し

特別養護老人ホームの施設入居者の預金について、預金者が来店できず、代わりに預金者の入居する施設職員が払戻しを請求してきました。この場合、どのように対応すべきでしょうか。

特別養護老人ホームや介護老人福祉施設などの施設職員が、預金者の通帳・届出印を持参して来店したときは、まず金融機関所定の本人確認手続により来店した職員の本人確認と身分確認を行います。さらに、払戻しを求めて来店した事情および払い戻した金銭の交付先等（預金者本人あるいは通院先など）を聴取するとともに、必要に応じて預金者本人または施設長等の管理者に連絡し、その職員が預金者から預金の払戻しを依頼されたかどうかを確認する必要があります。

施設職員が実際に預金者から払戻しの依頼を受けて、真正な通帳・届出印を預かって来店したのであれば、払戻しの効果は預金者本人に帰属します。また、施設職員が預金者の依頼によらず、通帳・届出印を持参して、払戻しを受けた場合でも、その職員の払戻権限について疑うべき特別な事情がなければ、それを信じて払戻しを行った金融機関は、善意・無過失をもって債権の準占有者に対する弁済（民法478条）および預金約款の免責条項に基づき免責され、払戻しは有効とされます。払戻しをするにしても、たとえば、定期的に行っている持病の治療のための少額の払戻しならば、通常の取引としての取扱いができると考えられますが、手術費等で高額となる場合は、直接病院に振り込むといった対応が推奨されます。

なお、施設によっては、入居者の預金等につき包括的に財産管理を行う権限を有する契約を行っている場合もあるため、施設所定の帳簿や書類を用いて施設職員の権限の確認を徹底するほか、預金者の通帳・届出印・キャッシュカー

ド等の内部管理体制についても確認することが重要です。

なお、預金者本人が意思能力を欠いる場合は、事例解説1と同様の対応を行い、既に成年後見制度が利用されている場合は、成年後見人や保佐人等から施設職員に対して代理権が授与されているかどうかも確認する必要があります。

相談事例 003 離婚した夫婦の一方に対する預金の払戻し

離婚した妻が夫名義の預金通帳とキャッシュカードを持っていってしまったため、夫が届出印のみを持参して払戻しの請求にやってきました。この場合、夫に預金を払い戻しても問題はないのでしょうか。

預金は、真の預金者に対して払戻しをしなければ、債務の弁済として有効になりません。したがって、まず夫名義の預金であっても名義人たる夫が真の預金者であるのかが問題となります。

この預金者の認定について判例は、定期預金については、自己の預金とする意思で自ら出捐をした者が預金者であるとする客観説を採用してきました（無記名定期預金について最判昭32.12.19金法164号12頁、他人名義の定期預金について最判昭50.1.30金法746号24頁など）。では、普通預金について真の預金者が問題となっている場合であっても、同様に考えられるのでしょうか。

本事例のような夫婦間の場合、民法は、婚姻前から有する財産および婚姻中自己の名で得た財産については特有財産（夫婦の一方が有する固有の財産）としています（民法762条1項）。したがって、本件預金が特有財産であれば、通帳なしで預金を払い戻しても真の預金者に対する弁済として有効となります。もっとも、当該預金が特有財産であるか否かの判断を金融機関が行うことには限界があります。

また、民法は、特有財産であるか否かの判断がつかない場合、当該財産は夫婦の共有に属すると推定しています（762条2項）。したがって、金融機関が預金の実質的出捐者の判別がつかないにもかかわらず預金を夫に払い戻すと、共有持分を超える部分については有効な預金の払戻しとはされず、準占有者弁済（民法478条）の問題が生ずることになります。

この点、預金通帳がなく払い戻す場合には、いわゆる「便宜払い」というこ

とになり、多くの判例は便宜払いという特別な取扱いをする以上、それに相応する注意義務が加重されるとしています。それゆえ、金融機関側の過失が認定されやすく、準占有者弁済による免責が否定されることも多いようです。

また、普通預金の帰属問題について判断を示した2つの最高裁判例（最判平15.2.21金法1677号57頁、最判平15.6.12金法1685号59頁）に鑑みますと、定期預金について最高裁が採用している客観説とは異なり、「実質的な出捐者は誰か」のみならず、「口座の名義人は誰か」「通帳および届出印を保管しているのは誰か」「実際に預金の出し入れを行っていたのは誰か」などを総合的に判断しているといえそうです。

したがって、離婚に伴う財産分与等により預金の帰属が確定しているなどの特段の事情がない限り、たとえ夫名義といえども、通帳を持参していない夫に対しては、安易に払戻しに応じるべきではありません。

以上のことは、預金の名義人以外の者が「この預金は、名義人こそ私ではないが、本当は私が預金をしていたものである。だから私に払い戻しをして欲しい」といった第三者名義の預金とその預金者の認定についての相談でも同様のことがいえます。

相談事例 004　未成年の子ども名義の預金の払戻し

父親とその息子（未成年者）が、父親が口座開設した息子名義の普通預金の払戻しに訪れました。届出印を持っていなかったため、事情をうかがうと1年ほど前に離婚をして、届出印は母親が持っているとのことでした。そこで、母親に確認したところ、親権者は母親で「息子名義の口座に預金をしていたのは私です」とのことでした。とはいえ、現在、一緒に住んで生活をしているのは父親です。この場合、父親とその息子に預金を払い戻すことは可能でしょうか。

事例解説

本事例も、前事例に共通する案件で、既に解説したとおり、たとえ父親が口座開設をした息子名義の預金といえども、父親とその息子に対しては、安易に払戻しに応じるべきではありません。

普通預金契約においては、「口座開設当初の預金者が、その後の預入金につ

いても預金者になる」とされた判例（東京高判平7．3．29金法1424号43頁）があります。この判例に鑑みれば、口座開設の当初、息子を当事者として普通預金契約がなされたのであれば、その後、母親の出捐による入金があったとしても、預金は息子に帰属することになります。

　また、預金が息子に帰属するとしても、本事例では、母親が親権者とされているため、親権者ではない父親または未成年である息子に払い戻してよいかが問題となります。まず、父親に払い戻すことができるかですが、父母が離婚した場合には、どちらか一方が親権者となるため（民法819条1項）、親権者とならなかった者は、親権を行使することはできないと解されています。したがって、母親の同意がない以上、親権の変更（同法819条6項）等が行われない限り、父親が息子を代理して払い戻すことはできないと解されます。次に、息子が単独で払戻しができるかですが、未成年であっても、法定代理人が目的を定めて処分を許した財産は、その目的の範囲内において、未成年者が自由に処分することができ、目的を定めないで処分を許した財産を処分するときも同様とされています（同法5条3項）。しかしながら、本事例では、母親が息子に対し「処分を許した」といえる事情が認められないため、息子に単独で払い戻すこともできないと解されます（粱田誠「未成年の子ども名義の預金の払戻し」金法2012号83頁）。

005 共同相続人の1人からの相続預金払戻請求

預金者が死亡しました。相続人が複数いますが、遺産分割協議はまだ終了していません。この状態で共同相続人の1人から相続預金の払戻請求をされたのですが、どのように対応すべきでしょうか。

　従来、預金が共同相続された場合、預金は当然に相続分に応じて分割されるという理解を前提に、各共同相続人は、単独で自己の法定相続分の払戻請求ができるとされていました（最判昭29．4．8判タ40号20頁）。これは、預金債権が遺産分割協議の対象となる可能性がある場合や他の共同相続人から払戻しを留保するよう要請された場合であっても同様です（東京地判平18．7．14、東京地判平9．5．28）。したがって、金融機関

は共同相続人全員の署名・押印のある依頼書の提出がないことを理由として払戻請求を拒否した場合には、債務不履行責任を負うことになるとされていました。そのため、金融機関としては、一部の法定相続人から単独請求があった場合、その者の法定相続分の範囲で払戻しに応じていたと思います。しかしながら、最高裁平成28年12月19日大法廷決定は、「共同相続された普通預金債権、通常貯金債権及び定期貯金債権は、いずれも、相続開始と同時に当然に相続分に応じて分割されることはなく、遺産分割の対象となるものと解するのが相当である」と判示し、従来の取扱いを変更しました。

本決定を前提にした場合、金融機関としては相続人からの預金の払戻請求に対し、どのように対応すればよいのでしょうか。

まず、法定相続人全員の同意がある相続手続については、本決定後も従来同様、受理可能と考えられます。遺産全体に関する分割協議や審判・調停等がなされなくとも、相続人全員により遺産の一部に限定した分割協議は可能と考えられているからです。

他方で、一部の法定相続人からの単独請求に対しては、従来、例外的に、当然分割承継説の適用を前提に許容していましたが、本決定後は、この取扱いは認められないことになります。

なお、本決定は、金融機関の定期預金については直接触れていませんが、本決定の射程内にあると考えてよいでしょう（浅田隆「相続預金の可分性に関する最高裁大法廷決定を受けて」金法2058号16頁）。

相談事例 006　元清算人からの払戻請求

株式会社が解散し、清算結了の登記がなされました（通常清算）。しかし、この会社の預金が残っていたため、元清算人から払戻しを請求されています。この場合、どのように対応すべきでしょうか。

事例解説

会社は、解散によって直ちに消滅するのではありません。清算の目的の範囲内で会社は存続し、清算の結了により、消滅します。清算は、清算人が、現務を結了し、債権の取立および債務の弁済を行い、残余財産を分配する手続を経て終了します。清算が結了すると、清算結

了の登記がなされます（清算会社との取引については、相談事例62参照）。

　清算の結了により会社が消滅した場合、清算人は、会社を代表する権限を失います。そうであるなら、清算結了登記後は、清算人は清算会社の預金を受領する権限を持たないのではないか、清算人が残存預金の払戻しを請求することはできないのではないかという疑問が生じます。では、本事例のように、清算結了の登記がなされた後に、清算会社の預金（残余財産）が存在することが判明し、元清算人から払戻請求された場合、どのように対応すべきでしょうか。

　判例は、清算結了登記がなされたとしても、会社に残余財産が存在しているならば、いまだ清算は結了しておらず、会社は消滅しないとしています（大判大5．3．17民録22輯364頁）。したがって、清算結了登記がされたとしても、清算会社の預金が残っている場合は、清算会社は消滅していないため清算人の権限も消滅せず、清算人は残存預金の払戻請求ができるといえます。清算人が預金の払戻しを受けるためには、正規の手続としては、閉鎖された会社登記簿に基づいて回復登記をし、その登記簿抄本とその登記所において証明した印鑑証明書を金融機関に提出することが必要ですので、金融機関は、これらの提出を受けてから預金の払戻しを行いましょう。

　もっとも、残存する預金が登記料にも満たないような少額の場合、清算人は上記の手続をあまりとりたくないということも考えられます。こういったときは、「会社の閉鎖登記簿によって、会社の住所、商号および清算人の住所、氏名の記載のある登記簿抄本の交付を受け、かつ清算人個人の住所地の市区町村長の証明した印鑑証明書を添付させ、さらに預金受領についてのいっさいの責任を負う旨の念書を徴したうえで、通帳と払戻請求書によって支払うようにするのも1つの便法であろう」とされています（『4500講』Ⅰ巻1298頁）。

預金の拘束

貸出先の業況が悪化しています。債務者からの預金払戻請求を拒絶すること（預金の緊急拘束）は可能でしょうか。

　預金契約は、民法666条1項・587条の定める消費寄託契約です。普通預金のように、預金の払戻しについて「返還の時

期を定めなかったときは、寄託者は、いつでも返還を請求することができる」とされています（民法666条2項）。ここでの預金の払戻義務は「債務の履行について期限を定めなかったとき」に該当するものですので、「履行の請求を受けた時から遅滞の責任を負う」ことになります（同法412条3項）。したがって、預金拘束をした場合には、債務者たる金融機関は「債務の本旨に従った履行をしない」ものとして、債務不履行であると評価されるおそれがあります（同法415条前段）。

　一方で金融機関は、預金者に対して融資をし、貸金債権を有している場合があります。貸付先の信用状態が悪化し、信用の基礎を失わせる一定の事由が発生したときには、債務者は期限の利益を喪失すると定められており（同法137条）、また、期限の利益喪失について取引約定書で合意していることが一般的です。期限の利益を喪失することは弁済期の到来を意味し、金融機関はいつでも貸金の返還を請求することができる状況となります。

　債務者が既に期限の利益を喪失している場合、預金はいつでも相殺できる状況にあります。この場合、相殺の意思表示をしていないとしても、預金の払戻しを禁止することに法的な問題は少ないと考えられます。このことは、期限の利益の請求喪失事由が生じているが、期限の利益喪失の請求前の場合についても、金融機関としては、いつでも期限の利益の喪失を請求し、相殺適状の状態にして相殺することができることを踏まえれば、基本的に同様と考えられます（『4500講』Ⅰ巻1065頁）。

　なお、実際に相殺の意思表示をして相殺実行・回収しない限り、払戻しを禁止する十分な法的根拠は乏しいとの考え方もあります（伊藤眞「危機時期における預金拘束の適法性」金法1835号15頁）。

　問題は、債務者の業況が悪化しているらしく回収に危惧が生じているが、期限の利益喪失事由が生じているかどうかは不明確な場合です。預金拘束すれば債務不履行となるおそれがありますが、かといって預金拘束しなければ相殺による回収ができなくなるおそれがあるからです。

　預金拘束が債務不履行ないし不法行為に該当しないとした裁判例として、東京高判平24.4.26（金判1408号46頁）があります。この裁判例は、当該事例において①旧銀行取引約定書ひな型5条2項5号の「債権保全を必要とする相当の事由が生じたとき」に該当する事情の存在を認定したうえ、②「貸付債務の履行ができないことを懸念するに足る合理的な理由がある場合には、…（中

略）…信義則又は公平の原則から預金の払戻しを拒絶することができる」と判示しました。

①と②の関係について、同一のものであるのかそれとも別のものを意味するのか、検討の余地はありますが、実質的には同一のものを指していると考えられます（潮見佳男「銀行が取引先の開設した預金口座を凍結した場合において当該取引先に対する債務不履行責任ないし不法行為責任を負わないとした第1審判決が控訴審において是認された事例」金法1977号10頁、印藤弘二「融資先の信用不安時の口座凍結」金法1968号5頁、本多知成「預金の払戻拒絶措置の適否」金法1899号40頁、『4500講』Ⅰ巻1065頁）。

以上により、払戻しの禁止が違法でないといえるためには、「原則として債権保全を必要とする相当の事由、期限の利益喪失事由が存在する必要があり、預金の払戻しを拒む際には、その時点で把握する事情に基づいて客観的、合理的にそれらが存在するといえるかを慎重に判断する」（『4500講』Ⅰ巻1066頁）ことが必要です。

相談事例 008 疑わしい相手からの口座開設依頼

反社会的勢力に該当するか否かの確証が得られない相手から、預金口座の開設依頼を受けました。この場合、預金口座を開設しなければならないのでしょうか。それとも、謝絶すべきでしょうか。

預金口座の開設にあたり、申込者が反社会的勢力であることが判明した場合は、口座の開設を拒否すべきです。それでは、反社会的勢力に該当するか否かの確証が得られない相手からの預金口座の開設依頼についてはどうでしょうか。

金融機関取引は、一般消費者の社会生活にとって不可欠な生活手段となっているほか、国民経済の発展に資するという公共的側面があり、金融機関が預金口座の開設依頼を受けた場合には、それを受け入れる姿勢が望まれるといえましょう。

とはいえ、預金口座の開設の申込みに対して、金融機関に承諾を義務づける法令上の根拠はなく、銀行業務に公共性が認められるとしても、その観点から

直ちに、金融機関に預金口座の開設の申込みを承諾すべき義務があるとはいえません（東京地判平26.12.16金法2011号108頁）。

また現在では、反社会的勢力との関係遮断をいっそう推進している状況でありますので、たとえ反社会的勢力に該当すると明確に立証できる情報を有しておらず、反社会的勢力であるとの疑いにとどまる段階であっても、預金口座の開設依頼を謝絶できると考えられます（第一東京弁護士会民事介入暴力対策委員会『金融実務と反社会的勢力対応100講』141頁）。

しかしながら、営業店のみで判断することは困難な場合もありますから、口座開設について検討し後日連絡する旨を伝え、本部や顧問弁護士等に相談のうえ、謝絶の可否を判断するというのが重要です。取引謝絶の場面では、不当要求も発生しかねないため、対応は役席者を含めた複数人で行い、安易な約束はしないことです。また、謝絶の理由を説明する法的義務はありませんので、無用なトラブルを避けるためにも、「総合的判断から預金口座を開設できない」旨の回答をもって謝絶するといった方法で対応すべきです（小田弘昭「普通預金口座の開設申込みを拒否する行為の不法行為該当性」金法2013号128頁）。

預金口座の強制解約の可否

名義人の実在性に疑義がある普通預金口座を強制的に解約することは可能でしょうか。

当座勘定規定には従来から強制解約条項が定められていましたが、普通預金規定にはかつては強制解約の可否に関して明文の規定がありませんでした。

しかし近年、振り込め詐欺や、架空請求などの犯罪に普通預金口座が利用されるケースが増加したため、普通預金口座の強制解約の必要性が生じました。

そこで、現在では多くの金融機関で普通預金規定が改定され、一定の場合に金融機関が強制解約できるという条項が追加されています。多くの場合、①名義人が存在しないことが明らかになった場合、または名義人の意思によらずに開設されたことが明らかな場合、②預金者が、預金契約上の地位その他取引に係る一定の権利および通帳を譲渡・質入れすること等を禁止する特約に違反し

た場合、③預金が法令や公序良俗に反する行為に利用され、またはそのおそれがあると認められる場合に、普通預金口座の利用停止・強制解約ができると定めています。したがって、普通預金口座の名義人の実在性に疑義が生じた場合、普通預金規定が上記のように改定されていれば、①に該当するとして強制解約できると考えられます。

では、このような規定がない場合はどうでしょうか。普通預金契約は返還時期の定めのない消費寄託契約であり、民法上、返還時期の定めのない消費寄託の受寄者（金融機関）は、返還時期の定めのない消費貸借の借主と同じくいつでも受寄物（預金）を返還することができるとされています（民法666条1項・591条2項）。したがって、民法上は、金融機関はいつでも預金を返還して取引を打ち切ることができると考えられます。

なお、預金者が受領を拒否した場合は、供託が可能です（同法494条前段）。

もっとも、金融機関の公共性の観点より、相当な事情がないにもかかわらず預金の受入れを拒否することは妥当でないと考えられており、これは強制解約の場合にも同様といえます。したがって、一方的に預金を強制解約する場合においても、適切な調査のうえ相当な事由が必要です。

相談事例 010　反社会的勢力の預金口座の解約

1．反社会的勢力に該当する預金者がいます。現在、登録住所には居住していない模様です。解約手続をしたいのですが、解約通知の発送先は登録住所でよいのでしょうか。それとも、現在居住している場所になるのでしょうか。
2．当該預金口座は、振り込め詐欺に利用されていたようですが、このような場合は、即時に解約すべきでしょうか。

事例解説

1．解約通知の送付先

解約通知を登録住所宛てに送付し、預金者が登録住所に居住しておらず、解約通知が「あて所に尋ねあたりません（＝宛て先の住所に受取人が居住していません）」として返信されてきたとしても（実際には到達しなくても）、約款上は「みなし到達」の効力を主張できるため、解約の効力は

発生します。もっとも、相手の認識しないところで解約の手続を行う場合、後に来店するなどしてトラブルとなる可能性があります。したがって、登録住所に居住していないことが判明した場合には、住民票等の調査を行い、新住所が判明した場合には、新住所にも解約通知を送付することが望まれると考えられます。

２．預金口座が犯罪に利用されている場合

振り込め詐欺救済法では、振り込め詐欺等に利用された預金口座を凍結して、被害金を被害者に返還することが定められており、これに基づき、捜査機関等から預金口座の凍結を求められることがあります。

この場合、当該口座を解約・返金してしまうと、被害者救済が実現できないことになりますので、預金契約者が反社会的勢力であっても、解約するのではなく凍結によって対応すべきです。そのほか、犯罪利用が疑われる口座については、捜査協力および被害者救済の観点も重要になりますので、捜査機関と連携のうえ、慎重に対応することが必要です。

相談事例 011　警察からの預金口座凍結依頼への対応

警察から預金口座が振り込め詐欺に使用されているとして凍結の要請を受けた場合、どのように対応すべきでしょうか。

事例解説　警察から預金口座の凍結要請を受けた場合は、要請に応じて、まず口座への入出金を停止します（振り込め詐欺救済法3条1項）。次に預金口座の名義人に対して、速やかに配達記録郵便等により書面を送付し、口座凍結を通知する必要があります。さらに取引状況の調査もしなければなりません。預金口座を利用した犯罪においては、マネー・ロンダリングの目的で他の預金口座に資金移転が行われるのが一般的です。そこで、預金口座の取引状況等に基づいて資金移転が行われているかを可能な限り把握し、資金移転が行われていると判断した場合には、資金移転先となった預金口座等が開設された金融機関に対し、必要な情報を提供する必要があります（同法3条2項）。

これらの措置を行った後は、預金債権を消滅させるための手続に入ります。

金融機関としては、この手続を進めるために、預金保険機構に対し、口座名義人に権利行使の機会を与えるための公告をしてもらうよう要請します（同法4条1項）。この際、金融機関は、口座名義人の権利行使期間を60日以上として定めることになります（同法5条2項）。この期間内に口座名義人から権利行使の届出がなければ、このまま預金債権は消滅し、預金債権を原資とする被害回復分配金の支払手続へと進むことになります。これに対し、期間内に権利行使の届出があれば、振り込め詐欺救済法が定める手続は終了することになります。振り込め詐欺救済法は、そもそも既存の制度の利用を優先させる補充的な制度にすぎず、口座名義人が自らの正当性を主張する場合には、口座名義人と被害者間での民事訴訟による解決を図るほうが適当と考えられているためです。

　分配金の支払にあたっては、預金保険機構に対し、被害者に分配金支払の機会を与えるための公告をしてもらうよう要請します（同法10条1項）。これに伴い、被害者に対して、分配金の支払手続の実施を周知するため、店頭へのポスター掲示等の手段により情報を提供することが必要です（同法11条4項）。この際、金融機関は、被害者の分配金支払申請期間を実務上60日以上として定めることになります。金融機関は、この期間内に申請をした被害者が分配金の支払を受けることができる者に該当するかの決定をし、該当する者に分配金を支払うことになります。

　なお、警察からの口座凍結要請は、振り込め詐欺以外の犯罪を理由になされる場合もあります。振り込め詐欺救済法も、その対象を振り込め詐欺に限定しておらず、オークション等を利用した詐欺やヤミ金融など、振込が利用される犯罪全般を対象としています。そのため、この場合も、凍結要請以降は上記と同一の手続を行うことになります。

　警察からの要請により口座を凍結するにあたっては、口座名義人による預金の払戻しを禁止するとともに、被害を拡大させないために振込等の入金も禁止する措置をとる必要があります。仮に振込があった場合は、記帳せず入金不能として仕向銀行に連絡のうえ、組戻しまたは資金返送の手続をとることが必要です。そして、最終的に当該口座については、以降の犯罪利用を防止するために、預金規定に基づき、強制解約の手続を行うことになります。

　こうした凍結中の口座であっても、外観上は口座名義人の預金債権として存在しているため、口座名義人の債権者からこの預金に対して、差押えがなされ

ることも想定されます。入出金の停止はあくまで被害者救済の迅速性・実行性確保のために認められたものにすぎず、差押え等既存の法制度による手続の効力が優先する仕組みになっています。そのため、差押えがなされた場合には、差押えの効力が優先することになると考えられています。

相談事例 012　預金口座解約後の返還方法

反社会的勢力の疑いのある預金者の口座を解約したのち、残高はどのように返還すればよいのでしょうか。

　預金口座の凍結ではなく解約で対応した場合、その預金残高の返還方法としては、店頭での引渡し、相手方が指定する口座への振込、現金書留での送付、供託といった方法が考えられます。

　普通預金規定においては、預金解約後に残高がある場合につき、預金通帳を持参して窓口に取りに来ていただくよう規定していることが一般的です。しかし、預金者に対する店頭での引渡しでは、さまざまな因縁をつけられることが懸念されます。可能な限りリスクを減らすという意味では、相手方との接触をできる限り少なくし、かつ確実に返還する方法が望まれます。

　また、相手方が指定する口座への振込による返還については、望ましくありません。なぜなら、当該反社会的勢力の預金を他の金融機関に付け回すことになるからです。

　そこで、現金書留による返金方法が有効となりますが、同封された現金額が違っていたというクレームも考えられることから、送付にあたっては写真撮影しておくなど証拠化しておくべきでしょう。もっとも、現金書留は限度額が50万円であるため、50万円を超える場合には、現金書留を複数通送付したり、ゆうちょ銀行の「普通為替証書」を利用することが考えられます。

　預金者の所在が明らかであるならば、現金書留の送付によって返還をなし得ます。しかし、預金者の所在が不明であったり、現金書留を受領拒否する態度をとったりする場合は、現金書留の送付では返還できません。この場合には、供託手続を利用することが可能です。具体的には、①解約通知が「あて所に尋ねあたりません」として返還される場合、②預金者が解約通知の受領を拒否し

た場合、③預金残高の店頭返還期限として解約通知書に記載した指定日までに来店しない場合、④預金者が現金書留で預金残高が送付されることに異議を申し立てず、かつ、現金書留を受領せず、当該現金書留が郵便局から保管期限経過または受領拒否により金融機関に返還される場合などです。

相談事例 013 通帳の喪失届受理の際の本人確認

通帳の喪失届（紛失届）を受理する場合、照会状の送付を行っていますが、これを省略してもよいのでしょうか。

預金債権は、債権者が特定されている債権（指名債権）です。したがって、預金の払戻しを行う際には、払戻請求をしている者が真の預金者かどうかを確認することが重要になります。

もっとも、金融機関には毎日大勢の顧客が出入りし、預金の受入れ・支払事務が大量になされていますから、その一人ひとりの顔と名前をすべて覚えておくことは不可能です。そのため、預金通帳（証書）と届出印を本人確認の手段として、通帳と印鑑の所持人（キャッシュカードの所持人）を本人とみなし、取引がなされています（加藤浩康『わかりやすい銀行業務〔全訂5版〕』14頁）。

通帳は、顧客が金融機関にお金を預け入れ、金融機関が預かったことを証明する書類（証拠証券）ですが、本人確認資料としての機能も有しているといえます。そうすると、通帳の喪失届を受理し通帳を再発行する場合、届出を行っている者が預金者本人であることを通帳以外の方法で確認することが必要となります。

本事例における照会状の送付は、預金者の届出住所宛てに書面（照会状）を送付し、郵送された照会状（回答書）の提示を受けることにより、本人確認を行う方法の一つです。したがって、照会状の送付以外でも、運転免許証やその他の顔写真入りの証明書などによって預金者本人であることが確実に特定できる場合には、照会状の送付を省略するなどの取扱いを行ってもさしつかえないと考えられます。

第1章 預金・手形

遺言執行者からの相続預金払戻請求

遺言執行者から相続預金の払戻請求を受けました。この場合の留意点について教えてください。

　通常は、遺言書の中で指定された者が遺言執行者となります（民法1006条1項）。公正証書遺言であれば、実務上多くのケースで指定がなされています。しかし、指定は義務ではないため、遺言の中で定められていないケースもあります。遺言者が指定をしなかった場合や指定されていた者が先に死亡していた場合には、相続人等が家庭裁判所に遺言執行者の選任を求めることができますが、これも義務ではありません（同法1010条）。そのため、遺言相続の場合、遺言執行者がいるケースといないケースがあることになります。

　遺言者により遺言執行者が選任された場合には、遺言書によってこれを確認することができます。また、家庭裁判所により遺言執行者が選任された場合には、遺言執行者選任の審判書により、これを確認することができます。

　こうした遺言執行者の選任については、公示がされないため、金融機関がその存在を知らないで相続手続を行ってしまうこともあり得ます。このような場合でも、相続人に対し遺言の有無や遺言執行者の存在について確認をしておけば、民法478条により免責され得るとされています。

　では、遺言執行者から相続預金の払戻請求があった場合、金融機関はどのように対応すればよいのでしょうか。

　遺言執行者は、相続財産の管理その他遺言の執行に必要ないっさいの権利義務を有しています（民法1012条1項）。そのため、遺言執行者が預金を払い戻すことができるかは、遺言書の記載内容からみて、預金の払戻しが遺言の執行に必要かの観点から判断されるものといえます。

　いわゆる「相続させる」遺言により、特定の相続人が特定の預金債権を取得するとされているような場合は、遺言執行の余地がなく、遺言執行者に預金の払戻権限はないと考えられますので、遺言執行者に預金を払い戻すことができないことになります（東京高判平15．4．23金法1681号35頁）。もっとも、この場合でも、遺言において遺言執行者に払戻しなどを依頼する記載があるときや

17

受益相続人の同意があるときなどは、遺言執行者だけによる手続により、払戻しを行ってもさしつかえないものと考えられています（堂園昇平「相続預金払戻拒否による金融機関の不法行為責任リスクと実務対応」金法2026号14頁）。

　これに対し、一定の者への遺贈や葬儀費用を控除した残余財産のすべてを特定人に遺贈するという内容の遺言の場合、遺言執行者は、遺産のすべてを把握して管理することが必要となるので、遺言執行者の払戻権限を有することを認めた裁判例があります（さいたま地裁熊谷支判平13．6．20、吉岡伸一ほか『取引先の相続と金融法務』346頁）。

　このように、ケース・バイ・ケースで判断せざるを得ないため、遺言書の記載内容から遺言執行者に払い戻すべきかの判断が明確にできない場合には、相続人の署名、遺言執行者の署名を得ておくことが望ましいといえます。

相談事例 015　定期預金の一部に対する差押え

定期預金の一部に対して差押えがあった場合、どのように処理すればよいのでしょうか。

　預金が差し押さえられたとき、差押えの効力は、差押債権額相当額の範囲の預金に対して生じます。差し押さえられた預金が普通預金であった場合、普通預金には弁済期限がありませんから、差押債権者からの請求があり次第、差押えの効力の及んだ預金を口座から引き落として支払うことになります。それでは、一口の定期預金の一部が差し押さえられた場合は、どのように対応すればよいのでしょうか。

　一口の定期預金の一部が差し押さえられた場合、差押えの効力は、その一部についてのみ生じます。しかし、普通預金の場合とは異なり、定期預金の満期日前であるならば、差押債権者の取立請求に応じる必要はありません（東京地判平20．6．27金法1861号59頁）。また、預金者より差押えの効力が及んでいない部分の定期預金について、満期日前の払戻請求があっても、定期預金を分割するということは行わないのが一般的でありますし、金融機関には満期日前の払戻請求に応じる義務はありませんから、謝絶してもさしつかえありません。

　本事例のような場合は、満期日到来後に、差押えの効力が及ばない部分につ

いて預金者に支払い、差押えの効力が及んでいる部分については差押債権者の取立に応じて支払うか、あるいは供託することもできますが、預金全額を供託することも可能です（民事執行法156条1項）。

自動継続特約付定期預金への差押え

自動継続特約付定期預金が仮差押えされました。仮差押え後に期日（満期日）が来たのですが、自動継続処理は停止すべきでしょうか。

　自動継続特約付定期預金とは、預金者が満期日までに解約したい、あるいは継続を停止したい旨の申出をしない限り、満期日に自動的に書替継続されるという特約が付された定期預金です。預金者にとっては、期日管理や書替の手間が省略でき、便利な預金であるといえます。

　債権の仮差押えがなされると、債務者は、目的債権の処分が禁止されます（処分禁止効）。自動継続処理が処分に該当するならば、仮差押債務者である預金者は、自動継続処理をしてはならない（金融機関にとっては自動継続処理停止の理由となる）ことになります。大阪地判平9.5.16（金法1495号117頁）は、「特約による定期預金の継続がそもそも処分行為にあたるかが問題となるが、自動継続特約が付された定期預金も、期限付きの預金であることに変わりはなく、期限到来時に、預金者が特段の申し出をしないという不作為をもって、継続（期限の延長）という処分行為がなされていると解するのが相当であり、…（中略）…したがって、右特約による継続も、仮差押債権者を害する処分行為に当たる」と判示し、結論として、自動継続を停止した金融機関の処理を是認しました。

　しかし、自動継続は、当初の合意に基づく効果によるものと考えるほうが自然です。上告審は、「自動継続定期預金について仮差押えの執行がされても、同特約に基づく自動継続の効果が妨げられることはない」と判示し、原判決を破棄し、差し戻しました（最判平13.3.16金法1613号74頁）。自動継続特約付定期預金の預金者からすれば、「契約は一回しかしていないのに、満期のつど、黙示に期限の延長ないし書替処分がされているとみるのは、当事者の意思

にも沿わない、技巧的解釈にすぎる」(同号75頁コメント) といえます。

したがって、自動継続特約付定期預金が仮差押えされたとしても、自動継続処理を停止する必要はありません。

自動継続特約付定期預金の預金者の死亡

自動継続特約付定期預金の預金者が死亡しました。この場合、自動継続は停止するのでしょうか。

　自動継続特約付定期預金の預金者が死亡した場合、自動継続を停止する扱いとしている金融機関がある一方で、相続人から申出がある場合、あるいは依頼がなくても継続処理を続ける対応をとっている金融機関もあります。

これは、「自動継続の特約の法的な性質が明確でなく、どちらが正しい処理であるともいえないこと、相続人にとっては、継続されているほうが有利であることが一般的であることなどから、対応にばらつきが見られるものと考えられ」ます (「相続預金の実務処理に関するアンケート調査の集計結果と分析」金法1394号57頁)。

しかしながら、最判平13.3.16 (金法1613号74頁) の判例により、預金者の死亡は、自動継続を停止させる理由にはならないことが明確になったといえます (天野佳洋「自動継続特約定期預金の法律問題」金法1609号5頁)。

実務的には、預金者の死亡後も自動継続を停止せず、相続人から相続手続による支払請求がなされた時点で中途解約に応じて払戻しの手続を行うことが、相続人にとっても不利益が生じず、妥当な対応 (満生賢一「わかりやすい相続預金の実務と法務」銀法608号57頁) と考えられます。

相談事例 018 預金者死亡後の振込金の取扱い

賃貸アパートを所有している預金者が死亡しました。相続人は複数います。この預金者は賃料を振込で受け取っていたのですが、死亡後の振込金についてはどのように相続人に承継されるのでしょうか。

賃貸アパートそのものは、共同相続人の共有となります（民法898条、899条）。遺産分割によって賃貸アパートが1人の相続人甲の単独所有とされた場合、その遺産分割の効果は相続開始時に遡りますので、甲は賃貸アパートを被相続人の死亡時から承継したことになります（同法909条本文）。そうしますと、賃料は賃貸アパートから発生する使用の対価ですから、遺産分割の遡及的効力により、相続開始時以降に発生した賃料についても甲にすべて帰属するとも考えられます。

それでは、本事例に対し判例は、どのように考えているのでしょうか。

最判平17.9.8（民集59巻7号1931頁、金法1760号30頁）は、「遺産は、相続人が数人あるときは、相続開始から遺産分割までの間、共同相続人の共有に属するものであるから、この間に遺産である賃貸不動産を使用管理した結果生ずる金銭債権たる賃料債権は、遺産とは別個の財産というべきであって、各共同相続人がその相続分に応じて分割単独債権として確定的に取得するものと解するのが相当である。遺産分割は、相続開始の時にさかのぼってその効力を生ずるものであるが、各共同相続人がその相続分に応じて分割単独債権として確定的に取得した上記賃料債権の帰属は、後にされた遺産分割の影響を受けないものというべきである」としました。

この判例は、「①民法の遡及効は、被相続人から直接遺産を承継したこととする法技術に過ぎないと解されており、民法は第三者との関係のみならず、共同相続人間においても、遺産分割前の遺産共有の事実を否定するものではないこと、②遺産分割前の遺産共有の状態にある遺産は、共同相続人がその相続分に応じて管理し使用収益すべきものであるから、そのような状況下にあった遺産からの収益を共同相続人がその相続分に応じて取得するとすることには合理性があること、③遡及効を認める立場に立っても、判例理論に従う限り、遺産分割前は、各相続人が相続分に応じて分割単独債権を取得することを認めざる

を得ないから、遡及的帰属説によれば、遡及効によってこの権利関係を覆滅させることとなり、法的安定を害することになること、また、遺産共有にある賃貸不動産の持分の一部が遺産分割前に第三者に譲渡されると、遺産分割ではなく、遡及効のない共有物分割の手続によって共有を解消すべきものとなるから、当事者にとって遡及効が及ぶのか及ばないのかをあらかじめ予測することが著しく困難となること、④遡及的帰属説を採る学説・裁判例は、現在ではほとんど見られないことなどを総合すると」（金法1760号29頁）相当なものと思われます。

したがって、本事例では、預金者の死亡時から遺産分割協議の成立時までの賃料は、共同相続人が法定相続分に応じて取得し、遺産分割協議が成立した後の賃料は甲が単独で取得することになります。

口座振替依頼人死亡後の振替の継続

口座振替契約を締結していた預金者が死亡しました。死亡後の口座振替についてはどのように対応すべきでしょうか。

口座振替とは、たとえば、公共料金（電気料金など）の支払をする際に、金融機関が依頼人（電気の利用者等）の預金口座から受取人（電力会社等）の預金口座へ一定の金額を移すことによって、依頼人（債務者）が受取人（債権者）に対して負担していた債務につき弁済の効果を生ぜしめるものをいいます。依頼人は、金融機関に対して口座振替依頼書を提出し、受取人に対する金銭債務の支払を口座振替によって行うことを委託します。依頼人と金融機関の間では、支払の委託を内容とする（準）委任契約が締結されたものと解されます（民法643条・656条）。

委任契約は、委任者の死亡によって終了しますので（民法653条1号）、この規定に従うと、依頼人（預金者）の死亡により、口座振替契約は当然に終了し、死亡後の口座振替は行えないことになりそうです。

しかし、この規定が、委任者の死亡によって委任契約を終了するとした趣旨は、委任契約が当事者間の個人的信頼関係を基礎にした契約だからです。とすれば、金融機関への口座振替依頼は、金融機関の行う定型的な業務を利用する

だけであるため、必ずしもこの規定の適用があると考える必要はないといえます。また、民法653条1号は任意規定であり、委任契約の内容や依頼人の意思によっては、振り替えるべき債務が存在する限り口座振替は継続させることが妥当である場合もあるでしょう（最判平4.9.22金法1358号55頁、東京地判平10.6.12金法1541号73頁）。

したがって、委任者の死亡により口座振替契約が当然に終了すると考える必要はありません。原則としては、相続人と新たに口座振替契約を締結すべきですが、相続人全員による依頼書の提出を受けたうえで、相続預金からの口座振替を継続する対応も可能でしょう（『4500講』Ⅰ巻1264頁）。

滞納処分による差押えが競合した場合

1つの預金に対して、税の滞納処分に基づく差押えが複数なされました。この場合、どのように対応すべきでしょうか。

民事執行法に基づく差押えがなされている預金に対して、さらに他の債権者から同法に基づく差押えがなされることがあります。それぞれの差押え額の合計額が預金を超えないときは、差押えの手続は別個に進められます。この場合、第三債務者の金融機関としては、差押債権者それぞれの取立に応じれば済みます。しかし、各差押え額の合計額が預金の総額を超えるときは、差押えは競合し（民事執行法149条）、金融機関は、預金全額を供託する義務を負います（同法156条2項）。たとえば、100万円の預金に対して、ある債権者が100万円分を差し押さえ、他の債権者が50万円分の差押えを行った場合、金融機関は、預金全額を供託しなければなりません。

差押えが税の滞納処分に基づくものである場合にも、同様の状況が生じ得ます。滞納処分による差押えがされている債権に対しても、滞納処分による差押えをすることは可能です。先行の滞納処分と後行の滞納処分の調整は、国税徴収法基本通達62条関係の7で定められています。このとき、金融機関は、民事執行法に基づく差押えが競合したときのように供託する義務は負いません。滞納処分相互の関係では、先行の滞納処分をした差押債権者が取立権を有するとされています（上記通達62条関係の7(2)）。したがって、金融機関は、先行の

滞納処分に対して弁済すればよいことになります（金融財政事情研究会『実務必携 預金の差押え』389頁、392頁）。

相談事例 021 預金差押えに対する陳述書の記載

預金に対して差押えがなされましたが、差押命令の住所と届け出られている預金者の住所とには相違があります。この場合、差押えに対する陳述はどのように回答すべきでしょうか。

　預金に対する差押えの効力は、差押命令が裁判所から第三債務者である金融機関に送達された時に生じます（民事執行法145条4項）。差押えが有効になされたときは、弁済禁止の効力（同法145条1項）や、裁判所に対して差押えに係る債権の存否等について回答する陳述義務（同法147条）が生じます。ただし、差押えが有効であるためには、差し押さえられた預金債権が特定されていることが必要です。この特定がない差押命令は無効であり（最判昭46.11.30金判297号4頁）、弁済禁止効や陳述義務なども生じません。差押債権目録に記載されている債務者（預金者）の氏名・住所と金融機関に届け出られている預金者名・住所とが異なるため、差し押さえられた債権を特定できない場合は、「預金の特定を欠く」旨の陳述をすれば足ります（金融財政事情研究会『実務必携 預金の差押え』318頁以下）。

　ただし、差押命令の住所と届け出られている住所の相違が軽微である場合、差し押さえられた預金が特定されていないとはいえず、差押命令が有効である可能性もあります。内部的には、有効な差押えと同様の支払停止措置をとっておく対応がよいでしょう。それでは、差押えに対する陳述は、どのように回答すべきでしょうか。金融機関には預金者の届出住所は判明していますから、差押命令で表示された債務者名と一致する預金者の住所を伝えることは不可能ではありません。しかし、金融機関は預金者に対して守秘義務を負っていますから、届出住所を回答することは避けるべきです。そこで、たとえば、金融財政事情研究会・前掲322頁では、「当事者目録上の債務者の表示と、当行に届出された預金者名・住所に不一致があるため、債務者と預金者の同一性が確認できない」との回答例が紹介されています。

第 1 章　預金・手形

睡眠預金（休眠預金）への差押え

睡眠預金（休眠預金）に対して差押えがされたのですが、この場合、どのように対応すべきでしょうか。

1．睡眠預金（休眠預金）とは

　睡眠預金とは、金融機関に預金として預け入れられたまま、長期間その口座へ預金者側から入出金などの取引が行われなくなり、金融機関側から預金者への連絡もとれなくなった状態の預金のことを意味します。より厳密に言うと、普通預金や当座預金といった流動性預金および自動継続定期預金以外の定期性預金については、最終取引日以降、払出可能の状態であるにもかかわらず長期間異動のないものを、自動継続定期預金については、初回満期日以降長期間継続状態が続いているものをいいます（全国銀行協会通達「睡眠預金に係る預金者に対する通知および利益金処理等の取扱い」）。

2．睡眠預金の利益金処理等の従前の取扱い

　各金融機関は、睡眠預金を一定の条件に従って一定の時期に収益計上することになっています。上記通達は、睡眠預金の利益金計上について、残高1万円以上のものと残高1万円未満のものとに分けて規定しています。

　同通達によると、最終取引日以降10年を経過した残高1万円以上の睡眠預金については、最終取引日から10年を経過した日の6カ月後応当日までに、各預金者の届出住所宛てに郵送による通知を行うとされています。郵送による通知が返送された睡眠預金および通知不要先のうち預金者が確認できなかった睡眠預金については、その通知または確認手続を行った日から2カ月を経過した日の属する銀行決算期に、利益金として計上するものとされています。

　対して、最終取引日以降10年を経過した残高1万円未満のすべての睡眠預金については、最終取引日から10年を経過した日の6カ月後の応当日の属する銀行決算期までに、利益金として計上するものとするとされています。

　睡眠預金は、最終取引日から10年を経過しているため、銀行であっても信用金庫や信用組合等であっても既に消滅時効の期間が経過していると考えられます。しかし、金融機関は、その公共性やレピュテーションリスクの観点から、時効期間が経過したからといって直ちに消滅時効を援用することはないと思わ

25

れます。

　また、睡眠預金を雑益編入（整理口編入）することもあると思われます。雑益編入は、あくまで金融機関の事務手続やシステムの効率運用を図るための内部処理にすぎないものであり、雑益編入された口座であっても取引先の預金であることに変わりはありません。

　したがって、睡眠預金の預金者から払戻請求を受けた場合には、払戻しに応じるのが通常であるといえます。同様に、雑益編入した睡眠預金と貸付金とを相殺することも可能です。さらに、睡眠預金として雑益編入した預金に対して差押えがあった場合には、整理口から預金口座として復活させたうえで、通常の預金に差押えがあった場合とまったく同様の対応をすることになります。

3．休眠預金活用法の影響

　平成28（2016）年12月2日に「休眠預金活用法」が成立し、同法は公布の日（平成28年12月9日）から起算して1年6カ月を超えない範囲内において政令で定める日から施行されることになっています。

　同法は、休眠預金を、預金者等に払い戻す努力を尽くしたうえで、社会全体への波及効果の大きい民間公益活動の促進に活用することで休眠預金等を広く国民一般に還元すべきという背景をもとに立法されたもので、同法が施行されれば、休眠預金に関する従前の利益金処理等の取扱いについて変更しなければならない部分が出てきます。しかし、同法施行後の休眠預金の取扱いに関する議論は不十分であるのが現状で、今後、実務において休眠預金の処理についてどのような取扱いをすべきかの議論がなされていくことでしょう。

預金の差押えと利息

預金が差し押さえられた場合、その効力は元本だけではなく利息にも及ぶのでしょうか。

　差押えの効力が利息債権にまで及ぶかどうかは、差押え時に当該利息債権が発生しているか否かによって結論が異なります。

　まず、差押え前に既に発生していた利息債権については、元本債権とは別個

に債務者に請求できる独立した債権としての性質を有しています。それゆえ、元本債権のみを対象とする差押えの効力は、差押え時に既に発生している利息債権には及ばないと考えられています（大判大5．3．8民録22輯537頁）。

なお、元本債権のみならず、差押え前に既に発生していた利息債権をも差し押さえる旨が差押命令に表示されていれば、差押え前に既に発生していた利息債権にも差押えの効力は及びます。

一方、差押え時にいまだ発生していない利息債権、すなわち差押え後に発生する利息債権については、元本債権に対して付従性を有しています。それゆえに、元本債権のみを対象とする差押えであっても、差押え後に発生する利息債権には当然に差押えの効力が及ぶことになります（大判大10.11.15民録27輯1959頁）。もっとも、差押債権者が実際に金融機関から支払を受けられるのは、請求債権額の範囲に制限されますので（民事執行法155条1項ただし書）、注意が必要です。

当座貸越の消滅時効の起算点

当座貸越取引において貸越が発生した場合、消滅時効の起算点はいつになるのでしょうか。

　　消滅時効は、権利を行使することができる時から進行します（民法166条1項）。権利を行使することができる時とは、債権者が権利を行使するについて法律上の障害がなくなった時をいいます。たとえば、貸付に弁済期日が設定されている場合、貸主は弁済期日が到来することにより貸金の返還を請求できます。つまり、「弁済期日の設定」が法律上の障害に当たります。ただし、消滅時効の期間計算は初日不算入の原則から弁済期日の翌日から計算します（同法140条本文。最判昭57.10.19民集36巻10号2163頁）。

判例上、当座貸越債権の消滅時効の起算点は、当座貸越契約が終了した時から進行するとされています（大判大7.12.23民禄24輯2396頁、東京地判平10．5．18金判1055号53頁）。この理由は以下の点にあると考えられます。当座貸越契約の貸越金は、貸越契約が存続している間は弁済期限が到来しません

（関沢正彦・中原利明『融資契約〔第3版〕』202頁）。すなわち、当座貸越契約が存続している間は、金融機関が貸越金の返還を請求することはできない状態です。したがって、契約期間の満了ないし解約の申入れにより当座貸越契約が終了した時に貸越金の返還を請求できることになり、この時点が消滅時効の起算点となります。もっとも、消滅時効の期間計算は初日を参入しませんので、時効期間は当座貸越契約終了の翌日から計算します。

また、当座貸越契約では、一定の事由が生じた際には貸越金を直ちに支払う旨の条項が定められています（即時支払条項。関沢・中原・前掲200頁の当座勘定貸越約定書例5条参照）。この条項に基づき取引先が支払義務を負担する場合、当座貸越契約は終了していませんが、金融機関の側からみれば、貸越金の支払を請求するについて法律上の障害がなくなった状態といえます。ですので、通知催告等がなくても支払うべき事由（当座勘定貸越約定書例5条1項）が生じたときにはその時が、請求され次第支払うべき事由（同約定書例5条2項）が生じたときには金融機関の支払請求が取引先に到達した時が、それぞれ消滅時効の起算点となります。

なお、これらの場合も、消滅時効の期間計算は、当座貸越契約終了の場合と同様、その翌日から計算することになります。

相談事例 025 自動継続特約付定期預金の消滅時効の起算点

自動継続特約付定期預金における預金払戻請求権の消滅時効は、いつの時点から進行を開始するのでしょうか。

民法上、債権は10年間経過すると消滅時効にかかり（民法167条1項）、この消滅時効は「権利を行使できる時」から進行するとされています（同法166条1項）。そして、定期預金においては、定期預金債権を債権者たる預金者が行使できる時は定期預金の満期日ですので、通常、定期預金債権の消滅時効は満期日から起算されることになります。

ところが、自動継続特約付定期預金は、継続停止の申出がない限り、自動的に新たな定期預金契約が継続されるため、形式的には満期日（起算点）が到来しないということになります。そこで、自動継続特約付定期預金の消滅時効の

起算点が問題となります。

　この点、初回満期日から預金者は預金債権を行使することができたとして、初回満期日を起算点とすべきとする見解も主張されていました。しかしながら、最高裁（最判平19．4．24金法1818号75頁）は、預金者が継続停止の申出をするか否かは、預金契約上預金者の自由に委ねられた行為であるため、消滅時効に関し初回満期日から預金払戻請求権を行使することができると解することは、預金者に対し契約上その自由に委ねられた行為を事実上行うよう要求するに等しいものであり、自動継続定期預金契約の趣旨に反するとして、初回満期日を消滅時効の起算点とするのは妥当ではないと判断しました。

　そのうえで、「自動継続定期預金契約における預金払戻請求権の消滅時効は、預金者による解約申入れがされたことなどにより、それ以降自動継続の取扱いがされることのなくなった満期日が到来した時から進行するものと解するのが相当である」と判示しました。この「自動継続の取扱いがされることのなくなった」事由としては、預金者による解約申入れのほかに、自動継続に回数制限が設けられている場合に、その回数更新された時などが考えられます。

　したがって、解約申入れ後に到来する初めての満期日の翌日から起算して消滅時効期間が経過していない限り、金融機関は消滅時効を援用することはできないことになります。この点、解約等がない限り、消滅時効がいつまでも進行しないという問題に対する実務上の対応としては、預金規定の自動継続特約に回数制限を設け、最後の自動更新により作成された定期預金の満期日を時効の起算点として管理することが考えられます。

相談事例 026　税務署からの預金調査への対応

税務署から預金取引の照会依頼が来ました。どのように対応すべきでしょうか。また、応じる義務はあるのでしょうか。

　税務署が金融機関に対して行う税務調査には、①国税通則法74条の2第1項に定められ、税務署職員が有する質問検査権に基づいて行われる納税者の税金の裏付けを確認し租税債権を確定させることを目的とする反面調査、②国税徴収法141条に基づいて徴収職員が税金滞納

者の財産を調査・解明し、それに対して強制執行する目的で行う滞納処分のための調査、および③国税犯則取締法１条および２条に基づいて査察官が脱税等の租税犯則事件の解明のために行う租税犯則調査の3種類があります。

　このうち、③の租税犯則調査のうち国税犯則取締役法２条に基づく調査は刑事事件の捜査と同様に裁判所の令状に基づく強制調査ですが、それ以外の場合はいずれも調査を受ける側である金融機関の承諾を前提とする任意調査であるとされています。一般的に税務署と金融機関の間でよくトラブルが生じるのは任意調査の場合ですので、以下任意調査を前提に解説します。

　任意調査の場合には、税務署の質問検査は金融機関の承諾のもとに行われることになりますが、金融機関は正当な理由がなければ拒絶することができず、また調査に対し虚偽の回答等により妨害した場合は罰則の適用があります。したがって、税務調査に際して、預金者の同意なく情報を開示しても守秘義務が免除されると解されており、実務上も全面的に調査に協力し、預金元帳や伝票等を提出するのが通常といえます。徴税職員が店舗に来て、説明を求めたり、帳簿書類の呈示を求めたりしてきた場合は、金融機関としては、知っている範囲で回答し、帳簿書類を閲覧させなければなりません。このほか、口頭での質問に対する回答内容を筆記したものに署名を求められたり、コピー、電話、調査スペースの提供といったこともやむを得ないものといえます。

　ただし、業務の支障となるような大量の書類閲覧やコピーの要請、応援者の供出依頼等は謝絶できるとされています。また、「預貯金等の調査」という名目で貸金関係の調査までできるという点には疑問がありますので、貸金関係まで調査を要請された場合は、調査者と話し合って調査の必要性を確認する必要もあるでしょう。

　なお、税務調査があったことを顧客に対して連絡する法的義務は金融機関にはないものと考えられています。顧客とのコミュニケーションの点から税務調査があったことを連絡する場合でも、顧客に財産隠匿の機会を与える結果となり得ること、顧客と無用なトラブル要因ともなり得ることから、慎重に行う必要があります。

　そして、税務調査はあくまで預金者の租税債権確定等の目的で行われるものであるため、徴税職員の調査権に濫用がある場合は、金融機関は調査に応じる義務はありません。金融機関が任意調査を拒絶することができる場合の具体例としては、(1)常識的に判断して被調査者があまりに多数である場合、(2)被調査

者との取引があるかないかわからない場合、(3)索引簿、印鑑簿、元帳綴り、伝票綴り等の一覧請求のような普遍調査や見込調査にわたる場合、(4)貸出稟議書や経緯記録等の金融機関内部文書の提出を求められた場合、が挙げられます（全銀協昭30．7．21通知「銀行の預貯金等の税務調査について」）。

相談事例 027 振込金の受領拒否

不動産賃貸業を営んでいる方から、「ある特定の人からの振込金は受け取りたくないので、入金ができないようにして欲しい」との申出を受けました。この場合、どのように対応すべきでしょうか。

　振込とは、依頼人が仕向金融機関（依頼人から送金などの委託を受ける金融機関）に対して、受取人の取引金融機関（被仕向金融機関）にある受取人名義の預金口座に振込資金を入金することを依頼し、これを受けた仕向金融機関が被仕向金融機関に為替通知を送達し、被仕向金融機関が指定された預金口座に依頼金額を入金するというものです（加藤浩康『わかりやすい銀行業務〔全訂5版〕』210頁）。

　仕向金融機関と被仕向金融機関は、内国為替取扱規則に基づき、仕向金融機関から被仕向金融機関に対し、受取人の預金口座に振込金額の入金を委託する委任関係にあります。そうすると、被仕向金融機関は、仕向金融機関に対し、振込通知を受けたときには指定する受取人の預金口座に振込金を入金する義務を負っているといえます。また、受取人は、預金契約によって、被仕向金融機関が振込による入金を受け入れることを約しています。こうした点から、特定の振込金を受領拒否したい旨の申出に応じることはできず、どうしても受領したくない場合には、受取人に預金口座を解約してもらって入金不能分として返却する手段や、入金後に逆振込により返却する手段があるといわれてきました。しかし、これらの手段は受取人にとっては納得できる対応ではありません。

　上記のとおり、仕向金融機関と被仕向金融機関との間は、内国為替取扱規則に基づいた委任関係にあります。内国為替取扱規則では、入金不能分の取扱いでは「名義人相違、取引なしなど」あるいは「取引解約後など」と定めてい

て、「など」の中に受領拒否の場合が含まれると解することができます。そうであるなら、受領拒否による入金不能の場合であっても、被仕向金融機関が仕向金融機関に対して負っている受任者としての義務に違反しないと考えることは可能であるといえます。

したがって、受取人が振込金を受領拒否した場合には、入金不能として振込金を仕向金融機関に返却してよいでしょう（『4500講』Ⅱ巻68頁、松本貞夫「受取人による振込金受領拒否への対応」金法1342号4頁）。

相談事例 028　代表資格の表示のない手形

裏書の欄には、通常「○○社代表取締役□□」というように、代表権を表する文言が入っています。これに対して、「○○社□□」というように、代表権を表する文言が入っていない場合には、形式不備となってしまうのでしょうか。

法人は、その名において裏書といった手形行為をすることができます。しかし、法人そのものが署名を行うことはできませんので、実際に署名を行うのは法人の代表者です。代表者が法人を代表して手形行為をするためには、その旨を手形面上に示す必要があります。ゆえに、代表者の手形への署名方法としては、通常「○○社代表取締役□□」あるいは「○○法人代表理事□□」といったような代表権を有することを示す表示がなされます。また、必ずしも「代表取締役」といった表示でなくとも、社長、頭取、会長、専務取締役といった会社を代表する者であると認められる資格の表示であっても代表資格の表示として有効です。要するに、代表者が自己のためではなく、法人を代表して手形行為をする趣旨が読み取れる記載がされていれば足りることになります。

代表資格を表する文言の記載を欠き、「○○社□□」といった表示では、代表者個人が自己のために行っているのか、会社のために行っているのか、厳密な意味ではわかりません。では、そのために会社の手形行為としての効力が認められないことになるのでしょうか。

この点、東京高判昭33.10.15（金法192号5頁）では、「組合、会社等の法人

の代表者が法人を代表して手形を振り出す場合には、そのためにするものであること、すなわち、代表資格を表示して手形に署名又は記名押印すべきものであるが、手形法は代表資格の表示についてその方法を特定していないから、振出人欄の記載（押印を含む）の全趣旨によって代表振出の事実が窺われるにおいては、その表示は代表資格の表示として欠けるところはないものというべきである。そして、かような見地に立って考えると、法人の代表者が代表振出又は個人振出の何れとも認められ得る表示によって手形を振り出した場合には、法人及び個人は所持人の選択に従い、それぞれ振出人としての責任を免れ得ないものと解するのが相当である」と判示して、手形所持人を保護しています。

最高裁でも、法人通称名下に単に代表者の署名捺印がされた手形については、手形の振出が法人のためとも、代表者個人のためとも解し得るとして、双方に対する手形の請求が許される旨、および請求を受けた者は、その振出が真実いずれの趣旨でされたかを知っていた直接の相手方に対しては、その旨の人的抗弁を主張することができる旨を判示しています（最判昭47．2．10民集26巻1号17頁、『4500講』Ⅱ巻257頁）。

これに対して、手形所持人に請求相手の選択権を認めることは、所持人に手形の記載の解釈権を与える結果となり、手形の記載を客観的に解釈するという解釈原則に反するとして、法人の名称が記載されている限り、代表資格の表示が欠けていても、これを法人の署名として取り扱うべきとする立場もあります（服部榮三「会社等法人の手形行為」金法1098号6頁）。

いずれにしても、「○○社□□」という表示には、「○○社」の代表者としての記載と読み取ることができますので、形式不備とはならないと思われます。

受取人名のカナ文字表記

振出人が、受取人名（KINZAI）を誤ってカナ文字表記で「キンザイ」と記入してしまいました。裏書人名に「KINZAI」と記入された場合、裏書の連続が認められるのでしょうか。

　裏書の連続に関して、判例・学説ともに受取人、裏書人の記載に多少の誤記、略記あるいは使用文字の相違などがあっ

ても、主要な点で同一性が認められれば、さしつかえないとされています（井上俊雄「受取人名等カナ文字使用手形の取扱基準について」金法734号13頁）。受取人がカナ文字表記の手形は、カナ文字どおりに第一裏書人が判読できれば、裏書の連続しているものとして取り扱うこととされています。全銀協昭49.10.18通達でもカナ文字の使用を認め、カナ文字の場合の裏書の連続について同様の基準を設定しています。すなわち、約束手形および為替手形の受取人名がカナ文字表示の場合、そのカナ文字どおりに第一裏書人が判読できれば、裏書が連続しているものとして取り扱うとされています。

カナ文字を使用できるものとして上記通達が認めているのは、約束手形の受取人名、為替手形の支払人名、受取人名、支払地名、支払場所名となります。そして、このような手形の決済について取引先とのトラブルを避けるために、「受取人名等にカナ文字を使用した手形による当座勘定支払に関する依頼書」をあらかじめ取引先から徴求しておくこととしています。

本事例では、振出人が誤ってカナ文字で表記してしまったとのことですので、あらかじめ依頼書を徴求しておくことはむずかしいかもしれませんが、これがなかったとしても形式不備になるわけではないでしょう。

個別の事情にもよりますが、一般的に「KINZAI」と「キンザイ」では同一性が認められるでしょうから、裏書の連続が認められると考えらえます。現に、受取人の表示が漢字で裏書人の表示がローマ字である事案について、同一性を認めた判決があります（東京控判大13．3．3金融判例総覧下296頁、『4500講』Ⅱ巻328頁）。

登記簿上の所在地と異なる手形上の肩書地

約束手形に記載されている振出人の肩書地が、会社の登記簿上の本支店所在地と異なっている場合、この手形は有効でしょうか。

約束手形の振出人の商号・名称の上に付記される振出人の本支店所在地等の記載のことを「肩書地」といいます。

統一手形用紙では、振出人の署名欄の上に「振出地」「住所」という欄があり、振出地も住所（肩書地）も記載できるようになっています。

振出地の記載は、手形要件であるため、その記載がないときは、手形は無効となります。一方、肩書地の記載は、手形要件ではなく、振出地の記載がない場合に振出地とみなされる救済的意義を有しているにすぎません（手形法76条4項）。したがって、振出人の肩書地が、客観的事実（登記簿上の本店所在地）と異なっていたとしても、手形の効力に影響はありません。

この点につき、判例も「実在する会社がたまたま手形振出人となった場合に、登記簿上の本店所在地と異なる肩書地を記載したからといって、その肩書地によって会社の法律上の実在性が左右され、その存在が否定されなければならぬ理由はない」としています（最判昭36.1.24民集15巻1号76頁）。

もっとも、実務上の取扱いとしては、肩書地は振出人の同一性を認識させるものである以上、振出人の肩書地と会社の登記簿上の本店所在地が異なっている場合には、取引先においてできるだけ早い機会に補正させておいたほうがよいといえます。

相談事例 031 複数の手形の呈示と資金不足

複数の手形が呈示されましたが、すべての手形を支払うには当座預金の残高が不足しています。当座勘定取引先のお客さまは、決済して欲しい手形を指定しています。この場合、どのように対応すべきでしょうか。

当座勘定規定ひな型10条は、「同日に数通の手形、小切手等の支払をする場合にその総額が当座勘定の支払資金をこえるときは、そのいずれを支払うかは当行の任意とします」という特約を定めています。この規定の趣旨は、「支払資金が、呈示された全部の手形・小切手を支払うのに不足する場合の支払の選択については、取引先の意向を尊重するのが支払委託の本旨にかなうものというべきではあるけれども、一方で大量の支払事務を短時間で処理することが要請される銀行に対し、かような場合にいちいち取引先の意向を確認させることは困難を強いることとなって相当ではないから…（中略）…かかる場合には取引先の指示をいちいち仰ぐことなく銀行が任意に合理的に支払の選択をしうることとして、取引の円滑を図ったもの」で

す（大阪地判昭62.7.16金法1211号40頁）。

　この裁判例は、当座勘定取引先が優先弁済する手形を指示（指名決済）してきたとしても、「銀行がそれを承諾した場合は格別として、そうでない限り銀行としては右指示に拘束されることなく諸般の事情を考慮して合理的な選択を任意に行うことができる」としています。しかし、通説的見解は、当座勘定取引先が指名決済として優先弁済する手形を指示してきたならば、それに従うべきであるとします（『4500講』Ⅰ巻1077頁）。なぜなら、当座勘定取引先が支払委託の撤回をするのは自由であり、決済を希望する手形以外の手形の支払委託を撤回してしまえば、金融機関としては、支払委託が撤回されなかった手形の決済をせざるを得ないことから、どの手形を決済するかの選択権は一次的には当座勘定取引先にあると考えられるからです（吉原省三「当座勘定の残高が不足する場合と決済する手形の選択」金法1202号4～5頁）。

　したがって、本事例では、当座勘定取引先のお客さまの指示に従い、指定された手形を決済すべきと考えます。

振出日、裏書日、満期日の先後関係

支払期日（満期）が振出日より前の日となっている確定日払いの約束手形がありますが、この手形は有効なのでしょうか。また、振出日が先日付の約束手形は有効なのでしょうか。

　統一手形用紙上には、振出日、支払期日（満期）、裏書日という3つの日付を書く欄が用意されています。通常は、振出日→裏書日→支払期日（満期）という時系列になります。

　それでは、支払期日（満期）が振出日より前の手形は、有効なのでしょうか。判例は、「手形要件は、基本手形の成立要件として手形行為の内容を成すものであるところ、手形の文言証券としての性質上、手形要件の成否ないし適式性については、手形上の記載のみによって判断すべきものであり、その結果手形要件の記載がそれ自体として不能なものであるかあるいは各手形要件相互の関係において矛盾するものであることが明白な場合には、そのような手形は無効であると解するのが相当である。そして、確定日払の約束手形における振

出日についても、これを手形要件と解すべきものである以上…（中略）…満期の日として振出日より前の日が記載されている確定日払の約束手形は、手形要件の記載が相互に矛盾するものとして無効であると解すべきものである」としています（最判平9.2.27金法1491号62頁）。

では、振出日が先日付の手形は有効なのでしょうか。

この点、手形面に記載された振出日は、必ずしも当該手形が実際に振り出された日と一致しなければならないものではなく（大判昭5.11.8新聞3208号12頁）、後日付であると先日付であるとを問わない（鈴木竹雄・前田庸『手形法・小切手法〔新版〕』201頁［有斐閣］）とされており、有効と解されています。

このように実際に手形を振り出した日より先の日付を振出日とすることができる場合、手形面に記載された振出日より前に裏書がなされることが起こり得ます。それでは、このような振出日より裏書日が前の手形は有効なのでしょうか。

裏書の年月日は法律上の記載要件ではありませんので、振出日より裏書日が前となっていても、上記最判のいう「手形要件の記載が相互に矛盾するもの」とはなりません。また、白地手形であっても裏書譲渡できることなどから考えると、「手形の完成、つまり振出より前に裏書が行なわれることは、法が当然に予想していることであるから、手形の振出より前に裏書があることは少しもおかしいことではなく、むしろあたりまえのことである」（河本一郎・田邊光政『約束手形法入門〔第5版補訂版〕』147頁［有斐閣双書］）といえます。そして、実務上は、裏書の日付が振出日より前の日付となっている手形が交換呈示されたとしても、不渡にはできないとされています（石井眞司・住田立身『Q＆A新しい不渡処分の実務〔第2版〕』66頁）。したがって、このような手形も有効であり、割り引くことは可能と考えられます。

033 割引手形の白地補充

顧客から預かった割引手形の受取人欄が未記入であった場合、金融機関が補充しても問題はないのでしょうか。また、補充を間違えたときの訂正はどのようにすべきでしょうか。

白地手形の補充権は、白地の手形要件を補充して、その白地手形を完全な手形として効力を発生させる権利です。通説では、この補充権は、白地手形の振出の際に発生し、以後、手形とともに順次移転するため、手形取得者は、同時にこの権利を取得します。

そして、判例（大判大10.10.1民録27輯1686頁）では、白地手形の所持人は、白地を補充し、引受人または前者に対して手形上の権利を行使できるとしています。金融機関が手形を取得したときは、手形の裏書譲渡により所持人となるため、金融機関が白地を補充することができます。

一般に、振出日や受取人欄の白地については、判例上も、特別な事情のない限り、所持人に補充させる意思で振り出したものとされており、金融機関が補充権を行使して補充することが望まれます。

他方、満期日白地の手形も、手形法上は一覧払いとみなすことになっていますが、判例の傾向は、白地手形として、所持人に補充権を認めています。けれども、金融機関としては、満期日白地や金額が白地であるといった重要事項の欠けている手形の取得は回避すべきで、割引依頼人に補充してもらっておくべきでしょう（『4500講』Ⅱ巻308～309頁）。

それでは、たとえば、法人先で有限会社を株式会社で記入し第一裏書人と相違してしまうなど、誤った補充をしてしまった場合はどうでしょうか。

一般に、白地手形の所持人が白地を補充した後、誤りに気づいて流通におかない段階で訂正した場合、その訂正は有効とするのが判例・通説です。割引手形や担保手形の場合は、手形の所持人として当然に、補充の権限によって訂正することができますので、本事例では、訂正印による修正で十分と思われます（『4500講』Ⅱ巻311頁）。

もっとも、補充後、流通においてしまった場合については、学説・判例の見解が分かれていますので注意が必要です。

相談事例 034　手形の回収義務

当座取引先が反社会的勢力であることが判明したため、当座勘定取引を解約しました。未使用手形を回収しようとしましたが、回収する前に悪用されてしまい当該手形は不渡になりました。そこで手形の受取人から「当座取引を解約したにもかかわらず、未使用手形を回収しなかったのは金融機関の責任であり、損害を賠償すべきだ」と言われました。金融機関は、何らかの責任を負うのでしょうか。

本事例では、当座取引を解約した金融機関に未使用の手形用紙を回収する義務があるかが問題となります。この点につきまして、最高裁まで争われた事件があります。一審（和歌山地判昭58．7．20金法1049号78頁）は、銀行には未使用手形の回収義務があるとし、当該事案では、銀行はそれを怠り、過失があると認定しています。

しかし、この判断に対しては、本来自ら負担すべき融資取引のリスクを金融機関に転嫁するものであるという批判がなされていました（大阪高判昭58.11.30金法1049号77頁、小澤征行ほか「当座勘定取引の解約をめぐる諸問題」金法1087号8頁、川田悦男「当座解約時の未使用手形用紙の回収義務」金法1172号55頁）。

一審判決に対して、二審（大阪高判昭58.11.30金法1049号76頁）は、「銀行の取引先の未使用手形用紙に対する回収ないし悪用防止義務については、何らの法的根拠もない」と述べて、回収義務を否定しました。また、最高裁も、二審の判断を是認しました（最判昭59．9．21金法1076号28頁）。

したがって、本事例においては、当座勘定取引を解約した金融機関には未使用手形を回収する義務はなく、手形の受取人に対しては責任を負わないと考えられます。手形に対する一般的信用を考えると、そのまま放置することなく回収を図るのが相当ですが（上記二審判決参照）、当座取引先が反社会的勢力であった場合には、返還に応じることは期待できないため、原則として解除通知書面で返還を求めることで足りると思われます（松田大介「暴力団関係企業、当座勘定取引」金法1901号67頁）。

第2章
取引の相手方

高齢者との取引

「親の土地を担保に入れるので、借入れをお願いしたい」との申出がありました。担保に供する土地の所有者である親は意思能力が著しく低下しており、寝たきりの状態です。成年後見人等の代理人はいません。成年後見制度を利用せずに、この土地に担保を設定することは可能なのでしょうか。また、相続人となり得る方の全員の同意を得れば可能なのでしょうか。

意思能力がない者が行った法律行為は無効となります。意思能力とは、自分の行為の結果を認識するに足るだけの精神能力などといわれています。本事例で、担保に供する土地の所有者である親は、意思能力が著しく低下しているとのことですから、意思能力の確認を十分に行うことなく担保契約を締結した場合、後日、相続人となる方などからその無効を主張されるおそれがあります。

そのため、金融機関としては、親に意思能力があるか直接面談を行うことなどにより十分に確認し、また、あると認められる場合にも、後日のトラブルを防止するため、借入れを申し込んでいる子どもに限らず、たとえば、他の推定相続人の立合いを求めて一緒に確認をしてもらい、確認した旨を記した書面を受け入れるなど、慎重な対応を行うことが肝要です。

他方で、親に意思能力があるとは認められない場合、親自身と担保契約を締結するわけにはいきません。この場合、親は代理人を選任する意思能力もないことが通常ですから、親を代理できる方を選任するためには、成年後見制度を利用し、成年後見人を選任してもらうよう子どもに説明することが考えられます。

もっとも、成年後見人は、被後見人のために、その財産と収支の状況を正確に把握して、計画的かつ適正にその管理を行うことが任務であり、子どもの借入れのために被後見人である親の不動産を担保に供することは認められないであろうと思われます。もちろん、借入目的（たとえば、親の生活費の工面など）にもよりますが、金融機関としては、成年後見制度を利用すれば可能であると誤認させるような説明を行わないように注意が必要です。

これに対し、推定相続人全員からの同意を得れば、そのような主張をされるリスクは低いのではないか、とも思われるかもしれません。しかし、推定相続人全員による同意は、親の意思能力を法的に補ってくれるものではなく、また、実際の相続人は変わり得ることなどに鑑みますと、そのような方法はリスクが相当程度あるといわざるを得ません。

成年後見人との取引

成年被後見人である預金者が死亡しました。成年後見人に選任されていた弁護士が来店し、被後見人が入居していた施設の入居費用と後見人の報酬相当額の支払のための払戻しを請求してきました。この場合、どのように対応すべきでしょうか。

平成28（2016）年10月に施行された改正民法では、成年被後見人が死亡した場合、成年後見人は、以下の行為（死後事務）をすることができることになりました（873条の2）。

① 相続財産に属する特定の財産の保存に必要な行為
② 相続財産に属する債務（弁済期が到来しているものに限ります）の弁済
③ その死体の火葬または埋葬に関する契約の締結その他相続財産の保存に必要な行為（①および②の行為を除きます）

成年後見は、被後見人の死亡により当然に終了し、成年後見人は、原則として法定代理権等の権限を喪失することになります。しかし、実務上、成年後見人は、成年被後見人の死亡後も一定の事務を行うことを周囲から期待され、社会通念上これを拒むことが困難な場合があります。そこで、改正民法では、成年後見人は、被後見人の死亡後にも上記の行為を行うことができることにしました。

①としては、たとえば、相続財産に属する債権について時効の完成が間近に迫っている場合に行う時効の中断などが考えられます。次に、②としては、たとえば、成年被後見人の医療費や入院費、公共料金等の支払が考えられます。また、③に該当するものとしては、債務を弁済するための預貯金（成年被後見人名義口座）の払戻しといった行為も考えられます。

成年後見人がこれらの死後事務を行うには、ⅰ）成年後見人が当該行為を行う必要があること、ⅱ）成年被後見人の相続人が相続財産を管理することができる状態に至っていないこと、およびⅲ）成年後見人が当該行為を行うことにつき、被後見人の相続人の意思に反することが明らかな場合でないこと、といった各要件を充足している必要があります。加えて、③の行為を行う場合には、ⅳ）家庭裁判所の許可も必要となります。

本事例の払戻し請求は、③となると考えられます。そのため、金融機関では、成年後見人に選任されていた弁護士から払戻しの請求を受けた場合には、上記要件の該当性をきちんと確認したうえで、適切に対応することが重要になります。

任意後見人との取引

任意後見契約を締結している人と取引をする場合には、どのような点に注意をすべきでしょうか。

　任意後見制度は、認知症等によって判断能力が低下した場合に備えて、本人が自分の生活や療養看護、および財産の管理を任意後見の受任者（任意後見人となる人）に委託する任意後見契約を締結し、現実にその必要が生じた場合に、家庭裁判所が任意後見監督人を選任したうえで、任意後見契約の受任者が任意後見人となって本人の代わりに活動するというものです。

任意後見契約は、家庭裁判所が任意後見監督人を選任したときから効力を生じます。任意後見監督人は、本人などから任意後見監督人選任の申立てがあり、「精神上の障害により本人の事理を弁識する能力が不十分な状況にあるとき（法定後見制度の「補助」の要件に相当する程度）」に選任されます。したがって、任意後見監督人が選任され、任意後見契約が効力を生じたときは、この契約に金融機関との取引が含まれていることを確認したうえで任意後見人との取引を行います。

任意後見監督人が選任されたかどうかや、任意後見人の代理権の範囲などは、後見登記されていますので、登記事項証明書を提出してもらい確認しま

しょう。

　任意後見契約とは別に、任意後見契約が効力を生じる前から預金の払戻し等について代わりに行ってもらうため、財産管理や看護に関する事務を委任する契約（財産管理契約）を締結している場合があります。これは、本人の判断能力には問題はないが、加齢などで本人自身が金融機関に出向くことができない場合に、任意後見契約の効力が生じるまでの間も、任意後見契約とほぼ同じ事務を受任者にしてもらいたいといったニーズに応えるものです。財産管理契約による代理人取引は、民法上の代理人取引ですので、基本的には、代理人との取引の際に注意すべき点を確認しましょう（相談事例41参照）。

　任意後見契約が効力を生じたときには、任意後見監督人が任意後見人を監督することで、判断能力が低下した委任者の利益が確保されます（任意後見契約に関する法律7条・8条・10条）。しかし、財産管理契約では、受任者の監督をするのは、一般的には委任者である本人とされています。そのため、本人の判断能力が低下し、受任者を十分に監督できない状況であるのに、財産管理契約に基づく代理人取引が継続される状況も起こり得ます（受任者による不正行為が防止できない可能性があります）。したがって、「金融機関としては、…（中略）…とくに依頼者による判断能力の減退には、特段の配慮を払う必要があります。…（中略）…払戻しの金額や頻度等から特段の怪しむべき事情がある場合は、依頼者または受任者への資金使途の確認や、必要に応じて依頼者へ直接取引状況を知らせる照会状の発送等を行うことにより、金融機関としての監督機能を発揮する必要がある」といえます（平松知実「任意後見制度と財産管理契約」金法2032号72頁）。

未成年者との取引

未成年者が代表になっている法人から融資取引の申込みがありました。通常、未成年者と取引をする際には、法定代理人の方に代理してもらっていますが、この申込みに応じる場合も同様に、未成年者である代表者の法定代理人の方に代理してもらう必要はあるのでしょうか。

　民法上、未成年者が取引などの法律行為を行うには、原則として法定代理人の同意を得る必要があり、同意を得ないでした法律行為は、未成年者本人（とその承継人）およびその代理人において、取り消すことができます（5条、120条1項）。

　ただし、以下の行為については、例外的に、未成年者であっても法定代理人の同意を得ずに単独で行うことができます。

① 単に権利を得、または義務を免れる法律行為（5条1項ただし書）
② 処分を許された財産の処分（5条3項）
③ 営業を許された未成年者がその営業に関してする法律行為（6条）

　この点、③における「営業」とは、営利を目的とする独立の事業をいい、雇用されて従業員として働くこと（職業）とは異なります。未成年者は、許可された種類の営業に関する限り、直接間接に必要ないっさいの行為を単独で行うことができます。これは、独立して営業を許可した以上は営業に関係する行為が単独でできないと、営業を許可された意味がなくなるからです。

　もっとも、未成年者が営業に堪えることができない事由があるときは、法定代理人は許可を取り消し、また制限することができます（6条2項、823条2項）。許可の取消し等は、将来に向かってのみ効力を生じ、その前に行った行為の効力には影響しません。

　未成年者の行う営業が商業であるときは、登記をすることが義務づけられています（商法5条）。登記事項は、ⅰ）未成年者の氏名、出生の年月日および住所、ⅱ）営業の種類、ⅲ）営業所となります（商業登記法35条1項）。

　このように、金融機関としては、未成年者が法人代表者として営業を許可されていることを登記簿謄本などにより確認し、また、許可の取消し等がないことを併せて確認することで、法定代理人に代理してもらわなくても、未成年者自身と融資取引を行うことが可能です。

外国人との取引

外国人の方から融資の申込みを受けました。どのような点に留意すべきでしょうか。

第 2 章　取引の相手方

　本邦の金融機関が外国人（日本の国籍を持たない自然人）と融資取引を行うことは銀行法等で禁止されていませんが、留意点としては以下のようなものが考えられます。

1．取引時確認

　平成28（2016）年10月施行の改正犯罪収益移転防止法では、外国PEPs（外国において重要な公的地位にある者）について厳格な取引時確認が義務づけられています。そのため、外国人については、外国PEPsの該当性により注意し、確認を行うことが重要といえます。

　また、外国人が日本に在住する者である場合、犯罪収益移転防止法上の写真付き本人確認書類としては、「在留カード」または「特別永住者証明書」の提示を受けることが想定されます。これらは、平成24（2012）年7月9日施行の改正出入国管理及び難民認定法に基づくものであり、これにより従来の「外国人登録証明書」は廃止されていますので、注意が必要です。

2．取引内容の理解

　外国人が日本語に堪能でない場合で、契約書など取引に関する書類が日本語のみであるときは、取引内容について顧客の理解を得られるような配慮が必要といえます。このような場合、顧客には、日本語に堪能な方（身内）の同伴を求めるなどの対応が考えられます。

　また、契約書等の翻訳を作成、提供する場合には、あくまで参考のためのものであり、日本語のものが原本であることを明示することが重要です。

3．契約の準拠法

　融資契約の準拠法について、「法の適用に関する通則法」では、契約についての準拠法は当事者が法律行為の当時に選択した地の法とされています（7条）。相手方が日本人の場合、契約書に明示されていなくても日本法が準拠法となることが通常と思われますが、外国人の場合、特に日本に居住していない者の場合は、準拠法を日本法とすべきことを契約書等で明確に定めておくことが望ましい（『4500講』Ⅰ巻826頁）といえます。

4．日本に在住していない者

　外国人が日本に在住していない者である場合、融資取引を行うことについて、その外国人の居住地の法律に抵触することもあり得ます。そのため、現地法の調査を行い、適法性を確認しておくことが重要となります。また、外為法上の許可や報告を要しないかの確認も要します。

代筆の取扱い

取引の相手方となる方が、手が不自由なため自署できません。この場合、どのように対応すべきでしょうか。また、代筆によっても契約の有効性に問題はないのでしょうか。

平成28（2016）年4月に施行された障害者差別解消法では、金融機関を含む事業者に対して、障がいを理由とする差別を解消するための措置として、①不当な差別的取扱いの禁止を法的に義務づけるとともに、②社会的障壁（障がい者にとって日常生活や社会生活を営むうえで障壁となるような社会における事物、制度、慣行、観念その他いっさいのものをいいます）の除去の実施に係る合理的配慮を行うことを努力義務として定めています。

①事業者は、その事業を行うにあたり、正当な理由がないにもかかわらず、障がいを理由として障がい者でない者と不当な差別的取扱いをすることによって、障がい者の権利利益を侵害してはなりません。自署ができないことをもって一律に取引を謝絶することは、不当な差別的取扱いに該当するおそれが高いと考えられます。

②事業者は、その事業を行うにあたり、障がい者から現に社会的障壁の除去を必要としている旨の意思の表明があった場合、その実施に伴う負担が過重でないときは、障がい者の権利利益を侵害することとならないよう障がい者の性別、年齢および障がいの状態に応じて、除去の実施について必要かつ合理的な配慮をするよう努めなければなりません。この点、自筆が困難な障がい者について、金融庁の「金融庁所管事業分野における障害を理由とする差別の解消の推進に関する対応指針」では、書類の内容や取引の性質等に照らして特段の問題がないと認められる場合に、自筆が困難な障がい者からの要望を受けて、本人の意思確認を適切に実施したうえで、代筆対応することが例示されています。

もっとも、職員が単独で代筆することは、取引の成否について後日トラブルが生じる懸念もあります。そこで、たとえば、ⅰ）障がい者の身内等に付き添いを求め、本人の納得を得て付添人に代筆をしてもらう、ⅱ）職員が代筆せざ

るを得ない場合には、役席を含む数名の立会いのもと、本人の意思を確認し、理由を記録したうえで代筆を行う、といった対応をすることで、契約の有効性を巡って後日、問題が生じるリスクはかなり低減されるといえるでしょう。

代理人との取引

代理人との取引に際しては、どのような点に注意すべきでしょうか。

代理とは、本人以外の人間が契約などの法律行為を行い、その効果が本人に帰属することをいいます。代理人には、①本人の依頼により一定の法律行為をする権限が与えられた任意代理人と、②親権者や成年後見人など、法律の定めにより代理人となっている法定代理人があります。

正当な代理人が行った取引の効果は、法律上、本人に帰属しますが、代理人と名乗る人がまったくの無権限者であったり、権限外の行為をした場合には、原則として本人に効果が帰属しないことになってしまいますので、注意が必要です。

任意代理人との取引にあたっては、まずは委任状により、正当な代理権が付与されているかを確認する必要があります。委任状には、原則として、本人の署名・実印の押印を求め、本人の印鑑証明書を添付してもらいます。また、継続取引の場合には、本人から任意代理人に関する届出を受け入れ、本人の意思と代理権の範囲を確認したうえで取引を行うことになります。

代理人が、同居の親族であるなど、実印を安易に持ち出せる立場にあるような者である場合には、後々「委任状の確認だけでは意思確認として不十分だった」とされてしまう場合があります。このような場合には、電話や書状、訪問などの手段によって、本人への意思確認に万全を尽くす必要があります。

法定代理人との取引を行う場合には、法定代理権を証する資料により代理権を確認します。①親権者の場合には、戸籍謄本、住民票や健康保険証その他で続柄が確認できるもの、②成年後見人の場合には、法務局の登記事項証明書や家庭裁判所の確定証明付きの審判書、③裁判所が選任した法定代理人の場合には、裁判所の審判書などが挙げられます（『4500講』Ⅰ巻770頁）。

相談事例 042 破産者の権利や資格の制限および復権

破産者の権利や資格の制限について、また破産者の復権について教えてください。

破産手続開始決定を受けた破産者は、公法上あるいは私法上のさまざまな権利や人的資格の制限を受けることがあります。たとえば、破産者は、後見人や後見監督人・保佐人・遺言執行者になることはできませんし（民法847条3号、852条、876条の2第2項、1009条）、破産者であって復権を得ない者は、弁護士や税理士等となる資格を有しないとされています（弁護士法7条5号、税理士法4条3号）。しかし、免責等の一定の要件のもとで復権の決定（破産法256条）を受けることができれば、制限されていた権利や資格を回復することができます。復権には「当然復権」と「申立てによる復権」があります。

当然復権は、①免責許可の決定が確定したとき（破産法255条1項1号）、②同意廃止（破産債権者の全員の同意等を理由に破産管財人が選任された後に破産手続を廃止すること）の決定が確定したとき（同条1項2号）、③再生計画認可の決定が確定したとき（同条1項3号）、④破産者が破産手続開始決定後、詐欺破産（破産法やその他の法律に違反するような不正な目的で自己破産をすること）の罪につき有罪の確定判決を受けることなく10年を経過したとき（同条1項4号）に認められるもので、この場合、破産者は何らの手続を要せず、法律上当然に復権が認められます。

申立てによる復権は、当然復権を得られなかった破産者が弁済その他の方法により破産債権者に対する債務の全部につきその責任を免れた場合に限り、破産者の申立てにより破産裁判所が復権を決定するもので、この決定の確定により復権することになります（破産法256条1項、255条1項柱書後段）。

なお、復権者であることは戸籍等には記載されませんので、破産者に復権があったかどうかは、復権の決定書の写しを本人から提出してもらうか、官報公告により確認する必要があります。

相談事例 043　株式会社との取引

株式会社と取引を行う際には、取締役会議事録を徴求していますが、この議事録を徴求しなかった場合、それに係る取引行為は無効になるのでしょうか。

　議事録を徴求しなくても直ちに無効になるわけではありませんが、会社側から無効を主張されてしまう可能性があります。

　株式会社との取引の際に確認すべきとされる「取締役会の決議」については、それがどのような根拠に基づき確認が必要とされているかを理解しておくことが重要です。

　取締役会が設置されている会社との取引において、融資業務関連で確認が必要となる決議としては、①利益相反取引に当たる場合の承認としての決議（会社法356条1項3号、365条）と②「多額の借財」を行う場合の業務執行の決定としての決議（同法362条4項2号）が考えられます。これらの場合に、債権者である金融機関として決議の有無の確認を要する根拠は、決議を経なかった場合の取引の効果に関連しています。

　承認決議（上記①）のない利益相反取引の効力について、判例は「会社以外の第三者と取締役が会社を代表して自己のためにした取引については、取引の安全の見地より、善意の第三者を保護する必要があるから、会社は、その取引について取締役会の承認を受けなかったことのほか、相手方である第三者が悪意（「承認がないこと」を知っていること）であることを主張し、立証して始めて、その無効をその相手方である第三者に主張し得るものと解するのが相当である」としています（最判昭43.12.25民集22巻13号3511頁）。そこで、金融機関としては、借入れや保証行為が利益相反取引の承認を欠くとして会社側から無効主張をされることがないよう、承認決議の有無について調査・確認すべきであると考えられています。

　業務執行の決定としての決議（上記②）を欠く取引の効力について、判例は「代表取締役は、株式会社の業務に関し一切の裁判上または裁判外の行為をする権限を有する点にかんがみれば、代表取締役が、取締役会の決議を経てする

ことを要する対外的な個々的取引行為を、右決議を経ないでした場合でも、右取引行為は、内部的意思決定を欠くに止まるから、原則として有効であって、ただ、相手方が右決議を経ていないことを知りまたは知り得べかりしときに限って、無効である」としています（最判昭40.9.22民集19巻6号1656頁）。そこで、金融機関としては、利益相反の場合と同様、借入れや保証行為が取締役会決議を欠くとして会社側から無効主張をされることがないよう、承認決議の有無について調査・確認すべきであると考えられます。

相談事例 044 複数の代表取締役が存在する会社との取引

取引先の会社には、複数の代表取締役が存在しますが、その会社との取引にあたって留意すべきことを教えてください。また、共同代表取締役の1人が死亡した場合の対応は、どのようにすべきでしょうか。

　平成18（2006）年の会社法施行前の旧商法下では、共同代表制度と呼ばれる制度がありました。この制度は、業務執行の統一性の確保や代表権の濫用の防止を目的とするものです。同制度下では、株式会社は取締役会の決議により、数人の代表取締役を定め、かつ、これらの者が共同して会社を代表すべき旨を定めることができ、この共同代表の定めは登記事項とされていました。ところが、同制度において、実際に登記がなされていることはまれであり、その必要性および実効性に疑問があったことから、会社法では、この制度は廃止されました。

　しかし、共同代表制度は制度としては廃止されたものの、会社法下においても、取締役の代表権行使につき他の代表取締役との共同を要する等の制限を加えること自体は可能です。実際に代表取締役が複数存在し共同代表の定めを設けている会社も多く存在しています。

　こうした取締役の代表権行使の制限は、取締役の代表権に対する会社の内部的な制限として取り扱われることになるため、会社は当該代表権の制限につき善意の第三者に対抗することはできません（会社法349条5項）。もっとも、第三者が悪意であれば、会社に代表権行使の制限を対抗されることになります。

すなわち、共同代表制度を利用していた会社が、会社法施行後も引き続き、各代表取締役は単独で会社を代表することができないものと会社内の規則等で定められていることを十分に知りつつ取引した相手方（金融機関）は、保護されないおそれがあるということです。

そこで、金融機関としては、複数の代表取締役が存在する会社と取引を行うにあたっては、同社内において「共同代表の定めがあるかないか」および「共同代表の定めがどのように位置づけられているか」を確認し、当該確認内容に応じて対応することが必要になります。

そして、共同代表の定めがある会社と取引をするにあたっては、共同代表取締役全員の署名を徴求する等の対応をとることで、共同代表取締役全員の意思確認を行う必要があります。具体的には、各種約定書への署名、手形・小切手振出などについて、共同代表取締役全員の署名を求めるべきです。

これに対して、取引先に複数の代表取締役がいる場合であっても、共同代表の定めがなければ、各代表取締役は単独で代表権を行使することができますので、取引にあたっては当該代表取締役の署名を徴求すれば足りるものと思われます。

次に、共同代表取締役の1人が死亡した場合、代表取締役が共同して会社を代表することは不可能になるものの、共同代表の定め自体は依然として残りますので、残った代表取締役はその定めに従って会社を代表することができなくなります。その結果、会社は代表機関を欠くことになり、残った代表取締役は単独で会社を代表する法律行為をなし得ないことになります。

そこで、金融機関としては、今後取引を継続していくためには、①会社に取締役会を開催させ共同代表の定めを廃止してもらう（この場合には残った代表取締役が単独代表となります）、または②同じく取締役会において、残った代表取締役と共同で会社を代表する取締役を選任させるという方法で、会社を代表すべき取締役を定めてもらう、といった対応をとる必要があります。

相談事例 045 代表者死亡後、新代表者選任までの対応

取引先である株式会社の代表取締役が死亡しました。資金繰りとの関係上、新代表者を選任する前ではありますが、手形割引を依頼されています。これに応じてよいのでしょうか。

1．原則的対応

会社に複数人の代表取締役がいる場合は、他の代表取締役を代表者として取引を継続してさしつかえありません。しかし、代表取締役が1人しかおらず、代理人も選任されていないときには、株主総会または取締役会での新代表取締役の選任手続を行う必要があります。

株主総会開催などの時間的余裕がない場合には、株主、取締役、会社債権者などの利害関係人が、会社の本店所在地の地方裁判所に請求して、一時取締役の職務を行うべき者を選任してもらい、その仮取締役を加えた取締役会で新代表取締役を選任する方法、また、必要に応じて裁判所に仮代表取締役を選任してもらう方法があります（会社法346条2項・351条2項）。

2．代理人届が提出されている場合

経理部長などを取引の代理人とする代理人届が提出されていれば、その人を代理人として、手形割引を継続することができます。なぜなら、代理人は代表取締役によって選任されますが、代理行為の本人は会社であり代表取締役ではありませんので、代表取締役の死亡によっては、その代理権は消滅しないからです。

3．便宜的対応

新（仮）代表取締役の選任がされておらず、また、代理人届の提出もむずかしい場合、どのように対応すればよいのでしょうか。

本来であれば、（仮）代表取締役を選任してもらったうえ、その人を代表者として取引をしなければ、有効な取引とはなりません。この状況で先方の申出に応じた場合、手形割引は無権代理行為であり、法律上は後日の新代表者からの追認がない限り無効となります。

しかし、新代表者が選任されるまで取引を中止するという対応は、あまりにも硬直的で取引先会社の営業に支障を来たしかねません。会社の経営状態や社

内状況を勘案し、やむを得ず取引を行うこともありえます。その場合には、取締役の中から会社を代表する者（代表取締役選任予定者が望ましい）を選んでもらい、その者との間で取引をする方法が考えられます。便宜的に手形割引に応じた場合には、正規の手続で選任された代表取締役に、便宜代表者との間でなした取引を追認してもらう必要があります。ですので、会社の経営状態に不安があるとき、社内に対立や抗争のあるときは、このような便宜的な方法は危険であり、行うべきではありません。

便宜代表者と取引する場合には、万一追認が得られないときに備えて、残存取締役全員から、さらに、取締役でなくても大株主や新社長候補として有力な人がいるならばその人からも、個人としてできるだけ多くの人の連署で、取引について責任を負う旨の念書を差し入れてもらうべきです。

また、割引手形の裏書は、実際の代行者に「代表取締役代行」として署名してもらうのが妥当です。できることならば、新社長候補として有力な人に代行してもらうのがよいでしょう。死亡した代表者名義で行うことは、実際に取引を代行した人が誰かわかりませんので避けるべきです。

新社長が選任されたならば、便宜的に行った手形割引についての追認を受けます。この際に差し入れてもらう追認書は、会社代表取締役として新社長に署名してもらい、「当社の旧代表取締役死亡後、○年○月○日から△年△月△日までの間、貴行（庫）と当社代表取締役（代行）□□□□名義で行った下記取引については、これを追認し、当社による取引とします」という内容になるでしょう。

相談事例 046 代表者の死亡と請求・通知の相手方

取引先法人の代表者が死亡しました。法人に対する貸出の回収のため、期限の利益喪失通知を発しようと思うのですが、誰を相手に通知を出せばよいのでしょうか。また、この会社に対する貸付を相殺によって回収しようと考えていますが、後任がいないため、誰に対して相殺通知を発すればよいのでしょうか。

法人の代表者が死亡してしまうと、通知人として記載すべき者が存在しないことになります。この場合、法人に対する期限の利益喪失通知や相殺通知等の意思表示は、誰に対してすればよいのか、という問題が生じます。

まず、法人の内部に意思表示を受ける権限を有する者がいれば、その者を記載することになります。たとえば、取締役（会社法349条1項本文）、支配人（同法11条1項）、使用人（同法14条1項。取締役を兼務する使用者を含みます）等です。

なお、その場合の住所は、基本的には届出上の本店所在地または営業所等の所在地を記載することになります。

次に、そのような該当者がいない場合はどうでしょうか。

まず、通知を受ける受任弁護士がいる場合には、法人の代理人として、当該弁護士に対して意思表示を行うということも考えられます。

そのような弁護士もいない場合には、実務的には少ないと思われますが、裁判所に対して、仮代表者の選任を求める方法が考えられます（代表取締役につき会社法351条2項、取締役につき同法346条2項）。

旧代表者との取引

従前から取引のある会社があります。この会社の代表者が変更となっていたのですが、変更届が提出されておらず、変更後も旧代表者名義で取引を行っていたことが判明しました。この場合、どのように対応すべきでしょうか。

代表者が変更され、旧代表者に代表権がないことが登記されていると、金融機関に届出がなされていなくても、会社は旧代表者名義の取引については責任を負わないと考えることが可能です。反対に、登記の変更がなされていなければ、会社はその変更を善意の第三者に対抗できないため、旧代表者名義の取引についても責任を負います。

取締役会が設置されている株式会社においては、代表者は代表取締役であり、取締役の中から取締役会の決議で選任されます（会社法362条3項）。そし

て、代表取締役の氏名と住所は登記事項ですから（同法911条3項14号）、その変更が生じた場合には、2週間以内に本店所在地において登記しなければなりません（同法915条）。

なお、取締役会のない株式会社においては、代表取締役を定めるかどうかは任意とされ、定めない場合には、取締役が会社を代表します（同法349条。取締役の登記については同法911条3項13号）。

そして、登記すべき事項は、登記の後でなければ善意の第三者に対抗できないとされていますが（同法908条）、登記した後は、原則として第三者が知っているかどうかを問わず、登記された事項を第三者に対抗することができます。

金融機関としては、たとえ取引先の会社から届出がなくとも、代表者の変更が登記されていれば、取引先は旧代表者名義の取引について責任を負わないこともあると考えなければなりません。したがって、変更登記の日以降に旧代表者と取引を行っていたことが判明した場合には、早急に新代表者からの追認を得る必要があります。

さらに、取引先からは、代表者の変更登記がなされていなくとも、金融機関は代表者の変更といった重要な事項は知っていてしかるべきであって、登記がないことにより保護される善意の第三者に当たらないと主張されてしまう可能性もあります。

代表者の変更を知った場合には、取締役会の議事録等でその事実を確認し、直ちに変更届を徴求し、新代表者名義で取引をすべきです（『4500講』Ⅲ巻846頁）。

取引先の法人成り

取引先が法人成りした場合の実務的な影響について教えてください。

法人成りとは、それまで個人で営業していたものの、主に税金上や信用上の理由から法人格を有する組織へと変更することをいいます。

営業内容は同一であっても、法人格が異なるため法人成りに伴い、個人から法人へと債権・債務を承継させる必要があります。また、法人との間では、新

たに取引約定書を取り交わします。一般的に包括承継といわれる合併等のように、権利義務が当然に引き継がれるわけではなく、債務引受契約等によって、個別的に承継手続をとる必要がありますが、方法によっては、担保・保証に重大な影響を及ぼすこともあり得ますので、慎重な対応が求められます。

　債務承継手続としては、①重畳的債務引受、②免責的債務引受、③新規融資という方法が考えられます。このうちどの方法が望ましいかは、それぞれのメリット・デメリットがあるため、一概には言えませんが、実務的には①、②の方法をとることが多いようです。

　まず①の重畳的（併存的）債務引受の場合には、法人とともに個人も債務者として残るため、担保力の点で有利となります。また、他の担保・保証にも影響はないため、手続が簡明で済むという利点もあります。しかし、従来の債務者と引受人は不真正連帯債務関係となり民法の連帯債務に関する規定が適用されることになるため、時効の管理や債務免除の際に絶対効（何人かのうち１人にある事由が生じた時に、その他の人全員に効力が及ぶこと）が生じる点に注意が必要となります。具体的には、従来の債務者と引受人双方を相手として時効中断手続をとる必要がありますし、一方の債務のみを免除したい場合には、他の債務者に効力が及ばないように免除証書等にその旨を明確にしておく必要があります。

　これに対し、②の免責的債務引受による場合には、従来の債務者は債権債務関係から離脱してしまい、担保力は弱まります。また、それに伴い従前の担保・保証も消滅してしまうため、たとえば、抵当権であれば設定者の承諾を得てその旨を付記登記したり、新たに徴求し直さなければならないという煩雑さもあります。しかし、以後は引受人のみを相手に時効管理をすれば足りるなど、債権関係が明確になるという利点があります（もっとも、個人から連帯保証を受ける場合が多いでしょう）。

　このように、どちらの手段も一長一短はありますが、これらの特徴を踏まえたうえで、取引先に適切な方法を選択していくことが必要であると考えられます。

地方公共団体との取引

地方公共団体との融資取引(一時借入金)は、通常は市長等の名前で契約を締結します。しかし、今回は会計管理者名義で契約したいという申出がありました。法的に問題はないのでしょうか。

　一時借入金は、歳出予算内の支出のための一時的な借入れで、その会計年度の歳入をもって償還しなければならないものです(地方自治法235条の3第1項・3項)。そして、予算の中に含めて議会で議決されていることが必要です。

　融資取引の締結は、預金取引とは異なり、長の権限に属すると考えられています(一時借入金については、同法235条の3第1項)。そのため、融資取引は、市長等の名義で行い、契約書についても、市長等(またはその委任を受けた者)が記名押印しなければなりません(同法234条5項)。判例でも、金銭消費貸借契約の締結は、収入役の権限には属しないとされています(『4500講』Ⅰ巻858頁)。

　そうすると、会計管理者名義で契約することはできないことになります。

　もっとも、融資金は会計管理者に交付することになるため、実際上は会計管理者が管理する預金口座に入金されることになります。

　地方公共団体との融資取引を行う場合には、当該借入れについての長の権限の有無、資金使途等を予算書、予算に関する説明書、執行手続(計画)書の写し等によって確認します。一時借入金については、予算で定められた借入最高限度内(同法235条の3第2項)であることも確認する必要があります。

税理士法人との取引

税理士法人との取引に際しては、どのような点に注意すべきでしょうか。

税理士法人は、平成13（2001）年の税理士法改正によって創設された、税理士業務を組織的に行うことを目的とする法人です。2名以上の税理士が共同して定款を作成し、公証人の認証を受けて、主たる事務所の所在地において設立の登記をすることで成立します。

　業務を執行する社員は、各自税理士法人を代表することができますが、定款または定款の定めに基づく互選によって、業務を執行する社員の中から税理士法人を代表する社員を定めることができます。この代表社員は、税理士法人の業務に関するいっさいの裁判上または裁判外の行為をすることができます。代表者および社員の氏名、住所は、登記事項となっています。

　税理士法人と取引をする際には、登記事項証明書と定款の写しで、法人の実体と業務の内容、代表権等を確認します。代表社員が定められている場合には、当該代表社員と取引をしますが、そうでない場合には、業務執行社員の過半数の同意を得て取引に応じることになります。

　社員が1人となって6カ月が経過すると、税理士法人は解散することになりますので、取引先を税理士個人に切り替えるなどの対応が必要になります。税理士法人は、一般の会社と異なって営利を目的とする法人ではありませんので、融資取引では、その資金使途や返済財源の検証を入念に行う必要があります（『4500講』Ⅰ巻892頁）。

相談事例051　マンション管理組合との取引

マンション管理組合から融資の申込みを受けましたが、どのような点に注意すべきでしょうか。

　管理組合とは、マンション等の区分所有建物の区分所有者が、全員で建物、その敷地、附属施設（エレベーターやガス・水道の配管等）の管理を行うための団体をいいます（建物の区分所有等に関する法律3条）。そして、管理組合は、区分所有者および議決権の各4分の3以上の多数による集会の決議で、法人となる旨、その名称、事務所を定め、登記をすることによって法人（管理組合法人）となることができます（同法47条）。

このように、マンション等の管理組合が直ちに法人格を有するわけではないので、管理組合との取引では、法人格を有する管理組合法人かどうかを確認する必要があります。管理組合法人は、その名称中に「管理組合法人」という文字を用いなければならず、管理組合法人以外が「管理組合法人」を名乗ることはできません（同法47条2項、48条）。

①法人格を有する管理組合法人と取引をする場合、規約または集会の決議によって代表理事が選任されているかどうかを確認します。選任されていれば、融資の申込みをした理事が代表理事であるかどうか、つまり、その理事に代表権があるかどうかを確認する必要があります。代表理事が選任されていない場合には、各理事が法人を代表します（同法49条3項）。そして、管理組合法人の事務は、保存行為と規約で特に定めた場合を除いて集会の決議によって行われるのが原則なので（同法52条）、実際に集会決議がなされているかを確認する必要もあります。また、管理組合法人と理事との利益が相反する事項については、監事が管理組合法人を代表することになります（同法51条）。

したがって、実務上（融資取引等について）は、登記事項証明書、規約の写し、集会議事録の写し、印鑑登録証明書等の書類を徴求し、法人格を有すること、代表者、代表権の制限の有無、および当該取引を行うことが承認されていることを確認します。

また、管理組合法人の財産で債務を完済できないときは、区分所有者がその所有する専有部分の床面積の割合に応じて無限責任を負うこととされています（同法53条）。しかしながら、実際に個々の区分所有者に責任の追及をするのは容易ではないので、物的担保や理事等の有力な区分所有者の連帯保証を取得することも検討すべきです。

②法人格を有しない管理組合と融資取引をする場合、管理組合の法的性質はいわゆる権利能力なき社団や民法上の組合となります。法人格を有しない管理組合には、当然登記がありませんので、管理組合の規約により、権利能力なき社団に当たるか否かを確認したうえで、具体的に代表者およびその権限、当該融資取引についての決議等を集会の議事録の写し等の提出を求めて確認する必要があります。印鑑登録証明書は、代表者個人の印鑑登録証明書の提出を求めることになります。また、実際に個々の区分所有者に責任を追及することは容易ではありませんので、上記管理組合法人の場合と同様に、物的担保や理事等の有力な区分所有者の連帯保証を取得しておくことが望ましいといえます。

相談事例 052 相続財産管理人との取引

相続財産管理人との取引に際しては、どのような点に注意すべきでしょうか。

　法定相続人が1人も存在しない場合（存在するのかが明らかでない場合も含みます）や全順位の相続人全員が相続を放棄する場合は、相続人不存在となります。

　相続人が不存在の場合、相続財産は法人化し（民法951条）、相続財産法人となり、利害関係人や検察官の申立てによって、家庭裁判所が選任した「相続財産管理人」が管理をすることになります。この利害関係人とは、相続財産について法律上の利害関係を有する者をいい、預金相続のケースであれば金融機関がこれに該当するほか、相続債権者、受遺者、特別縁故者等がこれに当たります。相続財産管理人の申立ては、被相続人の最後の住所地を管轄する家庭裁判所に対して行うことになります。

　相続財産管理人は、相続財産法人の代表者であり、相続財産の管理および清算に関する権限を有しています。したがって、相続財産管理人から預金の払戻しや貸金庫の開扉、格納物の取出し等の請求を受けることもあると思われますが、これらの行為に家庭裁判所の許可を要するか否かについて確立された解釈がありません。そこで、実務上は、できる限り家庭裁判所の許可を得てもらうか、要許可行為でないことについて担当書記官に確認するなどしてから、これに応じることが望ましいといえます。

　他方で、相続財産管理人が相続債務に係る回収手続に応じることについては、特段の制限はありません。そのため、担保権実行や強制執行、相殺の通知等は相続財産管理人を相手方として行うことになります。

　相続財産管理人の選任の公告後2カ月以内に相続人のあることが明らかにならなかったときは、相続財産管理人は相続債権者に対して債権の届出をするよう直ちに公告をします。そのため、債権者はその届出期日までに残債権をすべて管理人に届け出なければなりません（民法957条）。この届出をもらしてしまうとその債権は除斥され、請求することができなくなります。

　相続財産管理人は、その間に相続財産のすべてを処分して、その換価した代

金などによって、届出債権者に対し、債権額の割合に応じて配当をすることになります（同法957条2項、929条）。この配当が完了しても相続財産に残余がある場合、その残余は一定の手続後に国有財産となるため、以降は回収することができなくなります（同法959条）。

053 医療法人との取引

医療法人から新規融資の申込みがありましたが、どのような点に注意すべきでしょうか。

1．医療法人の権利能力

　医療法人は、病院、医師もしくは歯科医師が常時勤務する診療所または介護老人保健施設を開設しようとする社団または財団で、医療法に基づき、都道府県知事の認可を受け、主たる事務所の所在地において設立の登記をすることによって成立します。

　医療法人には、役員として、理事3人以上および監事1人以上を置かなければなりませんが、都道府県知事の認可を受けた場合は、1人または2人の理事を置くことで足りるとされています。理事のうち1人は理事長とし、定款（社団法人）または寄附行為（財団法人）の定めるところにより、原則として医師または歯科医師である理事のうちから選出します。理事長は、医療法人を代表し、医療法人の業務に関するいっさいの裁判上または裁判外の行為をする権限を有します（医療法46条の6の2）。もっとも、重要な財産の処分、譲受けや多額の借財等の一定の業務執行については、理事に委任することができず、理事会の議決を要します（同法46条の7第3項）。

　そこで、医療法人と金融取引を開始するにあたっては、①登記事項証明書でその成立と存在を確認するとともに、②定款または寄附行為、代表者の印鑑登録証明書、理事会の議事録の写しなどで理事長の代表権とその制限の有無などを精査する必要があります。財団である医療法人の場合には、評議員会が必ず置かれ、理事長は予算、借入金、重要な資産の処分等については評議員会の議決に基づく意見を聴かなければなりません。また、寄附行為によってこれらの事項を評議員会の決議事項とすることもできます。このため、財団との取引の

際には上記書類に加え、評議員会の議事録も確認すべき場合もあります。

　また、融資取引の際には、③資金使途が定款または寄附行為の定めるところの目的の範囲内にあるかどうかについても注意が必要です。

　医療法人の権利能力は、原則として病院等の開設という目的の範囲内に限定されますが、本来業務に付随する業務においても認められています。たとえば、病院等の建物内で行われる売店や食堂の運営、病院等の敷地内で行われる駐車場の運営等は、上記付随業務に当たるものと解されています。また、医療法人は、本来業務に支障のない限りにおいて、定款または寄附行為に定めることにより、一定の付帯業務を行うことができます。付帯業務の例としては、医療関係者の養成または再教育、有料老人ホームの設置等が挙げられます。

2．利益相反取引

　医療法人と理事との利益が相反する行為については、理事は、理事会において、当該取引について重要な事実を開示し、その承認を受けなければなりません。（同法46条の6の4・一般社団財団法人法84条）。

　たとえば、個人で医院を経営するものが、いわゆる「法人成り」をする際に、当該経営者個人の債務につき、医療法人との間で債務引受契約を締結して、法人に債務を承継させることがあるものと思われます。この場合に、当該経営者が理事長として当該医療法人を代表し、自己の個人債務に係る債務引受契約を締結することは、利益相反取引に該当します。したがって、金融機関は、こうした債務引受契約を締結する際には、理事会の議事録の確認も必要です。

社会福祉法人との取引

社会福祉法人との取引に際しては、どのような点に注意すべきでしょうか。

　社会福祉法人は、養護施設、救護施設など、各種社会福祉事業を行うことを目的として、社会福祉法に基づいて設立される公益法人です。その設立には、定款を作成して、知事や厚生労働大臣等の所轄庁の認可を受ける必要があり、主たる事務所所在地において設立の登記を

することによって成立します。社会福祉法人以外の者は、その名称に「社会福祉法人」や、これに紛らわしい文字を使うことができないため、まずは登記事項証明書によって、法人の存在を確認します。

社会福祉法人は、評議員、評議員会、理事、理事会および監事を置かなければなりません。理事長は、社会福祉法人の業務に関するいっさいの裁判上または裁判外の行為をする権限を有します。しかしながら、重要財産の処分、譲受けや多額の借財など、社会福祉法人の業務に関する一定の重要事項は、理事会に委任することができず、理事会の議決を要しますので、理事会および評議員会の議決がなされているか、確認する必要があります。

以上により、社会福祉法人との取引に際しては、登記事項証明書、定款、理事の印鑑登録証明書および理事会・評議員会の議事録の写し等を手に入れて、代表権の有無やその制限、重要事項の内容と決議の有無を確認し、取引が有効に行えるのか、チェックする必要があります。通常は、社会福祉法人の基本財産を処分したり、担保に供したりする際には、定款で所轄庁の承認が必要とされていることが多いので、所轄庁の承認書の写しの提出を受けましょう。理事と法人に利益相反がないかの確認も必要です。

社会福祉法人は、社会福祉事業に支障がない限り、公益事業や収益事業を行うことができます。ただし、収益事業による収益は、社会福祉事業または公益事業に充てなければなりません。融資取引に際しては、その資金使途が法人の目的の範囲内にあることの確認も必要です。

相談事例 055 地縁団体との取引

法人格を有している地縁団体との取引に際しては、どのような点に注意すべきでしょうか。

自治会や町内会の地縁団体は、特定の要件を満たす場合、市町村長の認可によって法人となることができます。市町村が地縁団体の法人化を認可した場合、名称や規約に定める目的、主たる事務所、代表者の住所・氏名などといった情報を告示するとともに、これらを記載した地縁団体台帳を作成します。

したがって、法人格を有している地縁団体との貸出取引に際しては、市町村が告示する事項を記載した地縁団体台帳の写し（告示事項に関する証明書）の提出を求めて、認可地縁団体の代表者の氏名、住所、権限等を確認します。認可地縁団体は、市町村に代表印を登録することができますので、代表者の印鑑登録証明書の提出も求めます。

さらに、規約により、代表権の制限や借入れについて総会の承認を要する場合は、総会議事録の写しの提出を求めて、借入行為の正当性を確認します。

加えて、担保設定や保証行為などにおいて、地縁団体と代表者の利益が相反する取引については、裁判所による特別代理人の選任が必要になりますので、注意してください。また、地縁団体が実質的に不動産を所有している場合でも、不動産登記上の名義人になることはできませんので、この点も注意が必要です（『4500講』Ⅰ巻900～901頁）。

法人格を有しない地縁団体の場合でも、法人と同等の実体を備えた団体性の強い場合は、権利能力なき社団として独立の取引の主体となり得ます。

しかしながら、権利能力なき社団の代表者については、登記もないため、規約の提出を求めて、その選任方法、代表権の制限、総会の承認の要否などを確認して、借入行為が有効なのか確認します。印鑑登録証明書は、代表者個人のものを求めて、本人確認の一資料とします。

相談事例 056　権利能力なき社団との取引

町内会などの法人格を有しない団体を相手に取引をする場合には、どのように対応すべきでしょうか。

団体の中には、社団としての実質を備えているものの、設立の手続をとらないため、または、法律の定める要件を満たさないために法人格（権利能力）を有しない団体があります。このような団体を、権利能力なき社団といいます。権利能力なき社団として成立するためには、①団体としての組織を備え、そこには②多数決の原則が行われ、③構成員の変更にもかかわらず団体そのものが存続し、④その組織によって代表の方法、総会の運営、財産の管理その他団体としての主要な点が確定しているかに

よって判断します。そして、このような権利能力なき社団の所有する財産は、構成員に総有的に帰属します（最判昭39.10.15民集18巻8号1671頁、判タ169号117頁）。つまり、個々の構成員には、具体的な持分はなく、分割請求もできません。

権利能力なき社団と取引をするにあたっては、規約・総会議事録等の写しを徴求し、内部手続・代表者・代表権の制限の有無等を確認します。印鑑証明については、代表者個人の印鑑登録証明書を徴求することになります。

以上のように、権利能力なき社団を相手に取引することはできますが、借入等の債務は権利能力なき社団に帰属する以上、構成員個人に対して責任を問うことはできません。そのため、権利能力なき社団の総有財産だけが責任財産となりますが、法人登記ができないため、権利能力なき社団の総有財産の範囲が不明確となるおそれもあります。そこで、権利能力なき社団の代表者や有力者の連帯保証や物的担保の提供を求めるべきでしょう。

なお、権利能力なき社団に当たるか疑義がある場合には、その団体との取引は避けて、代表者個人を取引の相手方とすべきです。

任意団体との取引

権利能力なき社団とは認められない任意団体との取引に際しては、どのような点に注意すべきでしょうか。

法人格を有しておらず、しかも権利能力なき社団とも認められない団体を任意団体と呼ぶことがあります。一口に任意団体といっても、民法上の組合的なものから、一時的な団体、個人に屋号がついたにすぎないものまで多種多様です。ここでは、権利能力なき社団と認められるほどの実質すらない団体を任意団体として解説します。

任意団体は、規約などの団体に関する規律が存在せず、組織体制が不明確な単なる人の集合という場合が多く、独立して取引を行う存在とはいえない場合が多いでしょう。とはいえ、任意団体名義を付した口座を開設することは従来から行われており、ニーズがあることも否定できません。そこで、そのような預金取引についても、認めなければならない場合もあります。この場合、預金

債権の帰属先は、団体としての独立性がないため、権利能力なき社団のように構成員に総有的に帰属すると考えることもできません。したがって、各構成員の共有と考えるか、代表者的な立場にある個人に帰属すると考えることになります。多くの場合、資金の出捐者は各構成員であり、資金は各出捐者のために使われるべきものですが、法的には、代表者である個人が構成員から預かった資金を、個人として預金しているとみることになるでしょう。

もっとも、預金者が誰かということは、金融機関との関係や、団体や構成員の債権者との関係、構成員同士の関係など、どのような紛争の形態をとって現れるのか予測できないため、任意団体名義の預金を巡ってトラブルに巻き込まれる可能性があることに留意する必要があります。預金取引でも、当座預金取引は可能な限り避けるべきでしょう。

任意団体との融資取引についても回避すべきです。誰が債務者なのか、責任財産として何があるのかが不明確だからです。どうしても融資をする場合には、代表者個人を取引の相手方とし、他の有力な構成員を連帯保証人に求めるなどの対応を検討してください。

相談事例 058 農業協同組合との取引

農業協同組合との取引に際しては、どのような点に注意すべきでしょうか。

農業協同組合は、農業協同組合法に基づいて設立される法人です。農林水産大臣や知事等の行政庁の設立認可を受けて、主たる事務所の所在地において設立登記をすることで成立します。農業協同組合は、株式会社的性格を有する法人ですが、その事業によって組合員や会員のために最大の奉仕をすることを目的としているため、営利を目的として事業を行うことはできないとされています。そのため、組合の目的の範囲は、会社の場合よりは厳格に解釈され、定款所定の事業に限定されると考えらます。

農業協同組合には、役員として5人以上の理事および2人以上の監事が置かれます。定款のほかに、総会や、業務執行・役員等に関する定めとして規約が設けられている場合があります。

組合の業務執行は、理事会が決し、理事会の決議をもって選任された代表理事が代表権を行使します。経営管理委員会がある場合には、理事会は、その決定に従わなければなりません。経営管理委員会は、法定事項のほか、組合の業務の基本方針の決定、重要な財産の取得および処分、その他の定款で定める組合の業務執行に関する重要事項を決定します（『4500講』Ⅰ巻880頁）。

　なお、代表理事の氏名・住所は、登記事項となっています。

　農業協同組合との取引に際しては、定款と規約、理事会、経営管理委員会の議決録の写し、登記事項、代表理事の印鑑登録証明書等を入手して、借入れの正当性等を確認する必要があります。

宗教法人との取引

宗教法人から融資の申込みを受けました。どのような点に留意して対応すべきでしょうか。

　宗教法人は、宗教法人法により法人となった宗教団体で、定款や寄附行為に該当する「規則」を作成し、所轄庁の認証を受け、設立登記をすることによって成立します。宗教法人には3人以上の責任役員が置かれ、そのうちの1人が代表役員となり、代表役員だけが登記されます。代表役員は宗教法人の代表権を有し、事務を総理します。

　なお、宗教団体には、教祖・宮司・住職等の地位の者が存在し、宗教団体の代表者のような外見を有していることがありますが、これらの地位は宗教上の地位にとどまるため、代表役員という法的な地位と混同しないように、登記により確認する必要があります。

　また、宗教法人は、宗教活動のみならず、公益事業を行うことができ、その目的に反しない限り、公益事業以外の事業も行うことができるとされています。宗教法人の登記事項の目的には、事業を行う場合の事業の種類が含まれるため、金融機関との取引行為が目的の範囲内のものであるか否かを登記により確認する必要もあります。

　宗教法人は、財産目録・収支計算書等を作成して備え置き、利害関係人の閲覧に供することとされていますので、宗教法人に対して融資を行う場合には、

これらの書類を閲覧することにより、宗教法人の財務状況を把握することができます。また、責任役員の多数決に基づく決定や代表権者の意思の確認のみならず、公告の手続が履践されていることを確認します。特に宗教上の重要性を有するとされる境内建物・境内地、または宝物を有効に担保として取得する際には、適正な公告が行われていることを確認しなければなりません。なぜなら、借入れや保証、不動産や財産目録に掲げる宝物の処分、担保提供等については代表役員単独ではなし得ず、規則の定めによる手続（規則に別段の定めがないときは、責任役員の過半数の同意）を必要とし、借入れや保証等の実行の少なくとも1カ月前には、信者その他の利害関係人に対して、その行為の要旨を示して公告手続をしなければ、担保提供等の行為は無効とされてしまうからです。

　なお、この公告については、新聞等に掲載するほかに、事務所の掲示板に掲示するものとされていますので、借入れや担保設定の手続のために宗教法人の事務所を訪問すれば、その際に公告が行われているか否かは容易に確認することができますので、公告現場の写真も撮っておくとよいでしょう。

　また、礼拝用建物等の差押禁止にも留意しなければなりません。すなわち、宗教法人の所有する礼拝用の建物およびその敷地で、礼拝用である旨の登記をしたものは、不動産の先取特権、抵当権または質権の実行のためにする場合および破産手続開始の決定があった場合を除くほか、その登記後に原因を生じた私法上の金銭債権のために差し押さえることができないとされています。そのため、金融機関が与信を行うにあたっては、返済の引当と目する不動産には担保権の設定を受けておくことが重要となります。

学校法人との取引

学校法人との取引に際しては、どのような点に注意すべきでしょうか。

　学校法人は、私立学校の設置を目的として、私立学校法の定めるところにより設置される法人で、所轄庁の認可を得て、設立の登記をすることによって成立します。学校法人の根本規則は寄附行為であり、5人以上の理事（うち1人が理事長）、2人以上の監事、理事会、

評議員会が、必置機関として定められています。

　学校法人においては、原則として理事長が代表権を有します。したがって、実際の取引の相手方は理事長であるのが通常です。

　もっとも、それなりの規模の学校法人であれば、まずは財務担当者に対して説明を行ったうえで、学校法人内部での稟議手続等を経て、改めて当該学校法人の代表者に対して説明を行うことも多いと思われます。また、取引の規模や複雑さの程度によっては、理事会や評議員会においてその構成員たる理事や評議員に対しても別途取引内容の説明を行うことが望ましい場合も考えられます。

　例外的に理事長以外の理事が学校法人を代表して取引を行う場合も考えられます。この場合には、寄附行為および登記事項証明書を確認して、当該理事が当該学校法人の代表権を有することを確認する必要があります。

　また、一般的ではないものの、理事長の代表権を制限することも可能です。仮に制限規定が登記された場合、平成16（2004）年の私立学校法の改正により、その制限を善意の第三者（当事者間に存在する特定の事情を知らない第三者）に対抗することができることになりました。これは、第三者が理事長以外の理事について代表権の有無および範囲を登記事項証明書で確認することなしに代表権を有すると信じたとしても、その信頼は保護に値しないということです。なぜなら、登記事項証明書で確認していれば、当該第三者は「善意の第三者」とはなり得ないからです。

　学校法人の意思決定は、原則として理事会で行われます。したがって、取引に際しては、理事会の議事録の写しを徴求して、議決があることを確認する必要があります。

　また、学校法人は基本的には非営利法人であるため、金融取引を行う際は、その取引の目的・資金使途などが当該学校法人の目的の範囲内であることを寄附行為および登記事項証明書において確認する必要があります。

　さらに、学校法人の寄附行為において、金融取引や重要な財産の処分等を行う場合には評議員会の意見を聴取する旨が規定されている場合があります。その場合は、当該金融取引についてあらかじめ評議員会の意見を聞く必要があります。また、寄附行為によって、評議員会の意見ではなく議決を要する旨が定められている場合も多く、金融取引等の実行に先立ち、この議決があることを確認する必要があります。評議員会の意見聴取または議決があったことを確認

するためには、評議員会の意見書ないし議事録の写しを徴求して、その記載内容を確認します。

なお、理事会の議事録には、出席した理事の一部または全員が署名押印ないし記名押印をすることが通常であるため、理事会の議事録の写しを徴求する際には、その成立の真正を確認すべく、必要な範囲で理事の印鑑登録証明書も併せて徴求することも考えられます。

文部科学省（大臣）を所轄庁とする学校法人については、校地、校舎その他必要な施設や図書、機械、器具等の設備は、原則として自己所有（かつ登記できる者については、自己登記名義）であり、また抵当権等の担保権や第三者の利用権等の負担付きでないこととされています。また、都道府県（知事）を所轄庁とする学校法人についても、おおむね同趣旨の審査基準が置かれています。

これは、当該施設や設備は安定的かつ継続的な学校運営に不可欠なものであるため、所有者や担保権者、利用権者の意思により使用不能となることで学校運営に支障を来す事態を避けようとする趣旨によるものと考えられます。したがって、上記の施設や設備のうち学校法人の事業目的遂行のために必要不可欠であると思われる資産に対して担保権（抵当権・質権・譲渡担保権など）を設定することは困難であることが多いといえましょう。

なお、学校法人との金融取引に際して担保を取得する必要がある場合は、実務上は、理事長を含む理事複数名の連帯保証を求めることが多いようです。

NPO法人との取引

NPO（特定非営利活動）法人との取引に際しては、どのような点に注意すべきでしょうか。

　　NPO法人とは、さまざまな社会貢献活動を行い、団体の構成員に対し収益を分配することを目的としない団体で、特定非営利活動法に基づき、所轄庁から認証を受け、設立の登記をすることで設立された法人です。その主たる目的は、保健、医療、福祉、社会教育、災害救援など不特定多数者の利益増進を図る特定非営利活動ですが、主たる事業に支

障がない限り、収益事業など特定非営利活動以外の事業（「その他の事業」といいます）を行うことができます。ただし、収益が生じたときは、当該特定非営利活動に係る事業のために使用しなければなりません。

　NPO法人は、役員として3人以上の理事と1人以上の監事を置かなければならず、定款に特別の定めがない限り、各理事がそれぞれ代表権を有しています。法人の業務は、定款に特別の定めがない限り、理事の過半数をもって決定されます。

　NPO法人との取引に際しては、まず登記事項証明書によりNPO法人として設立されている事実、目的、事業内容、代表者、理事等を確認します。また、定款の写しによって役員、代表理事の有無、代表権の制限、特定非営利活動以外の事業の有無、種類等を確認します。各理事はNPO法人を代表しますが、代表理事を定めている（他の理事の代表権を制限している）ときは、代表理事を取引の相手方とします。この場合、代表理事の印鑑登録証明書も求めます。代表者の定めがないときは、理事の1人を相手として、理事会または社員総会の承認のもとに取引を行います。

　上記のように、NPO法人に収益事業は認められていますが、主目的は「特定非営利活動」を行うことですので、特定非営利活動以外の事業（その他の事業）規模が、主目的たる特定非営利活動の事業に支障のない範囲に収まっていることを確認する必要があります。

　この点、内閣府が平成15（2003）年に「NPO法の運用方針」において、主たる目的性および非営利性の法定要件への適合性についての判断基準を公表しており、①「その他の事業」の支出規模は特定非営利活動の総支出額の2分の1以下であることや、②「その他の事業」が設立当初および翌事業年度とも赤字が計上されていないこと、③「その他の事業」の収益が特定非営利活動の事業会計に全額繰り入れられていることが挙げられています。

相談事例 062　清算会社との取引

取引先法人（株式会社）が解散し、清算手続に入ったのですが、その場合の対応について教えてください。

　株式会社の解散事由は、会社法471条に規定が存在しますが、そのうち合併による解散の場合および破産手続開始決定による解散の場合を除き、清算手続が開始されることになります（休眠会社のみなし解散も含みます）。

　清算法人であっても、清算手続が終了し、清算結了の登記がなされるまで、その法人格は引き続き存続しているため、清算法人を相手方として取引を行うことは可能です。

　もっとも、清算法人の権利能力は、清算の目的の範囲内に縮減されますので、まずは取引がその目的の範囲内にあるかを確認し、清算の目的の範囲内と認められるものであれば、清算法人への新規融資、預金口座開設、清算法人との当座取引の継続等の取引も行うことが可能になります。

　また、清算手続においては、清算法人への債権は引き続き存続することになりますので、当該法人から債務の弁済を受けることもできます。債権が存続する以上、既存の担保・保証も影響を受けず存続することになります。

　上記の取引を行うにあたっては、清算法人の商業登記簿謄本を徴求して、清算法人の代表者を確認する必要があります。もっとも、登記簿謄本を確認しても、解散当時から登記の変更がなされておらず実際の代表者が明らかでない場合や解散当時の代表者が既に死亡している場合も考えられます。そのような場合、誰を相手方として取引を行えばよいのでしょうか。

　これについては、会社法上に規定（478条）があります。清算手続が開始されると、清算人が選任され、この清算人が清算法人を代表することになります。株式会社の場合には、①定款あるいは株主総会で指名された者があるときはその者が、②指名された者がいないときは、解散前の全取締役が清算人となります。そして、③上記の①②によっても清算人となる者がいないときは、利害関係人の申立てにより裁判所が清算人を選任することになります。また、仮に清算人が清算手続中に死亡した場合、清算人の地位は相続人に相続されるものではありません。清算人が不存在となった場合は、新たな清算人を株主総会によって指名してもらう必要があります。というのも、清算人と法人との関係は民法上の委任の規定に従うとされており、清算人の死亡により委任関係は終了するためです。

　以上のとおり、清算法人においては業務執行者が変更となる可能性があります。そこで、代表権限を有する清算人が誰であるかを確定させ、清算人選任登

記を備えたうえで、登記簿謄本を徴求し、登記された清算人であることの確認を行うべきです。

相談事例 063 一般社団法人（一般財団法人）との取引

一般社団法人（一般財団法人）と取引する際の注意点を教えてください。

一般法人とは、一般社団財団法人法に基づき成立する法人で、一般社団法人または一般財団法人がこれに該当します。

一方、公益法人とは、一般法人のうち、公益法人認定法に基づき、行政庁の公益認定を受けた法人で、公益社団法人または公益財団法人がこれに該当します。

これらの法人の根本規則は「定款」であり、社団法人では社員総会および理事が、財団法人では評議員会、評議員、理事会、理事および監事がそれぞれ必置機関とされています。

まず「一般社団法人」においては、理事会の「有無」によって代表権の所在が異なります。理事会設置一般社団法人では、代表理事が法人を代表します。また、理事会非設置一般社団法人では、原則として各理事が法人を代表しますが、定款あるいは定款の定めによる理事の互選または社員総会の決議によって代表理事等の代表者を定めた場合は、その代表理事等が法人を代表します。法人の意思確認方法としては、定款および登記事項証明書によって代表権の所在を確認し、代表権のある理事の意思確認を行います。

一方、「一般財団法人」においては、理事会が必置機関であることから、代表権は代表理事にあるものとされています。そこで、法人の意思確認方法としては、定款および登記事項証明書によって代表権の所在を確認し、代表理事の意思確認を行います。

例外的に代表理事から代理権を付与された者を相手に取引を行う場合は、その者に付与された代理権の範囲や意思決定権限者による意思決定の有無について、可能な限り代表権者からの書面や口頭での確認、社員総会、理事会、評議員会の議事録等による確認をするなど、代表理事と取引を行う場合よりも慎重

に対応することが求められます。

また、一般法人および公益法人の権利能力は、目的の範囲内に限定されますので、金融取引を行う際は、定款や登記事項証明書により取引が定款の目的の範囲内であるかを確認する必要があります。

なお、一般法人が行うことができる事業については、特段の制限は設けられておらず、収益事業を行うことも可能です。また、公益法人についても、公益法人認定法の規制に反しない限り、収益事業を行うことは可能であるとされています。

その他の留意点としては、理事が自己または第三者のために一般法人と取引をすること（自己取引・直接取引）や、一般法人が理事の債務を保証することなど、一般法人と当該理事との利益が相反する行為を行う場合には、理事会設置一般社団法人および一般財団法人においては理事会で、理事会非設置一般社団法人においては社員総会で、当該取引についての承認が得られているかを確認する必要があります。

相談事例 064 合同会社（LLC）との取引

合同会社（LLC）との取引に際しては、どのような点に注意すべきでしょうか。

合同会社（LLC：Limited Liability Company）は、会社法の制定に伴い創設された会社類型で、その大きな特徴は、①社員全員が有限責任社員であること、すなわち各社員は定款で定められた出資金額の限度までしか会社に対して責任はなく、会社の債務について債権者に対し弁済する責任を負わないこと、②定款自治が認められていること、すなわち定款によって経営に関する意思決定の方法等の業務執行ルールを自由に決めることができること、にあります。

合同会社は、法人格を有し社員が有限責任であるという点において株式会社と共通しているため、合同会社との取引に際しては、基本的には株式会社との取引に準じて対応することになります。具体的には、定款や登記事項証明書によって、合同会社の成立や、その基本的事項（商号、本店等の所在場所、業務

執行者の氏名等）を確認する必要があります。また、犯罪収益移転防止法上の本人確認についても、株式会社と同様の確認が必要です。

合同会社のすべての社員は、原則として会社の業務を執行することができ、社員が2名以上の場合には、社員の過半数をもって業務の執行を決定することができます。しかし、前述したように、合同会社においては広く定款自治が認められており、定款により一部の社員にのみ業務執行の決定権を与えることも可能です。そのため、取引においては、定款の内容を確認し、決定権の所在や決定の要件を確認するために業務執行の決定書、社員総会議事録、社員の同意書等の書類を徴求する必要があります。また、代表権の所在についても、原則として業務執行社員各自が代表権を有します。しかし、定款により合同会社を代表する社員を定めることが可能ですので、代表権につき定款に何らかの定めがあるかの確認をする必要があります。合同会社を代表する社員が選任されている場合、その者の氏名および住所は登記事項であるため、会社の登記事項証明書によっても代表権の所在を確認することができます。

合同会社の信用力は、業務執行社員等の経営能力等の人的信頼を基礎とすることが多いと思われます。しかし、合同会社の場合、持分の譲渡・退社・除名により、信用力の基礎となっていた業務執行社員がいなくなる可能性も否定できません。また、退社した社員は、持分の払戻しを受けることができるため（会社法611条1項本文）、持分の払戻しにより合同会社の資金繰りに悪影響を及ぼすことも考えられます。

そこで、予想外の不利益が生じることを事前に予防するために、契約書上のコベナンツにより、信用力の基礎となっている業務執行社員の変動を通知事項・禁止事項とする等の対応が考えられます。また、合同会社との取引上重要な社員については、連帯保証人となってもらう等の対応を検討する必要があるといえます。

065 特例有限会社との取引

特例有限会社との取引における留意点について教えてください。

会社法の制定に伴い有限会社法が廃止され、旧有限会社は「会社法の施行に伴う関係法律の整備等に関する法律」（以下、「特例法」といいます）により、株式会社として存続するものとされました。このような会社のことを「特例有限会社」と呼びます。特例有限会社は、株式会社とされながらも、通常の株式会社とは異なる点があります。

　特例有限会社については、特例法に特則（3〜46条）が定められており、この特則に定めのない事項については、株式会社として会社法の規定が適用されることになります。

　なお、特例有限会社は、定款変更により株式会社という文字を用いる商号に変更し、特例有限会社の解散登記および株式会社の設立登記をすることによって、通常の株式会社へと移行することができます（特例法45条・46条）。移行後は、通常の株式会社と同様に、会社法が全面的に適用されることになります。

　特例有限会社は、取締役会を設置することができません（特例法17条1項）。したがって、株式会社の分類としては、取締役会非設置会社ということになります。

　取締役会非設置会社においては、各取締役が代表権を有するのが原則です（会社法349条1項・2項）。また、定款あるいは定款の定めに基づく取締役の互選または株主総会の決議により、取締役の中から代表取締役を定めることもできます（同法349条3項）。

　したがって、特例有限会社と取引をする際には、代表取締役が選任されている場合には代表取締役を相手方とし、そうでない場合には取締役の1人を相手方とすることになります。また、取締役会非設置会社における業務執行の決定は、取締役が1人の場合にはその取締役が、取締役が2人以上の場合には取締役の過半数によりなされます（同法348条1項・2項）。したがって、取締役が2人以上いる場合には、取締役の過半数による決議がなされたかどうかを確認する必要があります。

　特例有限会社も株式会社であることから、利益相反取引についての制限があります。この場合、特例有限会社は取締役会非設置会社であることから、取締役会の承認ではなく、株主総会の承認を受けることになります（同法356条）。

　取締役会設置会社が多額の融資を受けたり、担保を提供したり保証人となる等、「重要な財産の処分」や「多額の借財」に当たる行為をするには、取締役

会の決議が必要とされていますが（同法362条）、取締役会非設置会社にはこのような規定はありません。この場合には、通常の業務執行の場合と同様となり、取締役が2人以上の場合には取締役の過半数の決議がなされていることを確認することになります。

相談事例 066 有限責任事業組合（LLP）との取引

有限責任事業組合（LLP）との取引に際しては、どのような点に注意すべきでしょうか。

事例解説　有限責任事業組合（LLP：Limited Liability Partnership）とは、有限責任事業組合法に基づき、共同で営利を目的とする事業を営むために、個人または法人が出資し、出資価額を責任限度額とする有限責任事業組合契約により成立する組合をいいます。LLPに法人格はなく、民法上の組合や権利能力なき社団が組合員になることはできません。

LLPの特徴としては、①構成員全員の責任が有限責任であること、②出資者自らが経営を行い、損益や権限の分配を自由に決めることができる内部自治が徹底されていること、③構成員課税（LLPに利益が生じても、LLPそのものにはいっさい課税されず、その利益を配分した出資者に課税される仕組み。いわゆるパススルー課税）の適用を受けること、という3つが挙げられます。

もっとも、LLPは、組合員全員が業務執行権を有し、LLPの業務執行に関する意思決定は、原則として総組合員の同意で行います。取締役会や社員総会のような機関は必ずしも置かれません。なお、LLP契約書において、全員一致以外の方法を定めることも可能ですが、①重要な財産の処分および譲受け、②多額の借財については、全員一致または組合員の3分の2以上の同意で決定することが必要とされています（有限責任事業組合法12条）。

LLPと取引を行うにあたっては、組合員（組合員が法人の場合には当該法人の職務執行者（同法19条））を相手方とすることになります。この場合、契約の効果は、当該組合員のみならずLLPの全組合員に及びます。LLPには法人格がないものの、債権者保護の観点から商業登記がなされます。そのために、LLPと融資や担保提供取引を行うに際しては、まず登記簿や印鑑登録証明書に

よって組合の事業や名称、組合員の氏名または名称および住所、組合の存続期間、組合員が法人の場合の職務執行者等を確認します。また、意思決定に関して当該組合において必要とされている内部手続があるか否か等、組合契約の内容についても組合契約書で確認する必要があります。

相談事例 067　共同企業体（JV）との取引

建設業の共同企業体（JV：ジョイント・ベンチャー）との取引に際しては、どのような点に注意すべきでしょうか。

ジョイント・ベンチャー（以下、「JV」といいます）とは、複数の企業が共同・連帯して1つの事業を行うことを合意して結合した事業組織体をいいますが、調査相談室に寄せられるJVに関する相談事例は建設業のみですので、ここでは建設業のJVについて解説をします。したがって、JVとは、複数の建設業者が、1つの建設工事を受注し施工する目的をもって結成する事業組織体を指します。

JVの法的性格は、通説・判例は民法上の組合契約と解しています。したがって、JVとの取引に際しては、基本的に民法上の組合と同様の点に留意しなければなりません。

具体的には、業務執行者（民法670条2項）をあらかじめ定めてもらい、その者を取引の相手方とします。そして、当該取引が組合の目的の範囲内か否か、業務執行者の権限の範囲内か否かについて、JV協定書（組合契約書に相当）や構成員（組合員に相当）全員の委任があったことを証する構成員全員の記名・押印のある書面、または運営委員会（総会に相当）の議事録（全構成員の印鑑登録証明書添付）を徴求して確認をする必要があります。

なお、JVは民法上の組合で法人格がなく、債権保全の面で問題が生じやすいことから、貸出取引にあたっては、代表者や主たる構成員を連帯保証人とすることが望ましいといえます。また、組合財産は全組合員の共有に属するため、JVの財産に担保権を設定するには運営委員会の議事録等によって全員の同意を確認することが必要で、かつ、全員との間で担保権設定契約を結ばなければなりません。

第3章
融資管理

証書の紛失

貸付先から差入れを受けた取引約定書および金銭消費貸借契約書を紛失してしまいました。この場合、どのように対応すべきでしょうか。

　取引約定書および金銭消費貸借契約書は、金融機関と債務者の間で融資契約が成立したことを示す証拠となる処分証書です。処分証書とは、一定の契約や遺言などの法律行為が記載された文書のことです。これが存在することは契約存続の要件ではありませんし、極端に言えば、約定書や契約書を作成しなくとも契約は有効に成立します。そのため、これらを紛失したからといって、貸付債権が消滅するわけではありません。

　しかし、契約書は契約の存在を証明するうえで重要な証拠となりますので、これを紛失した場合には、債務者が契約意思の否認などの主張を行う余地が生じてしまいます。

　もっとも、一般の方々の間での契約とは異なり、金融機関は、伝票や帳簿等の内部資料といった貸金債権の存在を証明する他の方法をもっています。また、契約書の代わりとなる新たな書面を提出してもらえば、それによって借入意思の存在を証明することができます。取引約定書においても、やむを得ない事由により証書を紛失した場合には金融機関の伝票、帳簿等に基づいて債務を弁済し、金融機関から請求があれば代わりの証書を差し入れる旨が規定されていることが多くあります（取引約定書10条１項）。

　したがって、契約書を紛失した場合には、取引約定書の上記規定により、伝票、帳簿等に基づいて弁済を求めるか、代わりの証書の差入れを求めればよいことになります。

　これに対して、取引約定書自体を紛失した場合には、上記約定書の規定は使えません。このような場合は、債務者に事情を説明して、取引約定書を差し入れた事実を承認してもらう必要があります。そのうえで、代わりの証書を差し入れてもらうか（堀内仁・柴崎純之介『新銀行取引約定書と貸付実務』66頁）、取引約定書の条項に従って、取引する旨の念書等（林部実「銀行取引と念書」金法591号41頁）を徴求して承認してもらうことになります。

主債務の条件変更と担保保証への影響

主債務者と条件変更契約を締結することになりました。主債務の条件変更は担保や保証債務に対して何か影響するのでしょうか。

　主債務者との間で条件変更契約を行うことは、よくあることと思います。しかし、一口に条件変更といっても、弁済期を延長するだけのものから手形貸付を証書貸付に変更するようなものまで、その内容はさまざまです。条件変更を行う場合、それが更改に当たるか、また、保証人等（物上保証人、保証人）にとって負担を重くするものでないかをよく確認する必要があります。

1. 更　改
　更改とは、当事者が債務の要素を変更することによって、新たな債務を成立させ、旧債務を消滅させる契約をいいます（民法513条）。更改により主債務は消滅しますので、被担保債権が消滅した担保は消滅します。保証債務も主債務が消滅することにより同じく消滅します（消滅における付従性）。更改でない条件変更では、債務の消滅は生じず、従前の担保や保証はそのまま存続することになります。

　条件変更となるかは、その内容が「債務の要素の変更」であるかによって決まります。「債務の要素」とは、債権者・債務者・債務の目的など債務の同一性を決定する重要部分をいいます（磯村哲『注釈民法⑿』482頁［有斐閣］）。単に弁済期を延長するのみであれば、債務の同一性は失われず、担保・保証はそのまま存続します（伊藤眞ほか『貸出管理』124頁）。これに対し、貸増しや複数の債務を１つの債務にまとめる等は、債務の同一性が失われているとして、更改とされるおそれがあります（更改ではないとする学説もあります）。

2. 主債務の条件変更の担保・保証への効力
　主債務の内容が変更されれば、担保・保証にもその効力が及ぶのが原則です（内容における付従性）。そのため、たとえば、主債務の弁済期が延長されれば、その効果は担保・保証にも及びます。しかし、弁済期の延長に伴って利息が増加したり、逆に弁済期を短縮することがありますが、これも当然に及ぶとすると、保証人等にとっては、自己が関与していない条件変更によって負担が

増えることになって不合理です。これを避けるため、保証人等の負担が増加する条件変更は、保証人等の同意がなければ担保・保証に効力が及ばないとされています（中務嗣治郎［監修］『融資管理』3頁、伊藤ほか・前掲465頁）。

保証人等の負担が増加する条件変更を行う場合には、必ず保証人等の同意を得るよう努める必要があります。実務上は、条件変更に関する無用のトラブルを避けるため、変更契約書に保証人等の連署を求めているようです（伊藤ほか・前掲461頁）。

手形貸付の条件変更と旧手形の返却の要否

手形貸付について条件変更をする場合、旧手形の返却は必要となるのでしょうか。

手形貸付の際に、手形期日が到来し、支払を猶予するために新たな支払期日を設定するなどして、新手形を振り出してもらうことがあります。これを手形の書替といいます。

手形書替の法的性質について、旧手形債務が消滅すると考える説（更改説、代物弁済説）と、旧手形債務が新手形上に存続すると考える支払延期説の対立があるとされています（伊藤眞ほか『貸出管理』106頁）。

大審院では、当初、手形書替によって旧手形が債務者に返却される場合には更改となるとし（大判明38.9.30民録11輯1239頁）、その後、更改か支払延期かは当事者の意思により決定され、意思が明瞭でない場合には支払延期のためになされたものとみるべきとしました（大判大12.6.13民集2巻8号401頁）。

最高裁では、「手形の書替は、旧手形を現実に回収して発行する等特別の事情のない限り、単に旧手形の支払を延長するためになされるものと解すべきである」としています（最判昭29.11.18民集8巻11号2052頁）。

上記判例からしますと、旧手形を返却してしまうと、旧手形債務が消滅したと認定されるおそれがあります。しかし、手形貸付において、金融機関は手形債権と金銭消費貸借債権の両債権をもっており、手形の書替によって、金銭消費貸借債権が消滅することはありません。そのため、旧手形裏面領収欄に書替を行ったことを明示して、書替日付を記入し、計算書とともに債務者に返却す

ることになります（伊藤ほか・前掲109頁）。もっとも、手形保証や手形債務のための保証・担保が付されている場合には、返却してはいけません。なぜなら、旧手形を返却すると、更改や代物弁済と認定されるおそれがあるからです。更改や代物弁済であれば旧手形債務は消滅し、それにより旧手形債務に付されていた手形保証や担保・保証もともに消滅してしまいます。

したがって、手形保証や旧手形債務に担保や保証が付されている場合には、旧手形は返却してはならないことになります。

相談事例 071 条件変更と連帯債務

連帯債務者の一方との間で条件変更した場合、他の連帯債務者との間でも同様の条件変更がなされたものとなるのでしょうか。

連帯債務とは、数人の債務者が、同じ内容の給付（債務）について、各自が独立して全部の給付（履行）をなすべき義務を負うもので、そのうちの誰かが弁済をすれば、他者の債務も消滅するという関係にあります。連帯債務には、次のような性質があります（『4500講』Ⅲ巻519～520頁）。

① 連帯債務では、債務者の１人につき無効・取消しがあっても、他の債務者に影響はありません（民法433条）。

② 連帯債務は、期限など、債務の各種の態様が異なっていてもかまいません。つまり、連帯債務者のうちの１人の負担を重くしてもさしつかえありません。

③ 連帯債務では、連帯債務者のうちの１人に対する債権だけを分離して譲渡することができます。

④ 連帯債務者の１人に生じた事由は、次の事項のみ他の連帯債務者にも効力が及びます。すなわち、履行の請求、更改、相殺、免除、弁済、供託、混同、時効の完成などです（民法440条・434～439条）。逆に言えば、これら以外の事由が連帯債務者の１人に生じても、他の連帯債務者に影響を与えないことになります。

条件変更は、④の事由には挙げられていません。そのため、内容のいかんに

かかわらず、連帯債務者の一方との間で条件変更した場合、他の連帯債務者に対する債務に対して影響は及びません。たとえ他の連帯債務者にとって有利な変更であったとしても、連帯保証とは異なり当然には及ばないため注意が必要です。

連帯債務は、それぞれの債務の態様が異なることが許されますので、連帯債務者の1人に対してのみ条件変更を行っても問題はありませんが、債権管理が煩雑となるため、同じ内容での条件変更を行うことが望ましいと思われます。

もし、他の連帯債務者との間でも同じ内容での条件変更を望むのであれば、他の連帯債務者との間でも同一の条件変更を行う必要があります（一方の連帯債務者との条件変更の際に変更契約書に他の連帯債務者から連署してもらう方法でも可能です）。

相談事例072 離婚に伴う債務引受

住宅ローンの取引先である夫婦が離婚することになりました。借入れをしたのは夫です。妻にその住宅が財産分与されることになったため、妻から「住宅ローンを返済していきたい」との申入れがありました。夫とは連絡をとることができないということですが、妻からの返済を受領してもよいのでしょうか。

最近では、住宅ローンの取引先が、返済途中で離婚するというケースは珍しくなくなってきています。本事例のように、妻が住宅を財産分与された場合でも、借入れを行った元夫が、残った住宅ローンを返済しなければなりません。元夫からの承諾が得られれば、何の問題もなく元妻からの弁済を受けることができますが、離婚に伴うトラブルで元夫からの承諾が得られない場合には注意が必要になります。

元妻からの弁済は第三者弁済となりますが、民法の定める制限に該当しない限りは、原則として元妻も弁済することは可能です（相談事例112参照）。ただし、第三者弁済禁止の特約が付いていないこと、元妻が弁済をするについて利害関係を有する第三者であることの確認が必要になります。

元妻が住宅ローンについて保証人となっている場合には、弁済をするについ

て法律上の利害関係を有します。また、財産分与によって元妻名義に所有権が移転している場合には、元妻は住宅ローンに係る担保権の負担付きの住宅を取得した譲受人となり、同じく利害関係を有します。通常はこのどちらかである場合が多いと思いますので、元夫の承諾がなくとも元妻からの返済を受け入れて問題はありません。

しかし、元妻に上記のような利害関係が認められない場合には、そのまま弁済を受け入れてしまうと、（通常は考えにくいことですが）元夫から事後に弁済が自己の意思に反すると主張されるおそれがあります。そこで、このようなトラブルを避けるために、元妻に債務引受を行い、元妻を債務者としてしまう方法が考えられます。

債務引受とは、債務者の負う債務について、その同一性を保ったまま、引受人に引き継がせることをいいます。これには、免責的債務引受と重畳的債務引受の2つがあります。前者は債務の同一性を維持しつつ債務が第三者に移転する契約で、以後旧債務者は免責されます。これに対し、後者は、第三者が従来の債務者と並んで同一の債務を負担する契約です。このとき、引受人と従来の債務者との間に連帯債務関係が生じます（最判昭41.12.20民集20巻10号2139頁）。

それでは、元夫への連絡なしに債務引受を行うことができるのでしょうか。

まず、免責的債務引受は、債権者、原債務者、引受人の3者間での合意により行うことが原則ですが、通説・判例によれば、債権者と引受人との間での合意のみでも行えるとされています。これは、債権者と引受人の債務引受により原債務者は債務を免れるという利益を得るだけであることが理由とされています。もっとも、第三者弁済の規定（民法474条2項）を準用し原債務者の意思に反する免責的債務引受は無効とされるおそれがありますので、原債務者である元夫の同意を得ておく必要があるでしょう。

併存的債務引受においても、3者間の合意で成立することは免責的債務引受と同様です。次に、債権者と引受人との間の合意のみの場合、免責的債務引受と異なり、原債務者の債務免除を生ずるものではないため、原債務者の意思に反してもなし得るとされています。

免責的債務引受では、債務が同一性を失わずに引受人に移ることになりますが、債務者の変更が債権の実質的な価値を変更することから保証・担保は消滅し、保証人・物上保証人の承諾がある場合のみ存続するとされています。

これに対して、併存的債務引受では、原債務者の債務は存続するため保証・担保には影響がなく、保証人・物上保証人からの同意を得る必要はないと考えられます。
　なお、引受人の負担する債務は、原債務者の債務とは別個独立したものですので、当然には被保証債務・被担保債務とはなりません。引受債務にも原債務の担保・保証の効力を及ぼしたい場合には、別途、保証人・物上保証人からの承諾を得る必要があります。
　担保・保証の件を除外して考えれば、本事例のように元夫からの承諾が得られない場合には、重畳的債務引受契約を元妻との間で締結したうえで、弁済を受け入れるのが無難でしょう。このほか、元妻に元夫の住宅ローンの保証人となってもらうことでも、弁済を受け入れることが可能になります。
　なお、税務上、対価を伴わないで、債務引受や第三者弁済が行われた場合、弁済を免れた債務者は、弁済を行った者から贈与を受けた者として、贈与税が生じるおそれがありますので注意が必要です。

相談事例 073　当座貸越先の死亡

当座貸越の取引先が死亡した場合、相続人が当該当座貸越を引き継いで、分割弁済を継続していくことは可能でしょうか。

事例解説

　当座貸越契約は、当座勘定契約に付随するものです。当座勘定契約は、委任・消費貸借等の要素を含む混合契約とされており、委任契約は、契約者の死亡によって当然に終了するため（民法653条1号）当座勘定契約の終了と同時に当座貸越契約も終了するものと考えられます。
　そこで、当座貸越の取引先が死亡した場合には、実務上、次のように取り扱うべきであるとされています。
　まず、貸越残高がある場合、貸越債務が相続人に相続されます。そして、既に当座貸越契約が終了（消滅）していますので、貸越債務の弁済期が到来し、相続人は直ちに弁済すべき債務を負います。また、保証人がいれば、保証の履行を請求できます。

相続人が取引の継続を望む場合は、相続人との間に新たな当座取引ならびに貸越契約を締結します。これは、当座貸越契約が極度額の範囲内でいつでも債務者の都合により貸越できる契約であることから、相続人の信用力を調査したうえでないと、貸越契約をすべきではないという事情によります（『4500講』Ⅲ巻783頁）。その場合、当座貸越先が生前に振り出した未払いの手形・小切手について新たに開設した相続人の口座から引き落とす旨を特約しておくべきでしょう。根抵当権付きの場合は、相続人に相続登記をさせ、さらに合意の登記をします。

なお、民法653条の規定が強行規定ではないこと、裁判例（東京高判昭24.11.9）において委任契約が死亡によって終了しない場合が認められていること、現在の当座取引は必ずしも高度な信頼関係を基礎としているとはいえないことなどを理由に、生前に特約をもって当座取引の承継性を認めていた場合や黙示的に承継性を求めていた場合には、当座取引の承継を認めてもよいのではという見解も提唱されています（林部実「当座取引の終了をめぐる諸問題」金法458号19頁）。

もっとも、実務上はそのように考えられているわけではないため、当座貸越契約が終了したものとして上記の手続を進めるべきであると考えられます。

取引先の事業譲渡

取引先の法人が事業譲渡することになりましたが、何か対応すべきことはあるのでしょうか。

事業譲渡とは、一定の営業目的のため組織化され、有機的一体として機能する財産の全部または重要な一部を譲渡することであり、法人成り・会社分離・第二会社設立・他社による救済などの場合に行われます（『4500講』Ⅲ巻835頁）。

これは相続のような「包括承継」ではなく、売買や贈与と同じ「特定承継」とされます。したがって、事業譲渡を行うためには、事業に属する個々の財産、債権、債務等は債権者等の承諾を得て個別に移転承継する必要があり、財産等の移転には第三者対抗要件を備えなければなりません。

取引先が事業譲渡をする場合には、取引先が負う債務を譲受会社へ移転する手続を求められることがあります。取引先から譲受会社への債務者変更手続を求められた場合には、事業譲渡契約書等の提出を求め、譲渡目的の資産・負債の内訳を調査するとともに、それが何を目的として行われたものであるかを確認して、事業譲渡契約の内容を確認する必要があります。特に、債務逃れのための第二会社の設立や他社への身売り等の場合には、債権回収が困難とならないよう変更手続に応じるかの判断は慎重になるべきです（前掲Ⅲ巻835頁）。

　また、譲受会社の信用力、弁済能力、担保・保証について新規の融資と同様に審査し、変更手続に応じるか否かを検討します。変更に応じられない場合には、直ちに債権保全の措置を検討し、回収を図る必要があります。

　債権者の同意を得ずに一方的に事業譲渡が行われた場合には、詐害行為取消権行使のための訴訟提起（民法424条1項）や、譲受会社への商号続用による譲渡人の営業債務についての責任追及（会社法22条1項）、または譲渡会社に対し破産手続の申立てを行い、管財人に否認権を行使させる（破産法173条1項）などの強硬措置が考えられます。

　取引先に債務だけを残して抜け殻にしてしまうような事業譲渡の場合には、まず取引先と譲受会社と交渉し、譲受会社に債務引受をさせるかあるいは担保提供や保証をさせるように交渉します。取引先・譲受会社がこれに応じない場合、上記詐害行為取消権の行使や破産手続の申立て、取引先の役員等への個人責任の追及（会社法429条1項）を検討します。

　事業譲渡による債務者の変更を受け入れる場合には、譲渡会社の債務を譲受会社に債務引受させます。債務引受の方法としては、法人成りや営業分野の新会社への移管など譲渡会社と譲受会社の関連性が譲渡後も強い場合には、免責的債務引受および譲渡会社による連帯保証の方法か、併存的債務引受の方法が望ましいとされています（併存的債務引受では、判例上、連帯債務関係となるとされていますので、時効等の絶対的効力事由の管理については注意が必要となります）。他社への身売りなど譲受会社との関連性が希薄な場合には、通常は免責的債務引受の方法によります。このとき、第三者による担保提供や保証がある場合、担保権設定者および保証人に債務引受についての承諾を得ることを忘れないよう留意してください（前掲Ⅲ巻836頁）。

第3章 融資管理

取引先の吸収合併

取引先の法人が吸収合併することになりましたが、何か対応すべきことはあるのでしょうか。

　吸収合併（会社法2条27号、749条以下参照）とは、会社と会社とが行う合併のうち、一方の会社（吸収合併存続会社）のみが存続し、他方の会社（吸収合併消滅会社）が解散するものをいいます。吸収合併消滅会社は、解散することになり、清算手続を経ることなく、当然に法人格を失います。そして、吸収合併存続会社は、吸収合併消滅会社の既存の権利義務関係を包括的に承継します。

　取引先が吸収合併存続会社である場合には、取引先との融資取引に変化はありませんが、消滅会社の権利義務関係を承継することにより資産に変動を生じる可能性があります。したがって、吸収合併消滅会社の資産状態、債権者、債務者等の調査を行い、債権回収に不安がないか確認する必要があります。また、吸収合併に関して金融機関に迷惑をかけない旨の念書を徴求しておきます（伊藤眞ほか『貸出管理』398頁）。

　取引先が他社に吸収合併されて消滅会社となる場合、他社が取引先の権利義務関係を包括的に承継することになります。そのため、取引先が金融機関に対して負担していた債務も当該他社に承継されます。また、取引先に担保・保証が付されていた場合、当該他社のために存続します。これらの権利義務関係の承継は、合併によって当然に発生するものであり、債権者である金融機関において名義変更の手続を行ったり、契約書の再徴求を行ったりする必要はありません。ただし、実務上は、包括承継される貸付金等の内容明細を合併念書にて確認してもらうことが望ましいとされています（『4500講』Ⅲ巻856頁）。

　なお、金融機関として合併に不満がある場合には、一定の期間内に異議の申述を行うことができるという債権者異議手続を利用できます（会社法789条、799条）。吸収合併存続会社は、異議を申述した債権者に対して、弁済を行いまたは相当の担保の提供等を行わなければならないとされています。もし、異議を述べたのにこれらの債権者保護手続が履行されなかったときは、合併登記後6カ月以内に合併無効の訴えを提起することができます。ただし、合併無効の

91

訴えには第三者効があり、取引安全の見地から無効判決の効力が判決前に遡及しないとされていること、悪意の提訴債権者に対しては担保提供命令・損害賠償などの定めがあることに留意する必要があります。

相談事例 076 取引先の会社分割

取引先が会社分割を行うことになりましたが、金融機関として何か対応をとるべきでしょうか。

事例解説 会社分割とは、特定の事業（事業財産、債権・債務等）を切り離して他の会社に承継させる行為をいいます。これには、分割した事業を他の既存の会社に承継する吸収分割（会社法2条29号）と新たに設立された会社が切り離した特定の事業を承継する新設分割（同条30号）があります（伊藤眞ほか『貸出管理』408頁）。

貸出先が、会社分割を行った場合、吸収分割・新設分割のいずれによっても、分割後の会社が分割会社の権利義務を分割契約または分割契約の定めに従って承継します（会社法759条1項、761条1項、764条1項、766条1項）。担保・保証も随伴性が認められる限り、承継後の債務も担保されます。

そこで、金融機関としては、分割契約書等を入手して、会社分割の理由および条件、分割後の資産状況、分割後の業績見通しなどを確認し、そのうえで貸金等の保全状況を検証する必要があります。

しかし、分割契約書の記載は、当時会社の経営上の問題や守秘義務等の観点から、個別の債権債務に係る記載が行われないことが多くあります。債権者としては、自分の債権が当時会社のいずれに帰属するかなどもわからない場合が少なくありません。実務上は、分割計画書等を徴求したうえで、会社分割の当事会社・保証人・担保提供者等の連名で念書を徴求して、債権の帰属や担保権、預金などの扱いを明確にしておくことが望ましいといえます（『4500講』Ⅲ巻863頁）。

また、債権保全状況が十分でないと判断される場合には、会社分割に対しての異議申述を検討することになります（会社法789条、799条、810条）。会社分割において、債権者が異議を申し出れば、弁済や担保の提供等を受けることが

できます。さらに、異議を述べた債権者は、会社分割無効の訴えを提起することができるとされています（会社法828条1項9号・10号、2項9号・10号）。

このほか、貸出金が承継会社に移転するとされている場合には、取引約定書のほか、新規取引先として必要な書類を締結しておいたほうがよいとされています（伊藤眞ほか『貸出管理』411頁）。

077 取引先法人の解散

取引先の法人が解散することになりましたが、何か対応すべきことはあるのでしょうか。

会社の解散とは、会社の法人格を消滅させる手続です。株式会社の解散事由は、会社法471条に規定されています。会社の解散事由のうち、金融機関取引と関係が深いのは、合併の消滅会社となる場合、法的整理による解散となる場合、事業が破綻し事実上の解散となる場合が挙げられます。

合併の場合には、相談事例75で述べたとおり、合併の理由や存続会社の資産を確認して、債務履行能力があるかを調査し、取引継続が困難と判断される事情がある場合には、債権者異議手続を検討します。

破産手続などの法的整理に入った場合、各手続に従い債権届等を提出し配当を受けることになります。主債務者である取引先法人が法的整理に入っている場合でも、保証人がいる場合には保証人へ履行請求することはできます。

上記以外で事業破綻等による解散の場合には、取引約定書に基づいて期限の利益を喪失させ、貸付金の支払請求を行います。その後、相殺や担保権の実行により速やかに回収を図ります。保証人がいる場合には、保証人にも保証債務の履行請求を行います。取引先会社が事業を停止し代表者も連絡がとれないような状況の場合には、取引先会社の財産についても法的回収手段を行うことを検討します。また、清算人が選任されていれば、清算人に対して支払請求を行います。

相談事例 078 成年後見人と利益相反

貸付先であった個人事業主である父が死亡し、相続人として母と息子がいます。母は認知症で、意思の疎通もむずかしい状況です。父の営んでいた事業を息子が承継することになったため、貸付金の返済についても、息子1人が免責的に引き受けたいとの申出がありました。この申出を受ける場合に留意すべきことを教えてください。

事例解説　相続が開始すると、被相続人の財産はすべて相続人に承継されます。相続人が複数いる場合には、各相続人の相続分の割合（民法900条）に従って共同相続されます。金融機関の貸付金も、マイナスの財産として同様に共同相続されるので、本事例のように相続人が2人いる場合には、それぞれが2分の1ずつの割合で債務を負担することになります。もっとも、このように各相続人に債務が分割されてしまうと債権管理が煩雑となるため、債務引受の方法がとられることが多くあります。

特に相続人の中に返済を継続していくことがむずかしい状況にある者がいる場合、他の有力な相続人が相続債務を引き受ける免責的債務引受がとられます。免責的債務引受は、債権者、原債務者、引受人の3者間（本事例では、金融機関、母、息子の3者）での合意により行うことが原則となります。母について意識ははっきりしているが署名ができないというような場合であれば、息子による代筆等の方法も考えられますが、本事例では、母が認知症とのことですので、注意が必要です。なぜなら、認知症のために意思無能力であると判断されると、意思無能力者が行った法律行為について無効とされるおそれがあるためです。

そこで、3者間での債務引受を成立させるために、成年後見制度の利用を勧めることになります。家庭裁判所に成年後見人の選任を申し立て、選任された成年後見人と金融機関、息子との間で免責的債務引受契約を締結すれば、有効に債務引受を完了することができます。

成年後見人の選任は、家庭裁判所が職権で行うとされていますが（民法843条1項）、このとき、息子が成年後見人となる場合があります。そうすると、債務を引き受ける息子が免責される母を代理して債務引受を行うことになるた

め、利益相反に当たるのではないかという疑問が生じます。成年被後見人と成年後見人との間での利益が相反する場合、特別代理人を選任する必要があります（民法860条・826条）。

しかし、利益相反行為とは、成年後見人にとって利益であり、被後見人にとって不利益となる行為をいうとされており、成年被後見人が単に債務を免れ、成年後見人のみが債務を負担するような場合には、これに当たらないと解されています（東京高判昭13.9.17）。したがって、特別代理人の選任までは必要ないと考えられます。

079 期限の利益喪失事由の該当性

債務者が死亡しました。債務者の死亡は、期限の利益喪失事由に該当するのでしょうか。

債務者の死亡は、取引約定書における期限の利益喪失事由には挙げられていません。債務者が死亡し相続が開始しても、貸付債権が消滅するわけではなく、相続人がその財産上の法律関係を包括的に承継することで存続しますし、保証人や担保提供者がいてもこれらの者に対する権利にも影響はありません。そのため、債務者が死亡しても、金融機関が直ちに不利益を受けることはありませんので、期限の利益喪失事由には挙げられていないのです。

しかし、相続が開始すると、貸付債権は各相続人が法定相続分（民法900条）に従って分割して相続し、そのほか、限定承認、相続放棄、財産の分離、相続人の不存在といった事態が生じて法律関係が複雑となり、債権の回収管理に問題が生じることがあります。

このような事態が生じることから、貸付先の死亡が取引約定書5条2項5号に定める「債権保全を必要とする相当の事由が生じたとき」に該当するとする見解があります（堀内仁・柴崎純之介『新銀行取引約定書と貸付実務』154頁）。

ここでの債権保全の必要性の判断については、取引先の延滞の有無・その額、取引先の営業状態、他の債権者の動向、他の担保の有無、担保の換価回収の容易性・確実性など総合的見地からなされるべきものであるとされています

(実務研究会「実務上の問題点とその対応策」金法844号32頁)。債権保全の必要性の判断が上記のような総合的見地からなされるものである以上、事案に応じては請求喪失事由に該当すると判断することに一定の合理性があるものと思われます。

なお、死亡そのものが「債権保全を必要とする相当の事由」に該当するのではなく、そこから派生して生ずる債権保全を必要とする客観的な事由が必要となることにご留意ください。

したがって、個別の事案に応じては、債務者の死亡により、請求喪失事由に該当すると判断する必要があると考えられます。

期限の利益の復活

期限の利益が消滅した取引先があります。期限の利益を復活させることは可能でしょうか。

　期限の利益が消滅した債務者から「どうしても返済までもう少し待ってもらいたい」といった申出があり、金融機関としても「期限の利益が喪失したまま遅延損害金が増えていって取引先が破綻するよりも、期限の利益の付与を再度認めて全額回収できるようにしたい」と考えることがあります。また期限の利益が失われれば、その時から消滅時効が進行を開始しますので、時効管理にも目を配らなくてはならなくなります。

このように、債務者と債権者である金融機関の双方が期限の利益の存続を求めているのに、これが失われたままとすることは妥当ではありません。

民法上の規定をみると、期限の利益の喪失については記載があるものの、その復活についてはなんら規定がありません。しかし、規定がないからといってこれが直ちに認められないことにはなりません。なぜなら、契約自由の原則があるからです。

期限の利益は、債務者の利益のために認められるものですが、期限の利益の喪失はこれとは逆に債権者の利益のために認められるものとなります。債務者の信用状態が悪化しているのに債権者が期限まで請求を猶予させられるのはおかしな話だからです。そして、期限の利益は、その放棄と異なり、債権者がこ

れを再度付与することについては禁止されていません。

上記のような期限の利益喪失の趣旨からすると、債務者について、信用状態の悪化のような事態がいったんは生じても、後にそれが解消され、両当事者が期限の利益を認めている場合には、復活が認められてよいはずです。

したがって、債務者と金融機関の両者の間で、期限の利益の復活の合意がある場合には、可能であると考えられます。

なお、この場合、当事者間での意思を明確にしておくために、期限の利益復活の合意確認文書を債務者と金融機関の連署により作成しておくべきです。

貸出金の消滅時効の起算日

貸出金の消滅時効の起算日について教えてください。

時効とは、本来の権利関係と異なる一定の事実状態が一定期間継続した場合に、その事実状態を権利関係として認め、権利を取得あるいは消滅させる制度です。

民法166条1項によると、消滅時効は「権利を行使することができる時から進行する」とされています。そこで、各種貸付の債権がいつから「権利を行使することができる」のかが重要となります。

なお、判例上、消滅時効期間の初日は不算入とされていますので、以下の事由のいずれも、それが生じた翌日から時効が進行することに注意が必要です（大判大6.11.8民録23輯1765頁）。

まず、貸付の際に返済期日が定められている場合には、当該期日が経過すればいつでも返済を求めることができます。返済を求めることは、債権者としての「権利を行使すること」ですので、期日の翌日から時効の進行が開始します。

期限の定めのない貸出金債権については、債権が成立した日から直ちに返済を請求することができますので、成立日の翌日から進行を開始します。当座貸越で期限の定めがない場合には、当座貸越契約の解除の日の翌日からとなります。

次に、取引約定書ひな型5条1項は、「甲について次の各号の事由が1つで

も生じた場合には、乙からの通知催告等がなくても、甲は乙に対するいっさいの債務について当然期限の利益を失い、直ちに債務を弁済します」との当然喪失事由を規定しています。当然喪失事由が発生すれば、いつでも「権利を行使することができる」以上、その時から時効が進行を開始することになります。また、同条2項は、「甲について次の各号の事由が1つでも生じた場合には、乙からの請求によって、甲は乙に対するいっさいの債務について期限の利益を失い、直ちに債務を弁済します」との請求喪失事由を規定しています。この場合、債権者である金融機関の請求が効力を生じるまでは期限の利益は失われておらず、請求が効力を生じた日の翌日から権利行使が可能であるとして時効の進行が開始します。

　このほか、手形貸付、割賦弁済の約定ある債権、割引手形買戻請求権の起算点について、留意点を挙げておきます。

　手形貸付において、金融機関は手形債権と貸金債権を有することになります。そして、手形債権は手形期日の翌日から、貸金債権は返済期日の翌日から時効が進行するとされています。このように手形貸付では、各債権について時効の起算点が異なります。そのため、個別に時効管理を行わなければなりません。

　割賦弁済の約定がなされている債権については、それぞれの支払期日の翌日から時効が進行するとされています。当然喪失事由に該当する場合には、割賦金全額について、その翌日から時効が進行します。これに対し、請求喪失事由については、最判昭42.6.23（民集21巻6号1492頁）によりますと、「債務者が割賦払いの約定に違反して割賦金を支払わなかったときは直ちに残額全部を弁済すべき約定が存在する場合でも、各割賦金額につき約定弁済期の到来毎に順次消滅時効が進行するものであり、債権者が特に残債務全額の弁済を求める意思表示を債務者に対してなした場合に限り、その時から残額全部について消滅時効が進行開始する」としています。すなわち、請求喪失事由に該当する場合には、弁済期が到来した割賦金については請求の効力が生じた日の翌日（請求喪失事由の効力が生じた日の翌日からとする説もあります）から時効が進行しますが、まだ支払期日が到来していない分については、全額を請求する意思表示がなされていなければ、時効は進行しないことになります。

　割引手形の買戻請求権については、取引約定書上、当然に発生する場合と金融機関の意思表示により発生する場合とが定められていますが、いずれの場合

第3章　融資管理

も、買戻請求権が発生した日の翌日から時効が進行を開始します（伊藤眞ほか『貸出管理』743頁）。

上記のとおり、貸出金債権の消滅時効の起算点は、貸付の種類や契約時の定め等によって異なります。

相談事例 082 連帯保証人と時効管理

主債務者とはコンタクトがとれませんが、連帯保証人からは債務承認書をもらっています。時効管理上、問題はあるのでしょうか。

事例解説　融資の実行後、主債務者が行方不明となって保証人のみが取り残されるといった事態が生じることがあります。この場合でも、連帯保証人がいるから債権回収には問題はないだろうと考えがちです。しかし、主債務者とのコンタクトがとれなくなることで、連帯保証人からも債権回収が図れなくなることがあることを覚えておく必要があります。

保証債務は、主たる債務に対して付従性をもっているため「主たる債務者に対する履行の請求その他の事由による時効の中断は、保証人に対しても、その効力を生じ（民法457条１項）」、また、連帯保証人に対する履行の請求は、主たる債務者に対しても、その効力を生じるとされています（絶対的効力、同法458条、434条）。しかし、保証債務と主債務は別個独立の債務であり、請求以外の「差押え、仮差押え、仮処分」および「承認」による時効の中断効は、相対的効力しか認められません。そのため、連帯保証人から債務承認書を徴求した場合、連帯保証債務の時効中断効が認められるとしても、主債務についての時効中断は生じないことになります。判例も、保証人が債務の承認をしても、主債務者が承認したことにはならないとしています（東京高判昭42．２．23金法471号28頁）。

主債務についての時効中断を怠ったために、主債務について時効が完成してしまった場合、主債務者が時効を援用して主債務が消滅することがあるのはもちろんですが、保証債務の付従性から連帯保証債務も消滅してしまうことになります。また、先に連帯保証債務について承認をしていた連帯保証人であっても、主債務が時効により消滅するか否かにかかわりなく保証債務を履行すると

いう趣旨でなければ、主債務の時効を援用する権利を認めています（最判平7．9．8金法1441号29頁）。そのため、主債務について時効が完成してしまうと、連帯保証人から徴求していた債務承認書が無意味となる可能性があります。

したがって、主債務者に対して時効中断の手続を行わないと、債権回収が困難となるおそれが生じますので、ご留意ください。

相談事例 083 承認と時効中断

複数の貸付をしている債務者がいます。この債務者は延滞しており、返済を催促したところ、わずかですが返済しました。受領した弁済は、いずれの貸付額にも満たないものでした。この場合、どの範囲の貸付について消滅時効が中断するのでしょうか。

民法147条は、請求（1号）、差押え、仮差押えまたは仮処分（2号）、承認（3号）の3つを時効中断事由として定めています。このうち、承認とは、時効の利益を受ける者が、時効によって権利を失うべき者に対して、その権利の存在を認識している旨を表示することをいいます。このような債務者の観念の表示に対し、民法は、時効中断という法的効果を付与しています。債務者が債務の一部を弁済することは、元本残額または元本債権の存在を認識している旨の表示と認められますので、消滅時効の中断効のある承認となります。

それでは、複数の貸付を受けている債務者が一部弁済を行った場合、貸付債務の時効中断効の生じる範囲はどのように考えるべきでしょうか。

この点について判示した判例があります（大判昭13．6．25全集5輯14號4頁）。同判例は、同一当事者間に数個の消費貸借契約に基づく元本債務が存在する場合に、債務者が充当すべき債務を指定することなく全債務を完済するに足りない金額を弁済したときは、特別な事情がない限り、債務者が数個の債務の存在を承認して弁済を提供したものと解するのが相当であると判示しました。この判例に従うと、上記の事案においては、複数の貸付債務すべてについて消滅時効が中断することになります。この結論は、実務に合致していると評

されています（澤重信「Ⅵ　承認」金法1398号97頁）。

　ただし、債権者と債務者との間で、弁済金を数個の債務のうちの特定の債務に充当することを合意した場合には注意が必要です。この場合には、債務者のした一部弁済は当該債務についての弁済となりますので、その債務（未完済のもの）についてのみ時効中断効が生じるとされています（高木多喜男［監修］『時効管理の実務』237頁以下）。

保証人の弁済と主債務の時効中断

保証人から弁済を受けていますが、保証人の弁済によって主債務の消滅時効は中断するのでしょうか。

　相談事例82で述べたとおり、保証債務について、主たる債務に対して付従性をもっているため、請求以外の「差押え、仮差押え、仮処分」および「承認」による時効の中断効は、相対的効力しか認められません（相対的効力の原則）。

　この相対的効力の原則からすると、たとえ保証人が主債務の存在を認めて弁済を行ってきたとしても、主債務の時効は中断しません。ほかに主債務者に対して時効中断の措置を行っていなければ、時効期間の経過により消滅時効が完成することになります。

　なお、消滅時効はこれが完成すると直ちに債権が消滅するわけではありません。「当事者」による時効の援用（民法145条）がなされることで消滅します。すなわち、時効完成により、債権の消滅は不確定的に生じ、当事者が時効の利益を享受することを欲する意思を表示すること（援用）でその効果が確定します（不確定効果説、最判昭61．3．17民集40巻2号420頁）。

　この「当事者」として消滅時効を援用し得る者は、「権利の消滅により直接利益を受ける者に限定され」るとされています（最判昭42.10.27民集21巻8号2110頁）。したがって、債務者はもちろんのこと、主債務が消滅することで自己の保証債務も消滅する保証人や担保権が消滅する物上保証人も、直接に利益を受けるので「当事者」に含まれます。この場合、主債務者が時効の援用をしなくとも、保証人が自ら消滅時効を援用できるのです。

相談事例 085 時効完成後の債務承認

既に消滅時効期間が経過している融資について、債務者が時効完成を知らずに弁済を行いました。この場合、時効はどうなるのでしょうか。

民法146条は、「時効の利益は、あらかじめ放棄することができない」として、時効利益の事前放棄を禁止しています。しかし、事後に放棄することについては禁止していないことから、同条の反対解釈により、時効利益を事後に放棄することは許されるとされています。このように、時効完成後であれば、時効の利益を放棄することができます（伊藤眞ほか『貸出管理』769頁）。

弁済は、債務者が債務の存在を認める自認行為です。自認行為自体は、時効の利益を放棄する旨の明示の意思表示ではありませんが、時効完成を知ってした自認行為は、時効利益の放棄の黙示の意思表示であると解されます。

債務者が時効完成を知って弁済を行った場合には、債務者が時効の完成を望まず、債務の存在を認めたことになりますので、もはや時効の利益の放棄がなされたものとして、債務者は時効の援用権を喪失します。これに対し、債務者が時効の完成を知らずに弁済をした場合でも、時効利益の放棄の意思表示となるかについては議論があります。

かつての判例では、時効完成後の弁済があった場合は、債務者は時効完成の事実を知っていたと推定するという方法により、時効利益の放棄の効果を認めていました（大判昭6．2．19民録23輯311頁）。しかし、このような見解に批判があり、最高裁は、「時効の完成後、債務者が債務の承認をすることは、時効による債務消滅の主張と相容れない行為であり、相手方においても債務者はもはや時効の援用をしない趣旨であると考えるであろうから、その後においては債務者に時効の援用を認めないものと解するのが信義則に照らし、相当である」と判示しました（最判昭41．4．20民集20巻4号702頁）。

この判例の見解に従うと、本事例では、債務者が時効の完成を知らずに債務の承認である弁済をしてしまった場合でも、債務者は信義則上、時効の援用をすることができないため、時効の効力を主張することができなくなります。

第4章
担保・保証

相談事例 086 抵当権登記費用・印紙税の費用負担

抵当権を設定する場合、登録免許税、印紙や登記に要する諸費用は誰が負担するのでしょうか。

抵当権を設定する場合、第三者に対する対抗要件（民法177条）である設定登記を備える必要があります。そして、抵当権設定登記を行うには、登録免許税の納付が必要です。

登録免許税法3条によれば、「登記等を受ける者は、この法律により登録免許税を納める義務がある。この場合において、当該登記等を受ける者が2人以上あるときは、これらの者は、連帯して登録免許税を納付する義務を負う」と記載されています。

この規定からすると、登記権利者（ここでは抵当権者となります）と登記義務者（ここでは抵当権設定者となります）の両者が、登録免許税を納付すべき義務を負うということになります。

もっとも、当事者間の契約により登録免許税の実質上の負担者を決めたり、それぞれの負担割合を決めることは自由です。また、登録免許税の納付について取引上の慣行がある場合には、それに従うことになります。

また、登記を行うに際して司法書士等の専門家に登記申請を依頼することも多く行われています。その場合、司法書士費用を支払わなければなりませんが、これについて費用を負担すべき者が法的に決められているわけではありません。そのため、抵当権者と抵当権設定者の間で費用負担について合意があれば、それに従うことになります。

このように、印紙や登記に関する諸費用の負担者について決まったものはなく、抵当権者である金融機関と抵当権設定者（抵当権を設定する目的物の所有者）との契約、協議等により自由に定められることになります。

第4章 担保・保証

未登記建物の担保取得

未登記建物を担保に取ることは可能でしょうか。

　建物が建築された後、所有者が、表示登記も所有権保存登記もせず、または表示登記はしたものの所有権保存登記をせず、そのまま放置しているものがあります。このような建物であっても、一応は資産として評価できますので、ほかに見るべき資産がないというような場合には、これに担保権を設定することも検討されます。

　抵当権は不動産に対して設定されます。不動産とは、土地およびその定着物をいい、建物も当然に含まれます。そして、法律上、建物といえるのは、屋根をふき、壁が塗られた程度に達したときであるとされ（大判昭10.10.1民集14巻18号1671頁）、登記は建物となるために必要な要件とされていません。そのため、未登記建物に対しても、抵当権を設定することは理論上可能です。

　もっとも、未登記の建物については、まず契約書における記載からどのように特定すればよいかが問題となります。表示登記がされている場合には、表示登記の表示をそのまま用いればよいので問題はありません。逆に、表示登記がされていなければ、同建物の敷地の所在地、地番、種類、構造、床面積等を調査のうえで、表示登記がされたのであれば記載されるであろうと思われる表示をするしかありません。また、未登記の建物について抵当権を設定しても、対抗要件である抵当権設定登記をするためには、建物についての登記がなければなりません。対抗力のない抵当権は、建物が譲渡されたり、賃貸されたりして、第三者が権利を主張してきた場合に、それらの者に優先権を主張することができなくなりますので、利用価値がないとして売却先が見つからないおそれがあります。また、民事執行上未登記建物の抵当権の実行としての競売申立ては、担保権の存在を証明する確定判決や公正証書がない限り、原則として認めないとされていますので、担保競売申立てすらできない可能性があります。そのため、このような未登記建物についての担保権設定は極力避けるべきです。

　以上により、未登記の建物であっても、抵当権を設定することは可能ですが、担保権の維持管理や回収の面で不安が残るため、できるだけ所有者に登記を促すべきです。

相談事例 088　共有持分への抵当権設定

抵当権を設定している不動産を担保に取る場合、通常は一筆の土地すべてと建物全部を対象としますが、不動産が共有である場合、共有持分への抵当権設定は可能でしょうか。

事例解説

　1つの目的物に対して所有者が複数いる場合を「共有」といいます。そして共有者がそれぞれ所有している割合を持分または持分権といいます。

　共有の法的性質については、「各自がそれぞれ1個の所有権を有し、各所有権が互いに他を制限しあっているという考え方」と「1個の所有権を共有者各自が量的に分有するものであるという考え方」とがあります（伊藤眞ほか『不動産担保（上）』38頁）が、いずれの考え方であっても、共有者が持分権を自由に処分することは認められています。

　このように、持分権は各共有者独自の権利であって所有権としての実質を備えていますので、各共有者は自己の持分を他の共有者の同意なしに担保に供することができます。この場合、登記手続も1個の不動産につきその共有持分を表示するほかは、通常の抵当権設定手続と変わりありません。

　したがって、共有持分であっても抵当権を設定することは可能になります。

相談事例 089　抵当権と賃借権の優劣

抵当権設定前から不動産が賃貸されている場合や抵当権設定後に不動産が賃貸された場合に、債権回収上どのような影響があるのでしょうか。

事例解説

1．抵当権と賃借権の優劣関係

　抵当権は、目的物の使用・収益権限を設定者のもとにとどめたまま目的物の交換価値を把握する担保権です。そのため、抵当権設定者は、抵当権が設定された後であっても、自由に目的物を使用したり、第三者

対して賃貸することが可能です。第三者に賃貸された場合、抵当権と賃借権とは併存することになります。

抵当権と賃借権が併存している場合に抵当権が実行され、不動産の所有権が買受人に移転することになると、買受人の所有権と賃借人の賃借権との衝突が現実化することになります。判例上、このような衝突が起きた場合には、抵当権の設定登記の具備と賃借権の対抗要件の具備の先後によって優劣関係を決めるという原則がとられています。

この結果、既に抵当権設定登記のある不動産に、後から賃借権が設定された場合には、抵当権が優先します。賃借人は買受人に対し自己の賃借権を主張することができなくなり、買受人は賃借権の負担のない不動産を取得することになります。

なお、賃借人の保護のために、競売手続開始前から使用・収益している賃借人は、競売における買受人の買受時から、6カ月間は引渡しが猶予される制度があります（民法395条1項1号）。

これに対して、既に賃借権について対抗要件を備えた不動産に、後から抵当権設定登記がされた場合には、賃借権が優先し、抵当権が実行されても引き続き賃借権は存続することになり、買受人は賃借権の負担のついた不動産を取得することになります。

ここでの賃借権の対抗要件には、賃借権設定登記のほか、借地権の場合は借地上の建物の登記（借地借家法10条1項）、借家権の場合は賃借人が賃貸人から建物の引渡しを受けること（同法31条1項）も含まれます。

2．抵当権者の同意により賃貸借に対抗力を与える制度

抵当権に劣後する賃借権であっても、抵当権者が、債権回収のためには賃借権を存続させることが妥当であると判断した場合（たとえば、オフィスビルや賃貸マンションに、優良な賃借人が多数存在する場合）に、これを抵当権者に対抗できる賃借権とすることにはなんらの不都合もありません。そこで、平成16（2004）年4月1日に施行された改正民法により、登記された賃借権は、賃借権の登記前に既に登記をしているすべての抵当権者が同意をし、かつ、その同意の登記がなされれば、その同意をした抵当権者に対抗することができる、という制度が創設されました（民法387条1項）。

ここでの登記された賃借権とは、賃借権設定登記をした賃借権のことを指し、上記の借地借家法の対抗要件を備えただけでは足りないとされています。

抵当権者の同意については、賃借人に対して不利益を与えるものではないことから、賃借人の承諾は不要です。また、抵当権者の同意は、抵当権者と賃借人の関係を変動させるにとどまり、抵当権設定者の権利義務を変動させるものではないため、抵当権設定者の関与も不要です。

この制度により対抗力を与えられた賃借権は、その登記前に登記された抵当権者にも対抗することができるものとなり、抵当権が実行された場合でも、賃借権は買受人に引き受けられ、買受人は、賃借権の負担のついた不動産を所有することになります。

相談事例090 融資実行日と抵当権登記日のズレ

実際に融資を実行する日（金銭を交付する日）と、金銭消費貸借契約書作成日・抵当権設定の日時にズレが生じてしまいます。これは許容されるのでしょうか。

民法587条によると、消費貸借契約は「相手方から金銭その他の物を受け取ることによって、その効力を生ずる」とされています。この文言から、消費貸借契約は要物契約（契約の成立に物の引渡し等が要件とされる契約）であるとされています。融資契約は、金銭消費貸借契約ですので、要物契約とされ、本来金銭の交付日と契約成立日は一致するはずです。しかし、実務上は、貸付実行日を決めて、その数日前に当事者から金銭消費貸借契約書や抵当権設定契約書等を徴求しておくという扱いがみられます。これは、あらかじめ十分な担保または確実な保証を徴したうえで、金銭を交付するという債権保全上の要請によるところが大きいと思われます。

この点について、判例は、公正証書により作成された金銭消費貸借契約書について、公正証書作成の2カ月後に金銭授受があっても公正証書が債務名義を有するとしています（大判昭11.6.16民集15巻13号1125頁）。ただし、判例は消費貸借契約の要物性を緩和する方向ではなく事実と多少相違する公正証書の効力を認める方向からこの問題の解決を図っているため、どの程度の相違までなら認められるかの点は完全に解決されたとまではいえません。念のため、別途領収書を徴求するなどの方法をとることが望ましいと考えられます。

なお、現在国会にて審議中である民法改正法案では、587条の2が新設され、「民法587条の規定にかかわらず、書面でする消費貸借は、当事者の一方が金銭その他の物を引き渡すことを約し、相手方がその受け取った物と種類、品質及び数量の同じ物をもって返還をすることを約することによって、その効力を生ずる」として、諾成的消費貸借の成立を明文で認めています。そのため、民法改正後は、融資実行日と契約書の日時のズレを気にする必要はなくなると思われます。

次に、抵当権の効力ですが、抵当権は被担保債権が存在しなければ成立しないという付従性があるため、仮に融資実行日に契約が成立したものと解された場合に、それより前の日付で抵当権設定がされても効力が生じないのではないかという疑問が生じます。しかし、判例は、抵当権の付従性を緩和しており、被担保債権の発生前に設定された抵当権は将来発生する債権を担保するものとして有効とされています（大判明38.12.6）。そのため、消費貸借契約の成立が抵当権設定の前の日であると認定されたとしても、抵当権の効力にはまったく影響がないことになります。

なお、上記の判例からすると、契約書の作成よりも前に、抵当権設定契約を行った場合でも抵当権の効力には問題がないと考えられます。

相談事例 091 根抵当権と被担保債権の範囲

根抵当権の被担保債権を「銀行取引」で設定しています。これには保証契約から生じる債権も含まれるのでしょうか。保証債権も根抵当権で担保させる場合は、「保証取引」についても追加で設定し、その旨を登記することが必要でしょうか。

根抵当権は、不特定の債権を極度額の限度で担保する抵当権のことをいいます。この不特定の債権は何でもよいというわけではなく、設定契約によって特定された「一定の範囲」でなければなりません。この一定の範囲は、債権者・債務者・債権の範囲を基準に決められます。このうち、債権の範囲について、民法は、①債務者との特定の継続的取引契約、②債務者との一定の種類の取引、③特定の原因に基づいて債務者との間

に継続的に生ずる債権、④手形上もしくは小切手上の請求権の4種類が規定されており、これ以外の定め方を認めていません（民法398条の2第2項、3項）。

金融機関が貸付先の不動産に根抵当権を設定する際、根抵当権の被担保債権の範囲を「銀行取引」とする場合があります。この定めは、上記4種類のうち、②の「一定の種類の取引」として認められているものとなります。

「銀行取引」に「保証取引」までが含まれているのであれば、被担保債権の範囲を追加設定する必要はありません。

この点について、判例（最判平5.1.19民集47巻1号41頁）によりますと、「被担保債権の範囲を『信用金庫取引』による債権として設定された根抵当権の被担保債権には、信用金庫の根抵当債務者に対する保証債権も含まれるものと解するのが相当」としています。信用金庫の業務に関連してなされたものと認められる限り、すべて「信用金庫取引」に該当し、根抵当権により担保されるところ、信用金庫が債権者として根抵当債務者と保証契約を締結することは、信用金庫法53条3項に規定する「当該業務に付随する…その他の業務」に当たることが理由とされます。

上記判例は、信用金庫取引に関する事案となりますが、保証債権が含まれる根拠として、信用金庫法53条3項（銀行法10条2項に相当）に規定する業務であることを挙げていることからすると、本判決の理論は銀行取引についても妥当するものと考えられます（保証取引は、銀行法10条2項の業務に含まれるためです）。

なお、被担保債権の範囲を「銀行取引」とする根抵当権について、被担保債権の範囲に「保証取引」を追加する旨の登記申請は、登記実務上、不動産登記法25条5号または6号により、却下される扱いとなっています。

以上のとおり、被担保債権の範囲に「保証取引」を追加設定する必要はないと考えられ、また、そのような追加を行って登記申請をしても却下されてしまいますので注意してください。

相談事例 092 根抵当不動産の譲渡への対応

（根）抵当不動産の所有者が、当該不動産を譲渡するようですが、何か対応が必要でしょうか。

（根）抵当権が設定されたとしても、設定者は担保物件の所有権を失うことはありません。そのため、この担保物件を第三者に譲渡することも原則として可能です。この場合、（根）抵当権者としては、譲渡先に対しても（根）抵当権を主張できなければなりません。

　（根）抵当権には、付従性という性質があり、（根）抵当物件が譲渡された場合であっても、（根）抵当権の効力は担保物件に付いていくため、この物件を譲り受けた者は、（根）抵当権の負担のある状態で所有することになります。ただし、（根）抵当権の設定と抵当物件の譲渡とは、いわゆる物権変動の対抗関係に立つことになります。そのため、譲受人が所有権移転登記を移転する前に（根）抵当権の設定登記がされていれば、抵当権者は（根）抵当権の効力を主張できますが、未登記の場合には、譲受人に効力を主張できないことになります（民法177条）。

　以上のことから、（根）抵当不動産が譲渡されたとしても、その前に設定登記がされていれば特段の対応をとらなくとも（根）抵当権者として不利な立場に立たされることはありません。もっとも、実務上は、以下の点に留意した対応を行っています（伊藤眞ほか『不動産担保（下）』129頁以下）。

　抵当物件の第三取得者には、抵当権と確定後の根抵当権について消滅請求権が認められています（民法379条、398条の22第1項）。これが請求されると、抵当権者としては第三債務者の申し出た金額による弁済または供託金の還付を受けるか、請求から2カ月以内に競売の実行をしなければならなくなります。そこで、消滅請求を封じるために、第三取得者に債務引受もしくは保証をさせ、または（根）抵当権の存続を承認する旨の確約をさせているようです。

　また、従前の抵当権設定契約で締結された付随契約上の地位（抵当権設定後の抵当権の保全に関する合意等）については、第三取得者に当然に移転するものではないとされています。そのため、実務上は、第三取得者との間で「抵当権者・抵当権設定者間に締結された〇年〇月〇日付（根）抵当権設定契約書の各条項が抵当権者と新所有者との間にも適用されることを承認します」という趣旨の念書を差し入れる形式をとって付随契約上の地位が承継されるような手当をしています。

　このほか、抵当権設定契約に抵当物件の無断譲渡を禁止する特約があるにもかかわらず、設定者が無断で第三取得者に譲渡した場合には、特約違反を理由に期限の利益を喪失させ、抵当権の実行手続を行うことができます。

根抵当権と債務引受

根抵当権の被担保債権が第三者に免責的債務引受される場合、当該第三者が引き受けた債務は、引き続き根抵当権で担保されるのでしょうか。

相続やそのほかの事由によって、根抵当権の被担保債権が第三者に免責的債務引受されることがあります。このとき、それまでの債務者との間では根抵当権によって担保されていた債権が、債務引受によって無担保となってしまうのは避けたい事態です。この場合、第三者が引き受けた債務まで担保させるためには一定の手続が必要となります。

根抵当権の元本確定前に免責的債務引受があった場合には、根抵当権者は引受債務についてその根抵当権を行うことはできないとされています（民法398条の7第2項）。したがって、元本確定前に個別の被担保債権につき、第三者に免責的債務引受をさせ、引受人の引受債務を当該根抵当権の被担保債権とするためには、根抵当権者と根抵当権設定者の合意により、根抵当権の債務者の変更と被担保債権の範囲の変更の契約をし、登記することが必要となります（同法398条の4第1項）。

これに対し、根抵当権の元本確定後に個別の被担保債権の免責的債務引受があった場合には、普通抵当権と同様に当該根抵当権は当該債務引受に随伴し、引受人の引受債務は当該根抵当権によって担保されることになります。もっとも、根抵当権設定者は、誰が債務者であるかということに重大な利害関係を有するため、新債務者に対する債務を当該根抵当権により担保するためには、根抵当権設定者の承諾を要すると解されています（貞家克己・清水湛『新根抵当法』126頁）。

以上のとおり、根抵当権により第三者が引き受けた債務を担保させるためには、設定者の協力が不可欠となります。根抵当権設定者と債務者または引受人が同一人であれば、設定者の協力が容易に得られるかと思いますが、第三者による物上保証である場合には、特に注意が必要です。

第4章 担保・保証

相談事例 094 共用根抵当権の確定事由

共用根抵当権を設定しています。債務者の1人について元本確定事由が生じました。この場合、共用根抵当権は全体として確定するのでしょうか。

事例解説

共用根抵当権とは、2人の債務者に対する別個の債権を1個の根抵当権で担保することをいいます。根抵当権者を複数とする共有根抵当権と言葉は似ていますが、共用根抵当権は債務者が複数であり、共有根抵当権は根抵当権者が複数である点でまったく異なるものであることに注意が必要です。

民法上は、共用根抵当権についての規定はありません。しかし、特定債務の担保である普通抵当権ですら、債務者が異なる数個の債権を被担保債権とすることが認められていますので、不特定の債務を担保する根抵当権にも債務者が複数いてよいと考えられています。実務上は、親会社と子会社、親子、夫婦、製造会社と販売会社を債務者とする根抵当取引などに用いられています。

このような共用根抵当権についての元本の確定は、どのようになるのでしょうか。

まず、本事例とは異なり、根抵当権者自身による競売の申立てがあったとき（民法398条の20第1項1号）や根抵当権者が第三者による根抵当不動産の差押えを知った時から2週間を経過したとき（同3号）など、債務者が誰かにかかわりなく確定となる事由が生じた場合には、全体として確定します。

これに対し、債務者の1人のみが破産した場合（同4号）や、相続が発生し6カ月以内に相続人による合意の登記がなされなかった場合（398条の8第4項）など、個別の債務者について確定事由が生じたときは問題となります。

この点について、共用根抵当権は、債務者の1人について元本の確定事由が生じたとしても、共用根抵当権全体としては確定しないと解されています。その理由は、債務者の1人に確定事由が生じた場合、当該債務者に対する債権は特定されるものの、その他の債務者に対する債権については流動性が失われておらず不特定の債権のままであるからとされています。1個の根抵当権全体からみますと、元本確定事由が生じた債務者に対する特定債権とそれが生じてい

113

ない不特定債権を担保しているということにすぎないことになります。

債務者の1人について元本確定事由が生じた場合、当該債務者との間では元本が確定することになりますが、共用根抵当権全体が確定することはありません。そのため、すべての債務者について根抵当権の確定が生じるまでは、自由に債務者を入れ替え、また被担保債権の範囲を変更することができるとされています。

相談事例 095　破産手続と根抵当権の確定

根抵当権債務者または設定者が破産した場合、根抵当権は確定するのでしょうか。その後に破産が取り消された場合は、どうなるのでしょうか。

事例解説　民法398条の20第1項4号によりますと、根抵当権の元本確定事由の1つに「債務者又は根抵当権設定者が破産手続開始の決定を受けたとき」が挙げられています。そのため、債務者または設定者が破産した場合には、法定の確定事由に該当し、根抵当権は確定することになります。

次に、根抵当権者以外の第三者による競売手続の開始・差押えおよび債務者または設定者の破産手続の開始によって一度確定した根抵当権について、その後、確定の事由が消滅した場合には、「担保すべき元本は、確定しなかったものとみなす」とされています（民法398条の20第2項本文）。これを「確定効の覆滅」といいます。

競売や差押え、破産の手続は申立ての取下げに終わるケースもあり、その場合にまで確定の効果を残存させることは実際的でないことから、確定が当初からなかったものとして扱われます。

もっとも、根抵当権が一度は確定してしまっていることから、第三者がこの根抵当権を譲り受けたり、連帯保証人が代位弁済を行って代位権を取得して根抵当権の権利移転を受けていたりする事態が考えられます。このような場合にまで、確定効を覆滅させてしまいますと、上記のような第三者の利益が害されたり、法律関係が複雑となってしまいます。そのような混乱を避けるため、民

法は、「元本が確定したものとしてその根抵当権又はこれを目的とする権利を取得した者があるときは、この限りでない」として、確定効の覆滅が生じない場合があることを規定しています（398条の20第2項ただし書）。具体的には、上記の譲受人、代位弁済した保証人のほか、転根抵当権を取得した者や順位の譲渡を受けた者がいる場合には、確定効の覆滅は生じないとされています。

根抵当権と滞納処分による差押えとの優劣

抵当不動産に対して、滞納処分に基づく差押えがなされました。（根）抵当権と滞納処分の優劣関係について教えてください。

　国税や地方税（以下、「国税等」といいます）による滞納処分と抵当権との優劣については、抵当権の設定登記が、国税等の「法定納期限等」以前にされたものか、その財産を納税者が譲り受けた時より前にされたものかのいずれかに該当する場合に限り、抵当権が国税等に優先するとされています（国税徴収法16条1項、17条1項、地方税法14条の10、14条の11）。抵当権設定登記が法定納期限等より後の日に行われた場合には、国税等が優先することになります。

　そして、（根）抵当権により担保される債権の元本の金額は、国税等の「差押又は交付要求の通知を受けた時における債権額を限度とする」とされています（国税徴収法18条1項、地方税法14条の12）。そのため、根抵当権について、滞納処分による差押え後に被担保債権の元本が増加した場合、たとえ極度額の範囲内であっても、増加分は原則として租税には優先しません。たとえば、極度額1億円の根抵当権につき、差押え通知時の元本が8,000万円だった場合、その後元本が増加して9,000万円になっても、増加分1,000万円を租税に優先して回収することはできません。

　もっとも、この結果、国税に優先する他の債権者の権利を害することになるときには、国税徴収法18条1項および地方税法14条の12第1項の規定は適用されません（同項ただし書）。

　たとえば、ある不動産が1億6,000万円で競売されたとします。このとき、配当を受けるのが、①極度額1億円、差押え通知時の元本8,000万円、配当時

の元本1億円の1番根抵当、②差押え通知時および配当時の被担保債権5,000万円の2番抵当、③1番根抵当および2番抵当に劣後する滞納処分に係る滞納国税3,000万円であるとします。この場合、国税徴収法18条1項の適用があると、1番根抵当は国税との関係では差押え通知時の8,000万円しか優先せず、2,000万円の配当不足額が生じます。しかし、2番抵当との関係では、1番根抵当が優先しますので、2番抵当の配当額から配当不足額を吸い上げることになります。その結果、①1番根抵当1億円、②2番抵当3,000万円、③国税3,000万円となります。2番抵当は、本来国税に優先するので5,000万円全額の配当を受けられたはずであるのに、国税徴収法18条1項の適用によって、2,000万円の配当を受けられないという損失が生じてしまっています。このような場合、18条1項ただし書により、18条1項本文の適用が排除されるため、①1番根抵当1億円、②2番抵当5,000万円、③国税1,000万円の配当となります（『4500講』Ⅳ巻1102～1103頁）。

なお、上記の優先額は、競売手続による回収を図ることを前提としたものとなります。任意売却による場合には、別途の考慮が必要となりますのでご留意ください。

相談事例 097　収益物件の賃料債権の確保

賃貸物件に対して抵当権を設定しています。この物件の賃貸料から回収を図れるでしょうか。賃料債権を確保する方法があれば教えてください。

抵当権を設定した不動産が、第三者に賃貸されている場合、賃貸借関係が続く限り賃料が担保物件の所有者のもとに毎月入ってきます。特に、債務者が抵当権設定者でもある場合、この賃料は重要な弁済原資となることがあります。しかし、弁済原資としてあてにしていたにもかかわらず、債務者が賃料債権を譲渡してしまったり、第三者（国税庁や市町村等も含みます）に差し押さえられてしまったりして、賃料からの回収が困難となる事態が生じます。このような場合に備えて、金融機関としては、賃料に対する抵当権の効力と権利行使の方法を把握しておく必要があります。

第4章 担保・保証

　賃料に対して抵当権による回収を図る方法としては、物上代位による差押えと担保不動産収益執行の2つが考えられます。

　まず、物上代位ですが、これは、抵当権が目的物の交換価値を把握する権利であることから、交換によって生じた利益からも、他の債権者に優先して弁済を受ける権利を認める制度です（民法372条・304条）。すなわち、抵当権者は、売買によって設定者が得た売却代金等から被担保債権の回収を図ることが可能なのです。賃料は、所有者である設定者が抵当物件を利用（ここでは他人に貸すこと）して得た利益です。かつては、抵当権者が賃料に物上代位することを認めない見解もありましたが、判例（最判平元.10.27民集43巻9号1070頁）は、無条件に賃料に対する物上代位を認めています。実務上も、この判例に従い、賃料に対する物上代位を積極的に活用しています。

　物上代位権を行使するための要件は、まず、被担保債権の弁済期が到来していることです。これは物上代位も抵当権の実行に当たるためです。

　次に、「払渡し又は引渡しの前に差押え」がなされている必要があります。この、「払渡し又は引渡し」の意義については、さまざまな問題がありますが、弁済や転付命令は該当するものの、一般債権者の差押えや債権譲渡はこれに該当しないと覚えてください。

　また、一般債権者による差押えが既になされている場合、差押命令の送達よりも先に抵当権の設定登記がなされていれば、物上代位が優先します。滞納処分では、滞納税の法定納期限等と抵当権の設定登記の先後によって優劣が決定します。

　なお、賃料債権に対して、一般債権者による差押えや滞納処分がなされた場合、期限の利益喪失事由に該当するか問題となります。取引約定書によれば、担保目的物に対して差押えがなされた場合、請求喪失事由となるとされていますが、賃料も物上代位という抵当権の効力が及ぶ以上、担保目的物といえるので、同じく請求喪失事由に該当すると考えられます。

　2つ目の担保不動産収益執行とは、不動産の収益を収取して弁済を受ける方式の強制管理手続で、強制執行制度の一つです。これは、不動産に対する担保権の実行であるため、担保不動産競売と同様に、担保権の存在を証明する法定文書の提出（民事執行法181条）等の開始要件を備えなければなりません。

　担保不動産収益執行の開始決定がなされると、裁判所により管理人が選任され、給付義務者（賃料等を支払う義務を有する賃借人）に対して賃料等を管理

人に交付すべき旨が命じられます。管理人は、当該不動産を管理し、収益の収取および換価する権限を有します（同法95条1項）。また、所有者の占有を解いて自ら管理することもできます（同法96条1項）。そして、管理人は、裁判所の定める期間ごとに債権者に対して配当等を実施します（同法107条1項）。

物上代位と担保不動産収益執行との選択は、それぞれにメリット・デメリットがありますが、一般的には、第三債務者となる賃借人を特定することができ、抵当不動産の維持管理に心配がない場合には、差押債権を丸取りできる物上代位による差押えにメリットがあり、賃借人を特定できていない場合や複数のテナントが入居するなどの不動産管理と配当等の手続の負担が大きい場合には、担保不動産収益執行を採用することが相当であるとされています。

098 担保物件の売却と連帯保証人の同意

担保物件を任意売却して回収することを考えています。当該担保物件の被担保債権を保証している連帯保証人がいます。この場合、任意売却することについて連帯保証人から同意を得る必要はあるのでしょうか。

物上保証人や保証人が複数存在する場合、代位弁済した者は、求償権確保のため、求償権の範囲内で、債権者が有していた債権そのものおよび人的担保、物的担保のいっさいの移転を受けます。すなわち、債権に担保が付されている場合には、その保証人は自らの出捐によって取得した求償権の範囲内で、債権者が有していた債権とその担保権を法律上当然に取得することになり、その担保権を実行することにより求償権の回収を図ることができます。これを弁済による代位といいます（民法500条、501条）。

しかし、保証人等が代位弁済をする前に、債権者が担保権を解除するなどしてしまうと、保証人等が代位弁済をしても担保権を取得できず、代位権を侵害されることになります。そこで、民法は、保証人等の法定代位権者の代位権を保護するために担保の保存をなすべき義務を債権者に課しています（担保保存義務）。すなわち、債権者が故意または過失により担保を喪失または減少させたときは、法定代位権者は、その喪失または減少によって償還を受けることが

できなくなる限度においてその責任を免れることができるとしています（民法504条）。債権者が上記担保保存義務に違反して法定代位権者の代位権を侵害した場合には、法定代位権者は、代位すべき担保権や保証から償還を受けることができたはずの額を債権者に対して免責を主張することができます。

　任意売却の手続の基本的な流れとしては、①所有者をして任意に抵当不動産を売却させ、②抵当権者はその売却代金によって抵当債権を回収し、そして③抵当権を解除することになります（上野隆司［監修］『任意売却の法律と実務〔第3版〕』3頁）。ここでの抵当権の解除は抵当権者と債務者との合意解除ということになるため、故意による担保の喪失として、保証人等の法定代位権者から担保保存義務違反の主張がなされる可能性があります。

　そのため、金融機関としては、連帯保証人から担保保存義務違反の責任を問われないように任意売却についての承諾を得ておくことが適当と考えられます。

借地上の建物の担保取得

借地上の建物を担保にする場合、どのような点に注意すべきでしょうか。また、借地上の建物に担保を設定する際には、地主から借地上の建物を担保に差し入れることに対する承諾書を徴求していますが、この承諾書にはどのような意義があるのでしょうか。この承諾書を徴求できない場合は、どうすればよいのでしょうか。

　金融実務上、借地の上に建っている建物を担保に取得することはある程度行われています。借地上の建物を担保に取る場合、対抗力のない借地権は第三者に対抗できなくなり、たとえば土地が第三者に譲渡された場合、建物を収去して土地を明け渡すように譲受人から請求されても拒絶できません。そのため、借地権に対抗力があることの確認が、まず第一となります。

　次に、借地権の内容が「地上権」である場合には、建物の競落人は地主の承諾がなくても借地権を主張できますが、「賃借権」である場合には建物の競落人が賃借権を取得することについて、地主の承諾（民法612条1項）またはそ

れに代わる裁判所の許可（借地借家法20条1項前段）が必要となります。これは、借地上の建物を競落した者は、建物のために設定されていた借地権をも併せて取得することになるため、借地権の譲渡を伴うことになるからです。民法上、賃借人が勝手に賃借権を譲渡してしまうと、賃貸人が望まない者（賃料の不払いや建物の使用が不適切であるなど）が賃借人となってしまうため、それを防ぐために賃貸人の承諾等を求めています。承諾書は、有効な借地権があることを確認し、さらに借地権が譲渡された後の借地権の存続のために必要となります。

また、地主からの承諾書には、借地人に債務不履行がある場合には、賃貸借契約解除に先立って抵当権者に通知することが通常、記載されます。もっとも、このような文言を付しても、地主から借地人の債務不履行を連絡してもらえないまま、借地契約が解除されることもあり得ますので、重要であるのは借地権の譲渡承諾となります。

以上のように、地主の承諾は、抵当権者が債権を回収するうえで重要な役割をもっているといえます。

承諾書が得られない場合には、借地契約に担保権者にとって不利な条件がないか、賃料の不払いなどのトラブルがないか、より注意する必要があります。

相談事例 100 地役権が設定されている土地の担保取得

承役地あるいは要役地になっている土地を担保に取ることは可能でしょうか。

事例解説 地役権とは、「ある土地（要役地）の利用価値を増すために他の土地（承役地）の上に支配を及ぼす権利」をいうとされています（伊藤眞ほか『不動産担保（上）』185頁）。すなわち、要役地の利便性向上のために、承役地の上を通行したり（通行地役権）、水を引いたり（引水地役権）、または建物を建設できなくするといった、要役地の所有者が一定の行為を行うことを認め、承役地の所有者に一定の不作為義務を課す権利をいいます。この権利に関する土地が、承役地あるいは要役地です。

担保権は交換価値を把握するもの（競売や任意売却等によって得た代金から

債権を回収する権利）であり、賃借権の設定されている土地への担保設定と同様に、土地の利用権が設定されていることによって設定が妨げられることはありません。

ただし、地役権の内容については、注意しなければなりません。というのも、承役地を担保に取る場合には、負担付きの土地として評価が下落する場合がありますし、要役地を担保に取る場合には、利用価値の増大分の評価を上乗せできるかが重要になるからです。

承役地を担保に取る場合、通行地役権であれば、担保に取ろうとする物件（承役地）のどこを通るのか、自動車が通るのか歩道としての利用なのか、などを調査します。また、通路上に建物を建築することは制約されます。したがって、承役地のうち、通路に供される部分は無評価とする必要があります。

他方、要役地を担保に取る場合には、必要な私道等が所有権、賃借権または地役権の形で備わっているかを検討します。通行地役権が設定されているからといって必ずしも通行のための道路がきちんと整備されているとは限りませんし、登記からもその点は確認ができません。もし備わっていなければ大幅に担保価値を割り引いて考える必要があります。

なお、登記簿上、地役権が設定されていなくとも、外観上、地役権の設定があることが明確な場合には、地役権者は抵当権者等の第三者に登記なくして地役権を対抗できるとする判例もありますので、留意が必要です。

相談事例 101 保留地の担保取得

マンション建設のための住宅ローン融資において、建設予定地である保留地に抵当権を設定することを検討しています。保留地にも抵当権を設定することはできるのでしょうか。

土地区画整理事業は、「道路、公園、河川等の公共施設を整備・改善し、土地の区画を整え宅地の利用の増進を図る事業」ですが、その施行費用を捻出するために、一定の土地を第三者への売却を予定して保留しておくという実務が取られています（土地区画整理法96条）。この保留された土地を保留地といいます。

保留地の所有権は、区画整理事業の工事が完了し、換地処分の公告があってはじめてその翌日に発生するとともに、原始的に施行者に帰属するとされています（同法104条11項）。そのため、換地処分の公告があるまでの段階の保留地は、「保留地予定地」であって、施行者に所有権は認められず、使用収益ができるにすぎないことになります。所有権が認められない以上、保留地予定地そのものを売却したり、抵当権を設定したりすることはできません。しかし、現実には、保留地予定地を売却し、また担保取引の対象とされています。

　換地処分が完了するまで所有権が存在しないとしても、施行者や買受人には公告前にも一定の権利を有しており、これを譲渡することは認められています。この対象となる権利とは、①施行者に対して保留地を取得してこれを買受人に移転するよう請求する権利、②保留予定地を使用・収益する権利、③売買契約が解除された場合の売買代金返還請求権と解されています（以下、①から③を総称して「保留地譲受権等」といいます）。

　実務上、換地処分の公告により抵当権の設定が可能となるまでのつなぎ担保として、保留地譲受権等に対して譲渡担保権を設定することが多く行われています。

　金融機関としては、保留地の買受人との間で譲渡担保契約を締結し、その内容として、担保権の実行の要件・方法、精算の方法等を定め、施行者である土地区画整理組合の承諾を得、確定日付を取得します（民法467条）。そのうえで、土地区画整理組合に申告して、備付けの保留地権利台帳に登録することが行われます（土地区画整理法85条1項）。この方式による場合、換地処分の公告が行われ、登記が可能な状態になれば、抵当権の利用に切り替えることを当初から予定していますので、譲渡担保権設定契約と同時に抵当権設定契約も締結しています。この場合、いわゆる設定留保の場合と同様に、担保設定者から印鑑登録証明書等の抵当権設定に必要な書類の交付を受け、登記原因証明情報の物件の欄は、後日換地処分後保留地の地番等が決定した際に記入するよう空欄にしておけばよいことになります。

　また、この譲渡担保方式以外にも、代物弁済予約の方式がとられることもあります。

　保留地譲受権等が抵当権に切り替えられる前に二重譲渡されたり、買受人が倒産した場合、何をもって第三者対抗要件とするのかについては、諸説あり、いずれの説も一長一短で決め手がないのが現状です。そのため、担保取得にあ

たっては、担保設定者（買受人）の信用について、特に慎重に判断すべきです。また、将来施行者から買受人への所有権移転登記と同時に抵当権を設定するなど施行者の信用と協力が不可欠です。したがって、公的機関が施行する土地区画整理事業以外の事業の場合は、特に施行者の信用に留意する必要があります。

株式の担保取得

株式を担保に取得することについて教えてください。

　株式には、普通株式・種類株式、上場株式・非上場株式、譲渡制限株式、転換予約権付株式、単元株式・単元未満株式などの区分がありますが、すべての株式を担保に取得することが可能です。そして、株式を担保に取得する方法としては、質権と譲渡担保権があります。

　株式は、株式会社の株主の有する出資者としての細分化された持分または株主としての法律上の地位をいいますが、会社法において質権を設定することおよび譲渡担保権を設定することが認められています。

　質権を利用する場合には、登録株式質と略式質とがあります。株券発行会社の場合、登録株式質では、担保設定の合意と株券の交付に加え、当該株式の発行会社の株主名簿へ質権者の氏名または名称および住所を記載することとされています（会社法146条、147条1項）。略式質では、担保権設定の合意と株券の交付のみで設定が可能であり（146条2項）、第三者に対抗するには株券を継続的に占有する必要があります（同法147条2項）。株券不発行会社の場合、質権者はその氏名と住所を株主名簿に記載しなければ会社その他の第三者に対抗できませんので、登録株式質によることになります（同法147条1項）。

　譲渡担保を利用する場合にも質権設定と同様の方法となります。すなわち、略式譲渡担保と登録譲渡担保によることになります。

　登録株式譲渡担保の場合は、株式の譲渡と同様の形となり、譲渡担保権者は株主名簿上、株主と同義であるとされますので、発行会社からは区別がつかず、担保設定の当事者間にしかその事実は明らかではありません。

相談事例 103　生命保険への担保設定

生命保険に担保を設定することは可能でしょうか。また、死亡保険金は、遺族に先立って債権回収を行うことにもなるため、倫理的な問題はないのでしょうか。

事例解説

　生命保険の加入率は、年々減少傾向にありますが、それでも平成27（2015）年の調査では89％を超える世帯が加入しているとされています（公益財団法人生命保険文化センター「平成27年度 生命保険に関する全国実態調査（速報版）」）。この調査結果からすると、大半の人が生命保険に係る権利を有しており、これを担保にして資金調達をしたいとのニーズもあるでしょう。一方で、死亡保険金は、遺族に先立って債権回収を行うことにもなるため、金融機関にとっては「倫理的な問題にはならないのか」と、生命保険への担保設定をためらってしまうところもあるかもしれません。

　生命保険契約は、「保険契約のうち、保険者が人の生存又は死亡に関し一定の保険給付を行うことを約するもの（傷害疾病定額保険契約に該当するものを除く。）をいう」（保険法2条8号）とされています。

　この「一定の保険給付」とは、死亡保険金、満期保険金等の保険金請求権、解約返戻金請求権、積立金払戻請求権、配当請求権といった生命保険契約により生じる保険者に対する各種の請求権をいいます。上記の請求権は預金債権などと同じ「債権」ですので、債権担保である質権、譲渡担保権を設定することが可能です。もっとも、生命保険の権利の譲渡および質権の設定については、被保険者の同意が必要とされています（同法47条、76条）。被保険者の同意なく質権や譲渡担保権の設定をしても効力を生じないことになりますので、留意が必要です。

　質権および譲渡担保設定の対抗要件は、第三債務者である保険会社の承諾または通知です（民法467条1項）。第三者に対抗するにはその確定日付を公証人役場で取得する必要がありますので、忘れずに確定日付を取得しなければなりません。

　以上のとおり、保険法47条、76条は、保険契約から生じる請求権を譲渡することを許容した規定となっており、法的に担保権を設定することは認められて

います。租税の滞納で生命保険金を差し押さえられたという話をよく聞かれると思いますが、このように広く差押えや譲渡が認められている権利となりますので、担保設定についても倫理的にも特に問題はないと考えられます。

相談事例 104 メガソーラーに対する担保設定

メガソーラー（太陽光発電設備）事業に対して融資を行う場合、どのようにして担保を取るべきでしょうか。

太陽光発電設備が、事業者の所有する土地上で行われる場合には、当該土地に対して抵当権を設定することが考えられます。また、事業者が土地所有者から土地を賃借している場合には、当該賃借権に対して質権を設定することが考えられます。この場合、実務上は、当該質権設定については、その登記および土地所有者への通知または承諾を対抗要件と考えるのが妥当であるとされていますし、賃借権に対する質権の設定に加え、当該質権の実行に伴う賃借権の譲渡についても、あらかじめ土地所有者から承諾を得ておくことが望ましいとされています（髙橋玲路ほか「再生可能エネルギー特別措置法におけるメガソーラープロジェクトのファイナンスに関する論点整理」事業再生と債権管理138号136頁）。

太陽光発電所の発電設備（太陽光発電モジュール等）の多くは、動産が中心となっています。そこで、この発電設備に対して、譲渡担保権を設定する際に、発電設備を構成する個々の太陽光発電モジュール等に対して個別に譲渡担保権を設定する**個別動産譲渡担保権**と、発電設備を構成する個々の太陽光発電モジュール等の全体を集合物として譲渡担保権を設定する**集合物動産譲渡担保権**が考えられます。集合物動産譲渡担保権では、一度対抗要件を具備すれば、集合物としての同一性が損なわれない限り、たとえば、その後構成部分が変動したとしても、新たにその構成部分となった動産を含む集合物についても及ぶと解されている点で、個別動産譲渡担保権よりもメリットがあります（ただし、通常の営業の範囲を超えて処分され、集合物から離脱した動産については、譲渡担保権の効力が及ばないとする最判平18．7．20民集60巻6号2499頁がありますので注意が必要です）。もっとも、発電設備を構成する個々の太陽光

発電モジュールは、製品番号やシリアルナンバー等により他のモジュールと識別し得ることが多く、また頻繁に交換を要するものではありません。通常の動産であれば、交換に伴い担保権の再設定や対抗要件具備の手続を頻繁に行わなければなりませんが、そのような心配の少ない太陽光発電モジュールでは、個別動産譲渡担保権を設定することにも合理性はあると思われます。太陽光発電モジュールへの担保設定は、個別事案に応じて集合動産譲渡担保権と個別動産譲渡担保権とを選択することになります。

　次に、太陽光発電事業から生じる利益の主たるものは、事業者が電力会社から特定契約に基づいて将来にわたって得る売電収入です。したがって、事業者が特定契約に基づき電力会社に対して、現在および将来にわたって有する売電債権に担保権を設定することが考えられます。ここで注意しなければならないのは、設置された太陽光発電モジュールに不測の事態が生じて売電収入が下がることも想定しておくということです。たとえば、地震が起きて支持杭が曲がり、太陽に対してモジュールの設置角度が変われば、発電能力も変わってきます。こうした事態に備えて、太陽光発電モジュールのメーカー等から保証を受ける手当がなされることもあるため、そのような場合には、保証金請求権も担保の対象とすることが考えられます（髙橋玲路ほか・前掲137頁）。

　さらに、太陽光発電所の敷地に対する権利と太陽光発電モジュール等の設備といった太陽光発電所を一体として工場抵当を設定することが考えられます。工場抵当には、工場に属する土地、建物に対する抵当権の効力を、土地または建物の付加一体物（たとえば、雨戸や建物入口の扉など）だけでなく、これに備え付けられた機械・器具その他工場の用に供するものに及ぼす**工場抵当**（工場抵当法2条1項、狭義の工場抵当）と、工場に属する土地建物や機械・器具だけでなく、工場のための地上権や賃借権等の権利を含めて1つの不動産とみなして（工場抵当法14条1項）、これに抵当権を設定する**工場財団抵当**（同法8条1項）とがあります。太陽光発電所は、「営業ノ為電気…（中略）…ノ供給…（中略）…ノ目的ニ使用スル場所」に該当し、工場抵当法における「工場」とみなされます（同法1条2項）ので、工場抵当を利用することができます。また、工場財団に抵当権を設定できる工場の所有者とは、工場について土地、建物の所有権または用益権のいずれかを有する者とされています（髙橋玲路ほか・前掲139頁）ので、太陽光発電所の土地または建物を所有ないし賃借して事業を営む場合には、工場財団抵当を利用することもできます。工場財団

に賃借権が含まれる場合には、賃貸人の承諾を得ることが必要となります（同法11条4号）。工場抵当および工場財団抵当の効力を第三者にも対抗するには、それぞれ、対象となる機械、器具等の種類、構造、個数等を記載した目録を提出して登記すること（同法3条、工場抵当登記規則3条、8条）、または工場財団目録に対象となる機械、器具等が記載されていること（同法22条、同規則8条）が必要となります。

相談事例 105 担保不動産競売代金の余剰分

担保不動産競売をしたところ、担保不動産が高額で売却されました。売却代金に余剰があるため、担保される債権の範囲を超える部分についても回収したいのですが、可能でしょうか。

1．普通抵当権の場合

抵当権者は、元本ならびに満期となった最後の2年分の利息・遅延損害金（利息等）についてのみ優先弁済を受けることができます（民法375条）。したがって、最後の2年分を超える利息等については、特別の登記（同条1項ただし書）のある場合を除き、一般債権者と同様の地位に立つことになり、残余代金から一般債権者との按分比例により弁済を受ける形になります（回収できますが、一般債権者と分け合う形となります）。この場合、一般債権者と同様に、債務名義（強制執行によって実現されることが予定される請求権の存在、範囲、債権者、債務者を表示した公の文書）を必要とするかどうかが問題となります。

民法375条は、抵当権の効力を元本および最後の2年分の利息等に限定する趣旨の規定ではなく、後順位抵当権者など、いわゆる抵当不動産につき正当な利益を有する第三者の利益を保護するための規定とされています。そのため、担保不動産の設定者自身は、この規定を理由に抵当権者の権利を制限できないものと考えられます。

そうすると、最後の2年分を超える利息等は、第三者に対しては優先弁済権をもたない抵当権の被担保債権であり、設定者との関係では抵当権を主張できる債権であるという性質といえます。したがって、普通抵当権者は、民事執行

法87条1項4号の「差押えの登記前に登記された抵当権」を有する債権者として、配当要求等の手続を経るまでもなく、配当を受けることができると考えられます。

2．根抵当権の場合

根抵当権の優先弁済権の範囲は、「確定した元本並びに利息その他の定期金及び債務の不履行によって生じた損害の賠償の全部について、極度額を限度として」認められています（民法398条の3第1項）。普通抵当権のように利息等を2年分に制限されることはありませんが、その範囲は極度額によって画されます。

それでは、担保不動産が極度額よりも高額で売却された場合、極度額を超える債権の部分について、配当要求等の手続をせずに配当を受けることができるのでしょうか。

判例上、根抵当権の場合は、競売代金に剰余が生じた場合でも、極度額を超える部分について、当該競売手続においてはその交付を受けることができないとされています（最判昭48.10.4金法701号30頁）。なぜなら、根抵当権についての極度額の定めは、単に後順位担保権者など第三者に対する優先弁済権の制約という性質にとどまらず、根抵当権者が根抵当権の目的物件について有する換価価値の限度としての意味を有するものであるからです。

そのため、根抵当権の極度額を超える債権についても配当を受けるためには、一般債権者として配当要求をするか、債務者の国に対する剰余金交付請求権を差押えまたは仮差押えする必要があります。

保証人の追加・脱退への対応

相談事例 106

保証人を追加する場合あるいは保証人が脱退する場合には、どのような対応が必要になるのでしょうか。

事例解説　保証人の追加とは、既に保証人がいるところ、新たに別の保証人が加わることをいいます。保証人を追加するときは、新たに保証人となる者との間で保証人加入契約書を作成する必要があります。保証契約は、要式契約（契約成立要件として契約書の作成が求められるもの）

とされていますので、契約書の作成を忘れずに行ってください。その際、保証契約の形式的な内容にとどまらず、保証の法的効果とリスクについて、実際に保証債務を履行せざるを得ない事態を想定した説明を行うことが金融庁の主要行および中小・地域監督指針により求められていることに留意すべきです。また、実務上は、主債務者と保証人との間で保証委託の関係があることを明らかにする意味もあって主債務者の同意を求めています。

　なお、他の保証人や物上保証人にとっては、自己の負担が増えることにはなりませんので、法的には同意を得る必要はありません。ただし、代位の関係などの利害関係が生じることになりますので、保証契約書上に確認を求めておくのが望ましいとされています。

　保証人の脱退とは、保証免除ともいい、保証人の保証債務を免除することをいいます。保証人から免除の申出があった場合、まず保証人の既存債務をすべて免除するのか、既存の債務についての保証は免除せず、将来に発生する債務のみの保証を免除するのかを明らかにしなければなりません。保証債務を免除するには、その保証人との間で保証人脱退契約書を締結します。金融実務上は、無用のトラブルを避けるため、主債務者の同意を求めることが多いようです。さらにほかに保証人や物上保証人がいるときは、担保保存義（相談事例98参照）との関係から、これらの者の同意を得ることが適当です。

相談事例 107　経営者保証ガイドライン

> 取引先の会社から融資の申込みがありました。代表取締役の保証を徴求しようとしたところ、同人から「自分は高齢のため近々引退を考えており、事業承継を予定している息子の取締役を保証人としてもらいたい」との申出がありました。息子の取締役は、経営者保証ガイドラインの適用対象となる「経営者」に該当するのでしょうか。

事例解説　経営者保証に関するガイドラインは、経営者保証の弊害を解消し、関係者間の継続的かつ良好な信頼関係の構築・強化、中小企業の各ライフステージにおける取組意欲の増進を図り、ひいては中小企業金融の実務の円滑化を通じて中小企業の活力を引き出し、日本経済の活

性化に資することを目的に平成25（2013）年12月に策定され、翌年2月1日から適用が開始されました（小林信明［監修］『これでわかる経営者保証』4頁）。

　中小企業・小規模事業者等（以下、「中小企業等」といいます）との融資取引に際して、代表者から個人保証を徴求することが多いかと思われますが、この場合には、同ガイドラインに沿った対応が求められますので、その適用範囲について把握しておかなければなりません。

　同ガイドラインの適用対象となる保証人は、個人であり、主たる債務者である中小企業の経営者である者とされています（3項）。

　経営者保証に関するガイドラインQ＆Aによりますと、保証人が「経営者」であるとは、中小企業等の代表者であることをいいます。ただし、①実質的な経営権を有している者、②営業許可名義人、③経営者とともに事業に従事する配偶者、④経営者の健康上の理由のため保証人となる事業承継予定者については、経営者に含まれるとされています（Q3）。

　事業承継予定者を保証人とする場合には、上記④の「健康上の理由」が認められるかを検討する必要があります。

　「健康上の理由」ありといえるかは、現経営者および事業承継予定者の事業への関与の程度や現経営者の健康状態等の諸般の事情を踏まえ、事業承継予定者を保証人とすることの合理性の有無等を総合的に判断しなければならないと思われます。

　本事例では、現代表取締役は高齢のために経営に関与する機会がほとんどなく、息子である取締役に事業承継が進められているような状況であれば、現代表取締役を保証人とするよりも息子の取締役を保証人とするほうが合理的と考えられ、「健康上の理由」に該当すると判断することもできるのではないでしょうか。息子の取締役を保証人とする場合には、経営者保証の必要性等を丁寧かつ具体的に説明し（ガイドライン5項(1)）、適切な保証金額を設定する（同5項(2)）よう努めなければなりません。

　なお、金融機関においては、経営者以外の第三者保証を求めないことを原則とする取引慣行の確立が求められているところ（中小・地域金融機関向けの総合的な監督指針Ⅱ-11）、健康上の理由が認められない場合には、事業承継予定者は経営者でないことになり、原則として保証人とすることを避けるべきです（須藤雄宏・石塚智教「経営者保証に関するガイドライン」金法2043号65頁）。

信用保証協会の代位弁済と未収利息

信用保証協会の保証付融資において、債務者が延滞したため、信用保証協会から代位弁済を受けました。しかし、代位弁済によって回収できなかった延滞利息が残っています。この場合、未収となっている延滞利息を債務者に対して請求することはできるのでしょうか。

信用保証協会の保証付融資において債務者が延滞し、保証協会からの代位弁済を受ける場合、利息や遅延損害金等のすべての弁済を受けられるわけではありません。信用保証協会との契約書において、一般の保証の場合よりも代位弁済すべき範囲を制限し、金融機関に利息または延滞利息の一部について損失を負担させる旨の規定が置かれているからです。すなわち、約定書例6条2項では、「保証債務の履行の範囲は、主たる債務に利息および最終履行期限後120日以内の延滞利息を加えた限度とする」と規定し、延滞利息の代位弁済を最終履行期限後120日までの範囲に限定しています。その理由は、約定書例6条1項により定められた90日の冷却期間内において金融機関は保証付債権の回収に努める必要があるが、冷却期間経過後ただちに請求があれば請求日から30日以内に代位弁済を履行することを原則とし、30日を超えた日で履行することがある場合は金融機関にも相当の責任がある事情があるので120日経過後の延滞利息を信用保証協会が負担しないことにしているからであるとされています（関沢正彦［監修］『信用保証協会の保証〔第5版〕』281頁）。

なお、この120日という期間は、信用保証協会により取扱いが異なっており、60日、90日、120日の信用保証協会の三様があります。

上記の規定のため、金融機関としては、120日（60日または90日）経過以後の延滞利息や最終履行期限前の割賦弁済の遅延による延滞利息等は、信用保証協会からの代位弁済を受けることはできません。

もっとも、上記約定書の規定は、信用保証協会と金融機関の間の特約であり、債務者や他の保証人、物上保証人との間にも当然に効力が及ぶということではありません。これらの者に対しては、約定書または貸付証書の損害金規定によって請求することが禁止されているわけではありませんので、金融機関と

しては信用保証協会より代位弁済を受けられなかった残余の延滞利息について請求することが可能となります。

根保証の元本確定事由

取引先に対する融資について代表者に根保証をしてもらっていましたが、この代表者が死亡しました。根保証の元本は、確定するのでしょうか。

　貸金等根保証契約では、元本の確定事由が定められています。保証人にとって根保証契約の締結時には予想できなかった事実が発生したとき、元本を確定させて、保証人の責任範囲を限定するとともに、保証人を保証債務から解放する意義を有しています。

　民法465条の4では、元本確定事由として、①主債務者の財産への強制執行等の申立て（同条1号）、②主債務者または保証人についての破産手続開始の決定（同条2号）、③主債務者または保証人の死亡（同条3号）を挙げています。

　平成17（2005）年の民法改正以前には、相続人が根保証人としての地位を相続するかについて、学説の争いがありましたが、上記規定の創設により、解決が図られました。

　これにより、主たる債務者が死亡した場合には、新しい主債務が発生しないことが確定するため、元本が確定します。また、保証人が死亡した場合も保証行為自体が主たる債務者と保証人との間の信頼関係に基づいていることから、相続人に新たな債務を負担させることは相当でないため、元本が確定します。

　この場合、相続人は保証人が死亡時に負担していた確定債務のみを相続することになります。

第5章
回収・差押え

債権証書の返却方法

債権証書の返却について教えてください。完済となったら、債務者から要望がなくても債権証書を返却すべきでしょうか。それとも、債務者から返却要請があった場合にのみ返却するという扱いでよいのでしょうか。

民法487条は、「債権に関する証書がある場合において、弁済をした者が全部の弁済をしたときは、その証書の返還を請求することができる」と定めています。

債権証書とは、取引先が債権の成立の証拠として交付したもので、証書貸付における金銭消費貸借契約書、借用証書などがあります。債権証書がある場合、債務者は、全額の弁済をした後にはじめて債権証書の返還を請求することができます。つまり、債権証書と弁済は、同時履行の関係にはなく、民法の定めに従えば、債務者から返還要請があった場合に返却すればよいということになります。したがって、債務者からの返還の要求がなければ、必ずしも債権証書を返却する必要はありません。

もっとも、手形債権の場合、手形金の支払と手形の返還は同時履行の関係にあるとされています（手形法39条1項）。

他方、民法486条は、「弁済をした者は、弁済を受領した者に対して受取証書の交付を請求することができる」として、債権証書以外にも、受取証書の交付請求権を認めています。

受取証書とは、いわゆる領収書のことですが、これと弁済とは（一部のみの弁済であっても）同時履行の関係に立つとされています。すなわち、債務者は、弁済と引換えに受取証書の交付を請求することができるのです。その際の印紙代等の交付の費用は、原則として弁済受領者（債権者）の負担とされています。

相談事例 111 手形貸付の期日前における一部弁済

手形貸付先から期日前に一部内入れ弁済を受けました。どのような手続を行えばよいのでしょうか。

貸付金の一部弁済は、債務の本旨に従った弁済ではないため、その受取りを拒絶しても債権者側の受領遅滞となることはありません（民法413条）。また、期日前返済であれば、相手方の期限の利益を害することはできないため（同法136条2項）、法律的には、受け取った利息の返還をする必要もありません。

とはいえ、実務上は、期限前返済を制限する特約がない場合には、期日前の一部弁済を認めるのが通常で、返済額の利息相当分を日割計算により返還しているようです。さらに、手形貸付においても、証書貸付等と同様に、期日前の分割返済を約定することがあり、そのために分割返済金について預金口座からの自動引落しの契約も行われています。

期日前の一部弁済を受け入れた場合、手形貸付入金票を作成して入金手続をとります。そして、債務者からの請求がある場合には、民法486条に基づき（内入金）一部入金領収書を作成して、取引先に交付します。

なお、従来「手形内入金付票」に口座番号、取組番号、内入日、内入金、差引残高等の明細を記入し、該当手形に貼付することも行われていましたが（手形法39条3項、77条）、これを行わない金融機関もあるようです（『4500講』Ⅲ巻110頁）。

手形貸付の利息は、通常、前払いであり、内入れがあれば内入日の翌日から手形期日までの内入額に対する利息は、融資先に返戻しなければなりません。この戻利息の利率は、現在では貸付利率と同率とされています（伊藤眞ほか『貸出管理』103頁）。

相談事例 112 第三者弁済の受領

債務者は延滞に陥っています。債務者の母親が「息子の代わりに返済する」と申し出ています。母親からの返済を受領してもよいのでしょうか。

事例解説

債務の弁済は、第三者であっても行えます（民法474条1項）。これを第三者弁済（代位弁済）といいます。

第三者弁済は、原則としてこれを行うことが可能ですが、禁止されることもあります。それは、①債務の性質上、第三者弁済が許されない、②当事者が反対の意思表示をした、③利害関係を有しない第三者による弁済で、かつ、債務者の意思に反する場合です（民法474条1項ただし書、同条2項）。

①債務の性質上、第三者弁済が許されないとは、非代替的作為義務（他人が代わって行うことが許されない作為義務）の履行をいいます。たとえば、有名な画家に絵画の作製を依頼したところ、その画家に代わって素人の妻が作製を行った場合、依頼者としてはこのような債務の履行には納得できません。そのため、非代替的作為義務を第三者が履行することを法律で禁止しています。

②当事者が反対の意思表示をしたとは、契約の段階で債務の弁済を債務者に限るとする特約を締結した場合をいいます。あらかじめ意思表示がされていることが必要であり、弁済後に反対の意思表示をしても、無効とはなりません。

③利害関係を有する第三者とは、弁済をすることについて法律上の利害関係を有する者をいいます。「法律上の利害関係」とは、主債務者が弁済しないと、自分の財産を差し押さえられたり、担保権を実行されてしまったりする地位にあることをいい、保証人や物上保証人等がこれに当たるとされています。債務者の意思に反する場合とは、債務者が明確に反対の意思を表示していなくとも、諸般の事情に鑑みて、反対の意思が認定されればよいとされています。債権者が債務者の反対の意思を知らなくとも無効となります。もっとも、債務者の意思に反しなければよいので、承諾を取り付けるなどすれば有効な弁済となります。

本事例では、母親が保証人や物上保証人、連帯債務者等の利害関係を有する者であれば、たとえ債務者が反対しても、弁済をすることができるので、これ

を受領することに問題はありません。これに対し、母親が利害関係のない第三者である場合には、債務者の承諾を取り付けたうえで、弁済を受領する必要があります。

相談事例 113 期限前繰上弁済と手数料

1. 顧客が期限前繰上弁済をする場合、手数料を徴収しても問題はないのでしょうか。
2. 期限前弁済手数料は、みなし利息に該当するのでしょうか。

事例解説

1．手数料徴求の可否

期限前繰上弁済については、金融機関では相応の事務対応を行うことになりますので、その事務手数料を徴収すること自体は問題はないといえます。

また、期限前弁済について、民法は「期限の利益は、放棄することができる。ただし、これによって相手方の利益を害することはできない」（136条2項）と定めており、期限前繰上弁済による金融機関の逸失利益について、顧客に補てんを求めることも、法的には許容されます。

もっとも、「手数料」としてかなり高額なものを求めますと、顧客から「繰上弁済を不当に妨げている」などとして苦情等となるおそれがあります。また、消費者との間の契約においては、「消費者の利益を一方的に害する条項」に該当し無効となる懸念もあり得ます（消費者契約法10条）。

そのため、手数料については、自金融機関における事務対応に見合った合理的な金額を定め、これをホームページ等で明示するとともに、たとえば、融資契約の締結時にも顧客に説明するなど適切な顧客対応を行うことが重要です。

2．「みなし利息」の該当性

「みなし利息」について、利息制限法は「金銭を目的とする消費貸借に関し債権者の受ける元本以外の金銭」であること、また、出資法も「金銭の貸付けを行う者がその貸付けに関し受ける金銭」であることを要件としています。この点に関して、期限前繰上弁済時の手数料は、その経済的必要性や合理性等から「みなし利息」に該当しないとの見解もあります（金融法委員会「期限前弁

済手数料及びアップフロントフィーと利息制限法及び出資法に関する中間論点整理〔平成23年1月10日〕」参考）が、現段階で確定的な司法判断等はありません。

そのため、金融機関においては、期限前弁済手数料は「みなし利息」に該当しないと整理する場合でも、期限前弁済手数料も含め元本以外の貸主が受け取る金銭の実質利率が利息制限法の上限利率を超過しないよう留意することが適当と考えられます。

相談事例 114 競売配当金の充当順序

担保不動産の被担保債権が複数ある場合に、金融機関が担保不動産競売による配当について、いずれの債権に充当するかを指定できるのでしょうか。

事例解説

民法上、弁済充当に関しては、488条ないし491条に規定があります。弁済充当に関する規定は任意規定ですから、弁済の充当方法について、民法の規定と異なる合意をすることはさしつかえありません。そこで、取引約定書例9条には、「私の債務全額を消滅させるに足りないときは、貴行が適当と認める順序方法により充当することができ、その充当に対しては異議を述べません」との規定（充当特約）があり、金融機関のみが充当の指定権を有することとされている場合が多いです。

それでは、担保不動産競売による配当金が被担保債権のすべてを消滅させるに足りない場合、取引約定書例9条により、金融機関が充当を指定できるのでしょうか。複数の被担保債権のうち、保証付債権とそうでない債権がある場合、金融機関としては、まず保証の付いていない債権の弁済に配当金を充当し、未回収分を保証人に追及していきたいと考えるのが自然です。担保不動産競売においても充当特約が働くとなれば、このような処理が可能になります。

しかしながら、判例（最判昭62.12.18民集41巻8号1592頁）上、弁済充当の特約による充当は許されていません。その理由については、「不動産競売手続は執行機関がその職責において遂行するものであって、配当による弁済に債務者又は債権者の意思表示を予定しないものであり、同一債権者が数個の債権に

ついて配当を受ける場合には、画一的に最も公平、妥当な充当方法である法定充当によることが右競売制度の趣旨に合致するものと解されるからである」と判示されました。

充当特約の効力が制限される局面としては、担保不動産競売手続のほか、強制執行手続や倒産手続が考えられます。金融機関の実務としては、配当による弁済の場合には、法定充当の規定に従った充当処理をせざるを得ません。

法定充当では、民法491条1項により、費用、利息（損害金を含む）、元本の順に充当されます。

同順位（費用相互間、利息相互間、元本相互間）における順序は、民法489条各号に従い、次のとおりとなります。

①まず、弁済期が到来したものと到来していないものとを分け、そして、弁済期が到来したものが先に充当されます（1号）。②1号で区分された各グループの中では、債務者のために利益が多いものが先に充当されます（2号）。③債務者にとっての利益が同じであれば、先に弁済期の到来するものが先に充当されます（3号）。④それでも同じならば、各債務または各給付の額に応じて充当されます（4号）（潮見佳男『プラクティス民法 債権総論〔第3版〕』298頁〔信山社〕）。

相談事例 115 任意売却と詐害行為取消権

抵当不動産を任意売却して回収する予定です。このような任意売却は、詐害行為となって取り消されることがあるのでしょうか。

抵当権が設定されている債務者の財産は、その価額から被担保債権額を差し引いた残額だけが、総債権者の共同担保になるだけです。したがって、被担保債権額よりも低い価額の抵当不動産が、相当の（不当に安いとはいえない）価額で売却され、その代金が抵当債権者の弁済に充てられても共同担保が減少することはないので、一般債権者の利益は害されることはありません。このような場合には、任意売却が詐害行為取消しの対象となることはありません（最判昭41.5.27金法447号22頁）。

もっとも、抵当不動産の価額から抵当権の被担保債権額を控除した残余価値

については、詐害行為として取り消される余地があります。その場合の取消しの効果として、抵当不動産そのものを現物として回復させることができるのか、あるいは現物回復できず残余価値について価格賠償をすることのみが可能なのかという論点があります。

任意売却の場合、売却と同時に抵当権設定登記を抹消しますので、原状回復をすることは困難を伴います。そこで判例は、詐害行為取消しの目的不動産が不可分のものであり、弁済等によって抵当権設定登記が抹消されたときは、その取消しによる原状回復は、不動産の価額から抵当権の被担保債権額を控除した残額の限度で賠償をするほかないとしています（最判昭63.7.19金法1210号）。つまり、抵当不動産の任意売却に対して詐害行為取消権が行使されても、抵当不動産の価額から被担保債権額を控除した残余価値について価格賠償をすれば足りるとされているのです。

そのため、抵当権者が抵当不動産から任意売却によって被担保債権の範囲で弁済を受けている限り、抵当権者が詐害行為取消しによって不利益を受けることはないといえます（上野隆司［監修］『任意売却の法律と実務〔第3版〕』162頁）。

相談事例 116 賃料への物上代位と敷金の充当

A所有の賃貸不動産に対して抵当権を設定しており、抵当権に基づく物上代位により、賃借人BのAに対する賃料から回収しています。しかし、賃借人が賃料を支払いません。賃借人が言うには「既に賃貸借契約が終了し、未払賃料は敷金で充当済みなので、支払うべき賃料はない」とのことですが、そうなのでしょうか。

事例解説 物上代位とは、たとえば、担保に取っている目的物である不動産が売却、賃貸、（地震や火災による）滅失などによって、「売却代金」「賃料」「保険金」などに価値を換えた場合、その価値に対しても担保物権の効力が及ぶ性質のことをいいます。

結論的には、賃借人が不動産を明け渡している限り、賃借人の指摘が正しいことになります。

判例によれば、抵当権者が物上代位権を行使して賃料債権を差し押さえた後は、抵当不動産の賃借人は、抵当権設定登記の後に賃貸人に対して取得した債権を自働債権とする賃料債権との相殺をもって、抵当権者に対抗することはできません（最判平13.3.13金法1611号92頁）。この考えに従えば、敷金返還請求権は、抵当権設定登記の後に賃貸人に対して取得した債権であるともいえるので、賃借人は、未払賃料と敷金返還請求権との相殺は主張できないようにも思われます。けれども、ここでは敷金の特殊性を考える必要があります。

敷金はもともと、賃貸人のための担保ではありますが、賃借人にとっても、賃貸借契約終了後、賃借物件を明け渡せば、敷金返還請求権と賃料債権とを相殺することで敷金を回収できるという強い期待があります。判例も、賃料債権は敷金による充当を予定した債権であり、このことを抵当権者に主張することができるとしています（最判平14.3.28金法1646号35頁）。すなわち、敷金返還請求権は、目的物の返還時に、未払賃料等のいっさいの被担保債権を控除し、残額がある場合に発生するものです。

これを賃料債権等の面からみれば、目的物の返還時に残存する賃料債権等は、敷金が存在する限度において、敷金の充当により当然に消滅することになるのです。このような敷金の充当による未払賃料等の消滅は、敷金契約から発生する効果であって、相殺禁止の規定（民法511条）によって制限されることはないということです。

相談事例 117　物上代位による差押えと時効の中断

賃貸物件に対して抵当権を設定しており、賃料に対して物上代位に基づく差押えを行いました。この物上代位による差押えで消滅時効は、中断するのでしょうか。

事例解説　担保権は、目的物の交換価値を把握するものです。そのため、目的物が滅失・毀損しても、それによって目的物に代わる金銭等が存在するなら、これに対しても担保権の効力が及ぶと考えられます。この性質を、物上代位といい、抵当権においても当然に認められています（民法304条、372条）。

従来、抵当権による物上代位が賃料に及ぶかという点については、争いがありましたが、最高裁の判例によって物上代位が肯定されてからは、民法も改正され、被担保債権に不履行があった後は、抵当権の効力が賃料（「果実」と表現されています）に及ぶことが明文化されました（民法371条）。
　賃料に対する物上代位も、民法147条2号の「差押え」に該当しますので、被担保債権の時効は中断することになります。
　もっとも、最高裁の判例では、抵当権者が物上代位権の行使として債務者の有する債権を差し押さえても、被差押債権の時効は中断されないとされています（最判昭63.7.15集民154号333頁）。そのため、賃料債権の時効は中断しないため、注意が必要です。
　この場合、債務者自身に被差押債権の時効の中断をさせることは期待できないことが多いと思われますので、債権者代位（民法423条）による方法が考えられます。時効中断手続をとることは、保存行為に該当するため、裁判外でも行使することができ（同条2項ただし書）、債務者の無資力要件を満たす限り、第三債務者に対して債務承認を求めることができると考えられます（上野隆司・浅野謙一「債権（仮）差押えによる時効中断と被差押債権の時効中断の成否」金法1549号11～12頁）。

相談事例118　不動産競売における時効中断終了時期

担保不動産の競売を行って回収を行いましたが、被担保債権の全額を回収することはできませんでした。この場合、被担保債権残額の消滅時効はどのように考えるのでしょうか。

　債務者が所有する不動産を競売した場合、申立ての時点で時効が中断します（民法147条2号の「差押え」に準じます）。物上保証人所有の不動産であった場合、競売開始決定正本が債務者に対して送達されたときに時効中断の効力が生じます（同法155条、最判平8.7.12金法1469号60頁）。そして、消滅時効は、競売手続が終了した時点から再度進行を開始します。なぜなら、中断した時効は、その中断の事由が終了した時から新たに進行を始めるとされているからです（同法157条1項）。

第5章　回収・差押え

　具体的には、競売代金が債権者に弁済金として交付され、または配当（民事執行法84条1項）がなされたけれども、債権全額を回収できなかった場合は、債権の残額部分について、交付ないし配当のときから、再度消滅時効が進行します。
　競売申立てによって中断した時効が再進行するときの時効期間は、中断する前の消滅時効期間と同一です。金融機関の貸付債権であれば、商事債権として5年（商法522条）、手形債権であれば3年（手形法77条1項8号、70条1項）です。

相談事例 119 競売手続の取消し・取下げと時効中断

債務者の不動産を差し押さえて競売手続を申し立てましたが、その競売手続が無剰余として取り消されてしまいました。この場合、差押えによって生じていた時効中断の効力も消えてしまうのでしょうか。また、売却の見込みがないので、競売手続の申立てを取り下げて差押えを解除した場合は、どうなるのでしょうか。

事例解説

　民法154条によりますと、「差押え、仮差押え及び仮処分」が、「取り消されたときは、時効の中断の効力を生じない」として時効中断効を否定し、遡って時効が進行すると規定されています。他方、差押えについては、執行裁判所により剰余を生ずる見込みがない（売却代金が差押債権者に優先する債権の見込額と手続費用の見込額の合計額を超えない）と判断された場合には取り消されることがあります（民事執行法63条）。このように剰余を生ずる見込みがないために取り消された差押えについても、上記民法の規定からは時効中断効が否定されるようにも思われます。
　そもそも、差押え等の事由について時効中断効が認められるのは、権利者によって真実の権利が主張され、または、義務者によって真実の権利が承認され、そのために、時効制度の基礎にある事実状態の継続が破れるからであるとされています（我妻榮『民法総則（民法講義Ⅰ）』352頁［岩波書店］）。そうすると、時効中断効が認められるためには、権利者による権利の主張や義務者による権利の承認が必要であると考えられます。

143

このような時効制度に関する考え方に従うと、「権利者の請求により又は法律の規定に従わないことにより取り消されたとき」（民法154条）には、初めからその権利行使を認めるべきではなかったので、遡って時効が中断していない取扱いとすべきであるといえます。

これに対し、無剰余取消しというのは、本来差押えとしては適法であるけれども、剰余部分がないことが判明したことによって、政策的・便宜的に取り消すとしたものです。権利者が競売手続を続行する意思があっても法の規定により終結しなければならない状態となるわけですから、権利者の権利主張までが否定されたわけではありません。そこで、このような場合については、時効中断の効力は失われず、そのまま執行手続が終了し、そのときに中断の効力が確定するとの主張がなされています（篠原弘志「各種時効の中断事由と中断の効力の発生および消滅の時期」手形研究475号128頁）。

無剰余取消しと時効中断効に関する最高裁判例は残念ながら存在していませんが、下級審裁判例では、この問題を扱ったものがあります。水戸地判平7.7.10（金法1447号55頁）は、無剰余を理由として競売手続が取り消されたときは、民法154条の適用はないものと解するのが相当であると判示しています。実務上も、時効中断の効力が初めからなかったことにはならないという前提で事後の時効管理を行えば足りると考えられます（『4500講』Ⅲ巻945頁）。

以上のとおり、競売手続が無剰余取消しとなったとしても、遡って時効中断効が否定されることはないと考えられます。同様に3度の競売入札で落札されないことにより売却の見込みがないとして取り消された場合（民事執行法68条の3）にも時効中断効が否定されることはないと思われます（高木多喜男［監修］『時効管理の実務』179頁）。

これに対し、無剰余であることが判明したからといって、債権者自らが取り下げてしまうと、民法154条の「権利者の請求により」取り消されたときに準じて、初めから中断の効力が生じなかったことになると解されてしまいます（最判平11.9.9金法1566号52頁）。

実務上は、競売手続についてなんらかの取消事由が生じたとしても、自主的な取下げは極力回避すべきであり、別途時効中断の措置をとるべきでしょう。

第 5 章　回収・差押え

生命保険金からの回収

生命保険に質権を設定していますが、担保権実行の際の注意点について教えてください。

　質権とは、債権の担保として質権設定者（債務者または第三者）から受け取った物（ここでは生命保険）を質権者（債権者）が占有し、その物について他の債権者に優先して弁済を受けることができる権利のことで、債権をはじめとする財産権にも設定することができます。

　相談事例103で解説したとおり、生命保険は担保の目的となり得ます。具体的には、生命保険契約に基づく生命保険金請求権、解約返戻金請求権等に対して質権を設定します。ただし、生命保険契約上の各請求権は、特殊な性格を有し、権利として非常に不確定な要素も多いので、あくまでも補完的な担保として位置づけられます。

　質権設定にあたっては、生命保険会社所定の設定契約書を使用します。実務的には、保険契約者を質権設定者とし、保険契約者と保険金受取人が異なる場合には、受取人についても質権設定の同意が必要です。

　生命保険契約に基づく死亡保険金や満期保険金などの各請求権は、いずれも被保険者の死亡や満期到来等の条件・期限の付いた権利です。また、契約者貸付（生命保険の約款貸付）がなされていたような場合には、保険金が発生したとしても控除されますし、保険会社による保険契約の引受拒絶や免責等がなされる可能性もあります。そのため、債権者が担保実行の効果を期待どおりに得ることはむずかしい場合も多いようです。これが、先ほど述べた補完的な担保と位置づけられるゆえんです（『4500講』Ⅳ巻1030頁）。

　なお、保険金支払事由が発生し、形式的には質権の実行要件が備わったとしても、この保険金は、もともとは被保険者や本人への保障という役割があるものです。したがって、質権の実行上の形式的な要件面の検討だけでなく、支払われる保険金の性格等をよく検討したうえで判断してください。

　さらに、質権者は、生命保険契約の特約に基づき担保権設定者の有する解約権や解約返戻金請求権を行使することができると考えられます。最判平11.9.9（金法1563号49頁）は、解約返戻金請求権は差押えの対象となること、解約権

は一身専属的な権利ではなく、差押債権者が取立権に基づき解約権を行使できることを認めました（『4500講』Ⅳ巻1046頁）。担保権の実行の局面においても、同様に考えることができます（民事執行法193条、155条等）。ただ、同判決では、解約権および解約返戻金請求権の行使が権利濫用等になる場合があることも言及されていますので、注意が必要となります。

相談事例 121 火災保険に対する質権設定

火災保険等の損害保険契約を担保に取るには、どのような方法がありますか。また、留意点についても教えてください。

債権者は、損害保険契約に基づき被保険者（債務者、物上保証人）の有する損害保険金請求権を担保に取ることができます。多くの場合、担保権が設定されている建物の価値維持のために利用される火災保険契約に基づく請求権について質権が設定されます。

損害保険契約から発生する請求権には、建物の滅失・毀損による損害に対する保険金（損害保険金）、各種の費用保険金（臨時費用、失火見舞金、残存物取片付費用、損害防止費用、修理費用等）のほか、満期返戻金、解約返戻金などがあり、これらのいずれにも質権を設定することができます。

保険の目的物件にいくらの保険金額を付すかについては、目的物件の価値をよく把握する必要があります。どんなに高額の保険金額が付されていても、支払われる保険金は、目的物件の価値が限度となるからです。反対に、保険金額が保険の目的物件の価値に満たない場合には、損害額に対して支払われる保険金が目的物件の価値に対する保険金額の割合に縮減される契約内容である場合があることに注意します。また、重複保険の場合、各保険契約から支払われる保険金額の合計額は、目的物件の価値を超えることができないため、重複する保険が付されていないかどうかも調べる必要があります（『4500講』Ⅳ巻1028頁）。

また、保険契約者または被保険者の契約義務違反により保険契約が解除されたり、失効しないように気を配る必要もあります。

質権設定の際には、火災保険証券を徴求し、被保険者（担保提供者）と金融

機関とが連署した質権設定承認請求書を保険会社に提出して承認を受けます。その保険会社の承諾書には、第三者対抗要件として確定日付を徴し、保険証券とともに保管します。

物件が罹災した場合には、債権質の実行として直接取立（民法366条）をするか債権質実行（民事執行法193条）の方法がありますが、通常は、当事者間でも直接取立が特約されており、保険会社の承認もあるため、金融機関としては、保険金領収書に質権設定承認裏書の保険証券を添えて保険会社に提出して、直接、保険金を受け取ります（『4500講』Ⅴ巻472頁）。

相談事例 122 僚店預金との相殺

預金に対して滞納処分に基づく差押えが行われました。該当預金の店舗ではなく僚店に貸付がある場合、相殺はできるのでしょうか。

他の相殺の要件を満たす限り、相殺は可能です。

相殺をなし得る諸条件が整っている状態を相殺適状といいます。以下では、相殺の要件について確認します。

まず、相殺をするには、①債権と債務が対立していることが原則です（民法505条1項本文）。金融機関から相殺する場合、自店の貸付先の預金と自店の貸付金を相殺するというのが典型的なケースです。けれども、店舗が異なるとはいえ、僚店である以上、同一金融機関内の支店にほかならないので、法人格は1つです。そのため、債権債務の対立があるといえます。したがって、預金に差押えがあった場合、僚店の貸付金と自店の預金とを相殺することもできますし、反対に、僚店預金と自店からの貸出金についても相殺することができます。

そのほかの相殺適状の要件として、②双方の債権が同種の目的を有すること、③双方の債権が弁済期にあること（同条）が挙げられます。②については問題となるような場合はないでしょう。③については、金融機関から見て受働債権については、期限が未到来であっても期限の利益を放棄（民法136条2項）することによって、他方で、自働債権については、差押え等の信用不安事由が生じた場合、期限の利益が喪失するという取引約定書上の規定によって弁

済期が到来することになります。

さらに、相殺禁止でないこと（民法505条1項ただし書、同条2項、509条ないし511条）が挙げられます。金融機関において問題となるのは、自働債権が受働債権の差押え後に取得された債権であるときには相殺ができないという民法511条の規定です。

これについては、弁済期との関係で、判例にも変遷が見られたところですが、現在では民法511条に定める以上の制限はないとされています（無制限説、最判昭45.6.24金法584号4頁）。

相談事例 123　総合口座との相殺

貸越の発生している総合口座の定期預金について、市町村による滞納処分の差押えがありました。この場合、定期預金と貸金について即時に相殺することができるのでしょうか。

貸金を預金との相殺によって回収するには、貸金債務と預金債務の双方が弁済期にあることが必要です（民法505条1項）。定期預金は、金融機関が債務者であるので、金融機関が期限の利益を放棄することにより、弁済期を到来させることができます（民法136条）。相殺するためには貸越債権も弁済期にあることが必要ですが、総合口座の定期預金に滞納処分の差押えがなされたことにより、貸越債権の期限は到来するのでしょうか。

総合口座の当座貸越は、取引先からはいつでも弁済できるが、金融機関からは取引継続中は自由に弁済請求をすることはできないというのが総合口座取引規定ひな型の立場です（「総合口座取引一問一答」金法822号23〜24頁）。そのため、総合口座取引規定ひな型は、当座貸越債権の弁済期を到来させ請求を可能とするため、即時支払条項を定めています（金法1305号37頁以下）。

しかしながら、総合口座取引規定12条1項では、金融機関からの請求がなくても支払うべき即時支払事由が定められていますが、その中には定期預金に対して差押えがあった場合は含まれていません。したがって、本事例では、定期預金について滞納処分に基づく差押えがあっただけでは貸越債権の弁済期が到

来しないため、即時に相殺することはできません。

　これに対し、同条 2 項では、金融機関からの請求があり次第、貸越金を支払うよう（請求喪失事由）規定しています。したがって、金融機関側から新極度額（総合口座取引規定 7 条 3 項 1 号に基づき、差押えの対象となった定期預金の全額（差押金額ではないことに注意）を極度額の算定の基礎となる定期預金から除外して、計算し直した残りの定期預金についての極度額）を超える貸越金の支払請求をしたにもかかわらず、これに応じない場合にはじめて総合口座取引規定 12 条 2 項 1 号の「当行に対する債務の 1 つにつき返済が遅れているとき」に該当し、金融機関の請求により弁済期が到来することになり、預金者は貸越元利金等の全額について即時に支払わなければならなくなります（宇賀神孝政「総合口座貸越金の担保定期に差押えがあった場合の対応」金法 2033 号 68～69 頁）。

　このように、金融機関は、総合口座の定期預金に差押えがあっただけでは即時に相殺はできず、新極度額を超える貸越金の支払請求をしたにもかかわらず預金者が支払わない場合に、相殺をすることができます。

相殺と払戻充当の差異

貸付を担保するため、預金に対して質権を設定しています。預金からの回収を相殺によって行う場合と、質権の実行として払戻充当で行う場合とでは、どのような違いがあるのでしょうか。

　相殺と質権の実行は、ともに担保的機能を有する債権回収の一方法です。両者の根本的な違いは、相殺はあらかじめ当事者間で特別な約定をしておく必要がなく、法定の要件を備えた場合には、一方的な意思表示によって行使できるものですが（もっとも実際上は、相殺予約を行い、期限の利益喪失条項に従って強制的に相殺適状を作り出して期限にかかわらずいつでも相殺できることにしています）、質権は約定担保物権であり、法律上対抗要件の具備が求められます（民法 364 条）。このような違いから、それぞれの優劣が生じてきます。

　まず、相殺は、当事者間で同種の債権債務が対立していることが必要ですか

ら、他行の預金や第三者の自行預金を担保に取っている場合には、相殺はできません（もっとも、担保提供者たる第三者が保証人になっている場合には保証債務履行請求権を自働債権として相殺可能です）。

　自行預金に質権を設定している場合には、質権者と第三債務者とが同一人に当たるため、質権の実行をするとしても、取立行為を想定することができず、質権の実行は相殺と異なりません。そうすると、対抗要件を備えるための手続と費用がかからない相殺のほうが有利であるといえます。

　問題は、第三者に対抗する場合にどちらが有利かという点に絞られます。

　まず、相殺の場合、周知のとおり、自働債権の取得が受働債権の差押え前であり、相殺原因の存する限りは、両債権の弁済期のいかんを問わず相殺をもって差押債権者に対抗できるというのが判例です。

　他方、指名債権質については、債権譲渡に準じて対第三者対抗要件を具備しなければ、差押債権者に対抗できません（民法364条・467条）。特に、租税債権に対しては、国税の法定納期限以前に質権が設定されている事実を確定日付によって立証しなければ、優先弁済が受けられません（国税徴収法15条）。

　また、質権に基づき金融機関が取立権を行使するには、預金が弁済期にあることを要しますが、金融機関の被担保債権は弁済期になくともさしつかえなく、この場合には、預入金融機関に弁済金の供託をさせることができます（民法366条3項）。したがって、質権が対抗要件を備えている場合には、遅延利息の問題を別とすれば、あえて相殺をする必要はありません。そうでなければ、相殺のほうが強力であるといえるでしょう。

125 当座勘定解約前の相殺の可否

当座勘定取引を解約する前に相殺することは可能でしょうか。

　法律的には、当座勘定取引の事前解約手続は不要となりますが、実務上は、当座勘定契約を解約してから相殺するのが望ましいといえます。

　この問題は、当座勘定契約の法的性質をどのように解するかによって結論が変わります。

第5章　回収・差押え

　当座勘定契約は、手形・小切手の支払を委託する（準）委任契約と当座預金契約という消費寄託契約との混交契約とするのが多数説です。この考え方に立つ限り、当座預金も他の預金と同様に、消費寄託債権の一つといえます。そのため、当座預金を受働債権とする相殺はつねに可能であり、その前提として、当座勘定取引の事前解約は不要となります。

　判例でも、当座預金に関し、解約前の相殺を肯定したものと評されるものがあります。すなわち、最判昭57.11.4（金法1021号75頁）は、金融機関が、当座勘定契約を事前解約する明確な意思表示をせず、相殺による債権回収の目的で当座預金を別段預金に振り替えて拘束し、呈示された小切手を不渡にした事案について、金融機関の債務不履行責任を否定しました。

　もっとも、実務上の扱いとしては、相殺を急ぐ事情がある場合は別として、反対説もあることを考慮して、事前に当座勘定取引契約を強制解約したうえで相殺を行うことが望ましいといえます。

相談事例 126　年金を原資とする預金との相殺の可否

貸付先の預金と相殺して回収しようと考えています。貸付先の預金口座への入金は、年金のみです。年金を原資とする預金と相殺してもよいのでしょうか。

事例解説　年金受給権自体は、差押禁止財産であるため、担保に供したり、差し押さえたりすることが禁止されています（国民年金法24条本文）。では、年金が債務者の預金口座に入金された場合には、年金を原資とする預金債権と貸付金とを相殺することができるのでしょうか。

　判例は、相殺を肯定しています（札幌高判平9.5.25金法1535号67頁。上告審の最判平10.2.10（金法1535号64頁）もその判断を是認しています）。すなわち、札幌高裁は、①国民年金および労災保険金が預金口座に振り込まれると、預金債権に転化して預金者の一般財産になること、そして②この預金債権は差押等禁止債権としての属性を承継しているものではないことから、金融機関による相殺が禁止されるものではないとしました。

　このように、判例の考え方に従えば、他の要件を満たしている限り相殺は可

能です。もっとも、預金のほかに容易に換価できる担保があれば、そちらを優先的に換価するなど債務者の利益にも配慮し、相殺権の濫用とならないように注意すべきだという指摘もあるところです。

　なお、年金を原資とする預金については、差押えは可能なのでしょうか。預金の原資が年金受給権等であることを重視し、差押えを認めない裁判例もあります（東京地判平15.5.28金法1687号44頁）が、一般的には、預金債権に転化した後は、差押え禁止債権としての属性は存続しないとして、差押えを認めるようです（東京高決平4.2.5金法1334号33頁）。

第6章
貸　出

融資証明書と貸付義務

融資証明書を発行した場合に、金融機関として貸付の義務を負うのでしょうか。

融資証明書とは、金融機関が融資申込者に対して発行するものであり、申込者側がこれを第三者に示し、金融機関との間に融資予約が成立していることを示すことで、自己の支払能力を証することなどに用いられています。融資証明書には、「融資に応ずる予定であることを証明します」などと記載されるとともに、融資限度額、資金使途、融資条件などが記されています。

融資証明書を発行した場合、金融機関は貸付の義務を負うかについて、融資証明書では「当行所定の手続・条件を具備した場合には」などの条件が記載され、また、貸付義務を負うものではないことを明示していることも多いと思われます。このような場合、融資証明書を発行したからといって、金融機関は直ちに貸付義務を負うものではないと一般的に考えられます。

ただし、貸付義務を負っていない場合でも、融資証明書の発行や担当者の言動等により、申込者側が融資の実行を確実なものとして信じる合理的な理由を有するときは、金融機関は信義則または融資約束という契約の履行義務を有すると考えられます。この場合、金融機関が義務を履行しなかったときには損害賠償責任を負うことになります。この点、消費貸借契約が成立していない段階における金融機関の融資約束違反に伴う不法行為責任を認めた裁判例もあります（『4500講』Ⅰ巻465頁参照）。

また、上記のような合理的な理由もなく、金融機関は法的責任を負わないとしても、申込者側とのトラブルが生じることも懸念されます。金融機関としては、融資応諾の条件を明確にするとともに、応諾の意思表示をなすべき時期を申込者に対して明確にし、申込者側に必要以上の融資期待を抱かせることのないよう、融資証明書の記載内容や担当者の言動に十分注意する必要があります。この点に関して、金融庁の監督指針では、貸付の決定をする前に、顧客に対し「融資は確実」と誤認させる不適切な説明を行わない態勢の整備が求められています。

第6章 貸 出

相談事例 128 約定書徴求時や融資取引の際の説明義務

約定書徴求時や融資取引の際の説明義務の程度、説明すべき事項の範囲について教えてください。

　信用金庫取引約定書に関する判例ですが、取引約定書は、いわゆる普通契約約款であり、契約当事者が各条項をいちいち具体的に認識しなくても、これをすべて承認して契約したものと認められるため、当事者の一方が相手方にその内容を具体的に説明しなくても、信義則に違反するものではないとしたものがあります（最判昭60.7.16金法1103号47頁）。従来は、銀行取引約定書についても同様であると考えられてきました。

　しかしながら、現在ではこのような考え方は避けるべきとされています。

　すなわち、銀行法12条の2第2項および同法施行規則13条の7は、銀行に対し、その営む業務の内容および方法に応じ、顧客の知識、経験、財産の状況および取引を行う目的を踏まえた重要な事項の顧客に対する説明その他の健全かつ適切な業務の運営を確保するための措置（書面の交付その他の適切な方法による商品または取引の内容およびリスク等の説明を含む）に関する社内規則を定めるとともに、従業員に対する研修その他の当該社内規則等に基づいて業務が運営されるための十分な体制を整備することを義務づけています。また、金融庁の監督指針でも、金融機関に対して与信取引に関する説明体制の確立を求めています。これらのことから、銀行取引約定書についても一定の説明義務があるとの見解が有力です（『4500講』Ⅲ巻52頁）。

　とはいえ、説明義務の内容や程度について定まった見解はありません。法人か個人か、商人か非商人か、与信取引の経験があるかないかといった相手方の属性や、具体的な条項や取引の仕組みの複雑さによって、説明義務の範囲は変わってくるものと思われます。「求められたのに説明しなかった」あるいは「誤った説明をした」となれば、説明義務違反が問われ、取引約定書の個別適用が否定されるおそれもあります。個々の顧客の目線、すなわちその知識や経験および財産の状況や取引目的に応じた説明が必要です。

相談事例 129 契約書の訂正と捨印

契約書の訂正は、捨印で対応してよいのでしょうか。

契約書の訂正方法については、一義的なものはありませんが、改ざんではない適正な訂正であることを明確にし、後日のトラブル等を防止できることが重要です。そのため、訂正前の内容がわかるように行い、かつ、訂正内容を契約当事者が互いに承認した証として、契約書に押印したのと同じ印鑑を訂正印として使用することが適当といえます。以下、一般的に行われている契約書の訂正方法の一つを紹介します。

① 訂正または削除する文字や数字は、二重線を引くことで抹消する。
② 抹消箇所の上部に、訂正後の文字や数字を書き加える。
③ 訂正部分の近くの欄外、または頁上段の欄外に、訂正した行、削除した字数と書き加えた字数を「○行目、×字削除、△字加入」といったように記載する。
④ ③の記載の横または下に、契約当事者が締結時に使用した印鑑と同じものを用い、訂正印として押印する。
⑤ ①から④の処理を、契約書の作成部数すべてにおいて行う。

捨印は、一方当事者が他方当事者に対して、契約書の記載内容について一定の範囲で訂正権限を付与する旨の意思表示と解されます。当事者の合理的な意思解釈としては、合意した基本的な契約内容を変更することなく、一見して軽微かつ明白な誤謬箇所を訂正する権限を与えたものと考えられます。この点に関して、判例では「いわゆる捨印が押捺されていても、捨印がある限り債権者においていかなる条項をも記入できるというものではなく、その記入を債権者に委ねたような特段の事情のない限り、債権者がこれに加入の形式で補充したからといって当然にその補充にかかる条項について当事者間に合意が成立したとみることはできない」とされています（最判昭53.10.6金法878号26頁）。

このように、一見して軽微かつ明白な誤謬箇所の訂正であれば捨印で対応することもあり得ますが、権限の範囲を巡る見解の相違など後日のトラブルを防止するためには、捨印でなく、上記の訂正方法による訂正対応が適当と考えられます。

第6章 貸 出

相談事例 130 契約書と印鑑登録証明書の記載の不一致

1. 印鑑登録証明書を徴求するのはなぜでしょうか。また、印鑑登録証明書に有効期限はあるのでしょうか。
2. 契約書の記載と印鑑登録証明書の記載に不一致があります。この場合、契約は無効になるのでしょうか。

事例解説 1. 印鑑登録証明書の役割等

　印鑑登録証明書は、契約書などの書類に押印された印鑑が本人の登録済みの「実印」であることを、その発行者である地方公共団体が証明するものです。

　契約書などを締結する場面で、印鑑登録証明書の徴求は法的に義務づけられていませんが、個人との間のものに限らず、法人との間でもよく利用されています。印鑑登録証明書は、実印と相まって契約書などの締結が本人の意思に基づき行われたことの証明力を高めてくれます。

　印鑑登録証明書自体には、有効期限はありません。しかし、契約締結などの際に印鑑登録証明書を徴求する場合には、一般的に発行から3カ月または6カ月以内のものなど、一定期間内のものを求めています。これは、発行後、長期間時間が経過していると、たとえば、その間に住所を変更するなどして、印鑑登録証明書に係る印鑑登録が既に抹消されているといった可能性が高くなることに鑑みたものです。

2. 記載の不一致

　印鑑登録証明書には、実印の印影、登録番号、登録年月日、氏名、出生の年月日、男女の別、住所といった項目が記載されています。たとえば、住所変更により、印鑑登録証明書の住所が契約書上のものと一致していないことが判明した場合でも、契約自体は、あくまで当事者の意思表示の合致（加えて、金銭消費貸借契約などの要物契約の場合は目的物の引渡し）により成立するものです。そのため、印鑑登録証明書の記載が契約書と一致していないことを理由として、契約が無効となるものではありません。

　ただし、印鑑登録を行った地方公共団体外に転出すれば登録は抹消されますので、上記の証明力が弱まってしまいかねません。そのため、金融機関の担当

者としては、印鑑登録証明書の提供を受けた際に記載の一致を確認するとともに、不一致の場合は徴求し直しておくことが適当といえます。

相談事例 131 代表者の肩書きの表記方法

代表者の肩書きが、商業登記簿では「代表取締役」となっていますが、契約書上の表記（ゴム印）では「代表取締役社長」になっています。また、印鑑登録証明書では旧字体となっていますが、契約書上の表記（ゴム印）は新字体となっています。こうした場合の対応は、どのようにすればよいのでしょうか。

契約書の機能には、たとえば、①契約書を作成したという事実が心理的強制になる、②その後の取引の処理基準やマニュアルになる、③契約の有効要件（たとえば保証契約）となる、④契約の締結を証明する、といったものがあります。

これらのうち、通常、金融機関が契約書を作成する一番の目的は、④証拠機能にあると思われます。

では、どのような契約書であれば、この証拠機能を発揮できるのでしょうか。

契約書を用いて証明したいのは、その文書に書かれた内容どおりの契約が成立したことです。ここで注目すべきは、文書の成立の「真正」（民事訴訟法228条1項）という概念です。文書の成立が「真正」であると認められると、通常、形式的証拠力（文書の記載内容が作成者の意思内容の表現であると認められることをいいます）が認められます。そして、判例上、契約書等を含む処分証書については、この形式的証拠力が認められれば、ほかに特段の事情のない限り、法律上の作成者によって記載どおりの行為がされたと認めるべきとされています。

文書の成立の真正とは、金融機関の主張どおりの作成者の意思に基づいて文書が作成されたことをいいます。この作成者とは、直接に文字を記入した者を指すのではなく、文書に表示された意思の主体のことを指します。たとえば、社長秘書が社長に言われるがまま口述筆記して作成した文書の作成者は、秘書

ではなく社長になるわけです。

　しかし、「作成者がその意思に基づいて文書を作成したこと」を直接証明するのは困難です。ここで重要になってくるのが、署名・押印です。なぜなら、民事訴訟法に「私文書は、本人…（中略）…の署名又は押印があるときは、真正に成立したものと推定する」（228条4項）という推定規定（法定証拠法則）があるからです。注意すべきなのは、ここにいう「署名又は押印」は、作成者の意思に基づくものでなければならないという点です。

　そのうえで、作成者の印鑑によって押印されていれば、反証がない限り、作成者がその意思に基づいて押印したと推定すべきであるとされています（最判昭39.5.12民集18巻4号597頁）。この推定（事実上の推定）は、わが国では印鑑を尊重する取引慣行があり、通常、他人に印鑑を使用させることはないという経験則に基づくものであるといわれています。

　一般に、前者の法定証拠法則と後者の事実上の推定を併せて「二段の推定」と呼び、契約書に証拠機能を発揮させるうえでの基本的な考え方とされています。

　以上を前提に、本事例について、検討してみます。

　まず、法人の登記簿謄本や印鑑登録証明書上の肩書きと、契約書上に押されたゴム印の肩書きが一致していないことについて、上記のとおり、契約書の証拠機能において特別な意味をもつのは署名と押印です。肩書きはこのいずれにも当たらず、それが登記簿謄本や印鑑登録証明書上の記載と表記上のズレがあったとしても、問題となる可能性は低いでしょう。ただし、その人物が肩書きどおりの取引権限を有しているか否かについては、別途の注意が必要です。なぜなら、上記の二段の推定によって認められるのは、契約書に記載されたとおりの行為をしたことにとどまり、その行為を行った者が権限を有していたか否かは別問題となるからです。

　また、新字体と旧字体で表記が一致していないケースでは、通常、字体の違いがあってもその表記には、社会通念上の同一性があると考える人が大半であると思われますので、こちらも問題となる可能性は低いでしょう。

　いずれにつきましても、相手方の本人確認と取引権限の有無をしっかりと確認していれば、問題は生じないと考えられます。

債務引受の際の約定書の徴求

取引約定書を徴求していない取引先が債務引受を行う場合、取引約定書を徴求すべきでしょうか。

　債務引受の際に、取引約定書を徴求しなくとも、債務引受の効力自体にはなんら問題はありません。しかし、そのような場合、取引約定書に定められている条項が適用されず、問題が生じる場合があります。特に、①担保および保証に関する条項、②期限の利益喪失に関する条項、③金融機関の免責に関する条項が問題となり得ます。

　まず、①について、取引約定書には、金融機関の求めがあった場合、取引先は金融機関が認める担保や保証人を追加で差し入れる条項、担保物件の処分は金融機関が自由にできる旨の条項、担保保存義務を免除する条項、一部代位に関する条項があります。

　次に、②期限の利益喪失に関する条項が重要です。

　取引約定書では、取引先について支払停止や預金への差押えなど一定の事由があった場合には当然に、または債権保全上の必要性がある場合には金融機関の請求によって、期限の利益を喪失する旨の条項があります。期限の利益喪失については、民法137条に規定されていますが、これでは金融機関の債権保全としては不十分です。たとえば、預金に差押えがあったような場合にも、速やかに貸付金の期限の利益を喪失させ預金と相殺をして差押えに対抗するためには、民法の規定では足りません。

　また、③金融機関の免責についても、手形・証書・担保などについて事故が発生した場合の損害や費用等の負担、印鑑等を照合する際の金融機関の責任範囲などについての条項があり、通常、取引先に責任がない場合でも生じた損害やリスクを取引先が負うことになっています。このような条項がなければ、取引先に責任がない限り、それらの損害の負担をさせることができないことになります。

　もちろん、債務引受契約書等に、これらと同様の条項が記載されている場合はさしつかえありませんが、通常は取引約定書を徴求すべきでしょう。

第6章 貸 出

既存取引先への暴力団排除条項の適用

取引約定書へ暴力団排除条項を追加することを考えています。既存顧客との関係では、個別の合意がなければ既存の契約に変更の効力を及ぼすことはできないのでしょうか。

既存顧客との間の取引約定書において、暴力団排除条項を追加することは契約内容の変更となります。この点、既に締結されている契約の内容を変更するためには、相手方の個別の合意が必要となるのが原則となります。

ただし、たとえば、一般的な預金規定（約款）のように取引の相手方の同意がなくても規定内容が変更できる旨があらかじめ定められているものについては、このような変更について相手方が契約締結に際して同意していると考えられます。そのため、変更時に改めて同意を取得することは必ずしも要しないといえます。

取引約定書には、上記のような変更時の定めがないことが通常と思われます。そのため、既存顧客との取引約定書に暴力団排除条項を追加するためには、他の契約内容の変更の場合と同様に、顧客に対して、導入の趣旨を説明し、顧客の合意を得たうえで新しい取引約定書（変更契約用）に切り替えていくといった対応になると考えられます。そのうえで、同意を取得した以上は、既存取引先についても暴力団排除条項を適用することは可能となります。

これに対して、一般的な預金規定のように相手方の同意がなくても規定内容を変更できる旨が定められている場合、暴力団排除条項を導入し、反社会的勢力に該当する既存顧客に対して暴力団排除条項を適用することも可能と考えられます。この点、上記のような定めをもっていかなる変更も同意なく可能とはいえませんが、暴力団排除条項の導入については、反社会的勢力の経済活動や資金獲得活動を制限し、市民社会の安全等を確保するという目的の正当性があり、また、新規契約のみならず、既存契約にも適用しなければ目的を達成することは困難といえます。このような目的の正当性や適用範囲の合理性に鑑みれば、既存取引先へ暴力団排除条項を適用することは可能と考えます（福岡高判平28.10.4金法2052号90頁）。

161

相談事例 134 連帯債務と連帯保証

AさんとBさんをともに連帯債務者とする場合は、Aさんを主たる債務者としBさんを連帯保証人とする場合と比べて、どのような違いがあるのでしょうか。

連帯債務においては、各連帯債務者はすべてそれぞれ独立して債務を負担します。民法432条では、「数人が連帯債務を負担するときは、債権者は、その連帯債務者の1人に対し、又は同時に若しくは順次にすべての連帯債務者に対し、全部又は一部の履行を請求することができる」とされています。また、民法433条では、「連帯債務者の1人について法律行為の無効又は取消しの原因があっても、他の連帯債務者の債務は、その効力を妨げられない」とされています。

他方で連帯債務の場合、債権者は各連帯債務者と個別に対応しなければならない分、債権管理が複雑になるというデメリットがあります。たとえば、連帯債務では、履行の請求を除いて時効中断の効力は他の連帯債務者には及ばないため（民法440条）、Aさん・Bさんがともに連帯債務者の場合、Aさんが債務承認をしてもBさんの消滅時効は進行し続けることになり、Bさんに対しても別途中断の手続が必要になります。

これに対して、保証人の場合、民法457条1項では、「主たる債務者に対する履行の請求その他の事由による時効の中断は、保証人に対しても、その効力を生ずる」ため、Aさんが主たる債務者でBさんが連帯保証人の場合、Aさんが債務承認すればBさんの消滅時効も中断することになります。

また、民法437条では、連帯債務者の1人に対してした免除について、「他の連帯債務者の利益のためにも、その効力を生ずる」とされているため、Aさん・Bさんがともに連帯債務者の場合、Bさんのみを免除しても、Bさんの負担部分が10割だった場合、結局Aさんも免除を受けたのと同じ結果になってしまいます。これに対して、Aさんが主たる債務者でBさんが連帯保証人の場合、Bさんのみを免除してもAさんの債務には影響しません。これは、負担部分がないため、民法458条（連帯保証人について生じた事由の効力）によっても、437条（連帯債務者の1人に対する免除）は準用されないことからです。

実際には、各金融機関の規定や判断で対応することになりますが、基本的にBさんを連帯債務者にするか連帯保証人にするかは、両者のメリット・デメリットを総合的に勘案して対応を検討することになるといえます。

相談事例 135　建築基準法違反の建物に対する融資

中古建物の購入資金について融資を約束しましたが、実行直前に建物が建築基準法の定める建ぺい率を超えていることがわかりました。このような物件の購入資金を融資してしまってよいのでしょうか。また、建築基準法に違反する物件を担保に取ることは可能でしょうか。

建築基準法に違反する建物（違反建築物）に対して融資を行うことが許されるかについては、当該融資が公序良俗に反するか、公共性の原則に反するかという点が問題となります。

1．公序良俗違反

公序良俗に反する行為は無効とされています（民法90条）。たとえば、人身売買、売春、殺人の請負、暴利での貸付といった行為を目的とした契約は無効となります。売春目的の違法な風俗営業を営む事業者に行った融資についても、違法行為を助長する点で公序良俗に反する行為となりますので、無効となります（なお、融資が無効となるだけでなく、売春防止法の資金提供罪といった刑事責任を問われる可能性もあります）。

もっとも、公序良俗違反となるのは、上記のような社会的に許されない人権侵害や犯罪行為を目的とする法律行為です。違反建築物は、防災や住環境に影響が及ぶ可能性もありますが、重大な人権侵害や犯罪行為とまではいえません。そのため、建築基準法違反の建物の購入資金への融資が公序良俗違反として無効となることはないと思われます（中村裕昭［監修・著］『必携金融機関のコンプライアンス　業務編Ⅱ』181頁）。

2．公共性の原則

経済活動において、金融機関が担う金融仲介機能（預金として広く資金を受け入れ、それを必要とする個人や企業に融資として供給する機能）はなくてはならないものです。金融機関がその機能を十分に働かせるためには、健全な融

資を行うことが不可欠となります。そのため、金融機関には、社会的要請に応じた資金配分、法令や行政法規等への適合性、預金者保護や信用秩序の維持との整合性といった観点から、融資の適否を判断しなければならない、という公共性の原則が課せられています（高橋俊樹『いまさら聞けない融資の常識50考〔第2版〕』5頁、澤重信「貸出の5原則」手形研究474号50頁）。

建築基準法の規制は、防災や健全な住環境への配慮を目的としています。違反建築物を購入する資金を融資することは、不健全な住環境を維持することにつながり、公共性の原則に反するおそれがあるため、融資の拒絶を含む慎重な対応が求められます。もっとも、融資約束後、合理的な理由なしに融資を拒絶すれば、債務不履行責任に問われてしまいます。そのため、法令違反の程度、内容、悪質性および行政当局の指導、近隣住民からのクレームなどを総合的に考慮して、融資の適否を判断する必要があります（中村・前掲182頁）。

3．担　保

建築基準法に違反する建物は、公共性の原則から担保不適格となります。また、原則として担保査定額を付すべきではないとされています（伊藤眞ほか『不動産担保（上）』216頁）。仮に融資を行うことがやむを得ないと判断されたとしても、違反建築物の売却は困難であると考えられるため、他の担保、保証を検討すべきでしょう。

連帯債務と手形貸付

複数の債務者に対して、1つの手形貸付を連帯債務として実行する場合、どのような点に注意をすべきでしょうか。

手形貸付は、金融機関が取引先に一定の金銭を交付するにあたって、取引先が振り出した手形を徴求し、満期日に手形の取立を行って金融機関が手形金を取得することにより、決済を行う取引をいいます。証書貸付と同様に、法的には消費貸借の性質を有していますが、金融機関は手形債権も同時に取得することになります。そのため、連帯債務として実行する場合には、証書貸付の場合とは異なる手続が必要となります。

手形債務を連帯債務とするためには、共同振出の方法によることになりま

第6章 貸　出

す。すなわち、手形面上に共同振出であることを明記し、各連帯債務者を約束手形の振出人として、その署名を求めます（『4500講』Ⅲ巻100～101頁）。手形の表面に単に署名したのみでは、振出人以外の署名が保証とみなされてしまうため注意が必要です（手形法31条3項）。このとき、署名は手形本体に行わなければならず、補箋を使用することのないようにしなければなりません。共同振出人として署名をした者は手形金額について合同責任を負い、所持人は各署名者に対し個別または共同に手形金の支払を請求することができます（同法47条1項2項）。

また、連帯債務者は、各自が金融機関に対して独立して債務を負担することになります（民法432条）ので、取引約定書は連帯債務者として連名で締結するか、各自と個別に締結します。この点は証書貸付による連帯債務と異なるところはありません。

貸付を実行し、貸付金を交付する場合、連帯債務者のいずれに交付するか連帯債務者全員との間で合意書を取り交わすなどし、授受の方法を明確にしたうえで実行します。

なお、既に相談事例134で解説したとおり、時効管理については、個別に行わなければなりません。

相談事例 137　ABLを用いた融資手法

畜産農家を営む顧客から融資の申出がありました。担保として取得できそうなものが、生産している家畜以外にありません。家畜を担保に取得する際の留意点を教えてください。

事例解説　家畜は民法上、動産であるとされています。動産を担保に取得する方法としては、質権の設定や譲渡担保権の設定があります。質権の設定の場合、質物を債権者に引き渡す必要があり（民法344条）、質権設定者による代理占有が認められていないため（同法345条）、質物を債権者が保管しなければならなくなってしまいます。そのため、家畜を担保目的物とする場合には、通常、譲渡担保の方法が利用されることが多いと思われます。

譲渡担保とは、担保の目的で担保目的物の所有権を担保権設定者から担保権者に移転し、債務の履行がなされた時点でその所有権を戻し、履行がされなければ私的実行により回収を図る形式の担保です（トゥルーバグループホールディングス『アセット・ベースト・レンディングの理論と実務』363頁）。この譲渡担保は、特定の個体番号がある家畜一頭一頭に対して個別に設定することもできますが、一定の場所で飼育されている家畜すべてを集合物とし、その集合物に対して設定することもできます。後者を集合動産担保と呼びます。

　判例も、「構成部分の変動する集合動産についても、その種類、所在場所及び量的範囲を指定するなどなんらかの方法で目的物の範囲が特定される場合には、1個の集合物として譲渡担保の目的となりうる」（最判昭54.2.15金法894号41頁）としています。

　集合動産として譲渡担保権を設定する場合、その対象となる物の範囲を保管場所、対象物の特性、数量等で特定する必要があります。具体的な特定方法としては、目的物の種類および量的範囲がいっさいの在庫商品、その所在場所が譲渡担保権設定者の倉庫内および同敷地・ヤード内と指定されているときは、目的物の範囲が特定されているとの判例（最判昭62.11.10金法1186号8頁）などを参考に個別の事案に応じて行う必要があります。その際、担保権の実行を執行官が行うときに対象となる動産を現場で特定できるかどうかにより特定の有無を判断することになります。

　譲渡担保権を第三者に主張するためには、第三者対抗要件を備える必要があります。これには、動産譲渡の対抗要件である①占有改定による引渡し、②指図による占有移転があります。また、③法人の場合のみですが、動産・債権譲渡登記特定法による登記も認められています。

　なお、動産については即時取得（民法192条）の制度があるため、先に対抗要件を備えていても、第三者が平穏かつ公然と占有を始め、かつ善意・無過失である場合には、譲渡担保権を失ってしまうおそれがあります。対抗要件を備えただけで安心せず、担保目的物の管理をしっかりと行うべきでしょう。

　以上のとおり、家畜を担保として融資を行うことは可能です。このような融資先が保有する在庫などの動産を担保として活用する融資手法をABLと呼びます。ABLにおいては、在庫の管理、すなわち家畜の飼育環境などが債権保全において重要となりますので、事業の実態を把握して、適切な担保評価を行う必要があります。

第 6 章 貸 出

シンジケート・ローン参加の留意点

他行がアレンジャーであるシンジケート・ローンへの参加を検討しています。この場合の留意点について教えてください。

シンジケートローン（協調融資）とは、複数の金融機関が1つのグループとなって、単一の契約書のもとに借入人に対して行う貸付のことをいいます（『4500講』Ⅲ巻222頁）。一般的にシンジケート・ローンでは、同じ契約書に貸付人全員と借入人が署名することになるため、貸付条件は各貸付人と同一のものとなります。また、シンジケート団の一体性を確保するため、通常は取引約定書等の基本契約書の適用を排除する旨の定めが置かれています。ただし、シンジケート・ローン契約書には期限の利益喪失条項やそのほかの必要な条項が定められていますので、取引約定書の適用が排除されているからといって参加金融機関にとって特段の不都合が生じることはないと思われます。

このように、参加金融機関はシンジケート団の一員として一体的に融資を行うことになりますが、この融資は全体として1個の融資ではなく、あくまでも各貸付人と借入人との間に複数の金銭消費貸借契約が存在していると考えられています。

シンジケート・ローンへ参加するか、また参加するとした場合の金額をいくらにするかの決定は、主に与信判断に委ねられています。このとき、各参加候補金融機関自らの責任により判断しなければなりませんが、その判断に必要な借入人の情報を直接借入人に照会することは原則として制限されており、実務上はアレンジャー（幹事金融機関）を経由して照会し、情報を入手する以外に方法はないとされています。既存の取引があれば借入人の信用状態を把握しているのが通常ですが、取引がまったくない場合には、参加意思表明のための期間が短いこともあって、適切かつ迅速な判断を行うことが求められます。アレンジャーは借入人と共同してインフォメーション・メモランダム（参加候補金融機関が参加を検討するために必要な情報）を作成しますが、この情報にはアレンジャーが正確性を保証していませんので、これにのみ依存して与信判断を行うことは必ずしも適当ではありません。アレンジャーと借入人の協力を得

て、借入人から与信判断に必要な情報を入手することも検討すべきでしょう(平野英則『よくわかるシンジケートローン』17頁)。

　さらに、シンジケート・ローン契約書のチェックも重要です。契約書では、主に①債権保全に齟齬を来たす条項がないか、②各貸付人間で公平性が確保されているか、③アレンジャーから提示されたタームシート（契約対象、契約方式、契約期間など契約の内容を項目別にまとめた条件規定書）と整合しているかの３つに留意する必要があります（平野・前掲21頁）。

第7章
倒産・再生

相談事例 139 預金者の破産手続、民事再生手続への対応

預金者について、破産手続や民事再生手続が開始された場合の対応について教えてください。

1．破産手続への対応

破産者が破産手続開始時に有する財産は、破産財団となります（破産法34条1項）。破産手続開始決定時より、破産財団に属する財産の管理処分権は、破産者から破産管財人に専属します（同法78条1項）。破産者の預金は破産財団となりますから、預金者が自由に払戻しをすることはできず、破産管財人のみが預金の払戻しをすることができます。したがって、破産手続が開始したときには、破産管財人を相手に預金取引を行います。

2．民事再生手続への対応

民事再生手続が開始された場合には、債務者は、原則として業務遂行権および財産管理権を失いません（民事再生法38条1項）。したがって、特段の手続をとる必要はなく、従来どおりの預金取引を継続すればよいことになります。また、監督委員が選任されている場合、ある特定の行為について、債務者は監督委員の同意を得なければすることができない旨の監督命令が発令されています。預金取引が要同意行為に指定されている場合には、監督委員の同意を確認し、債務者を相手に預金取引を行います。もっとも、一般の預金取引が監督委員の要同意行為に指定されることはまず考えられないため、監督委員が選任されている場合でも従来どおり預金取引を継続すれば足りるようです（『4500講』Ⅰ巻1302頁）。

しかし、管財人や保全管理人が選任されている場合（管理型）には、注意が必要です。これらの場合、再生債務者の業務遂行権・財産管理権は、管財人ないし保全管理人に専属するからです（民事再生法66条・81条1項）。したがって、管理型の場合には、管財人または保全管理人を相手に預金取引を行います（預金取引先について会社更生手続や特別清算が開始した場合については、前掲Ⅰ巻1302頁以下参照）。

 受任通知到達後の預金払戻し

債務者の代理人弁護士から債務整理受任通知が届きました。この通知が到達した後に預金の払戻しをしてもよいのでしょうか。

 債務者が破産する場合、一般的には、代理人である弁護士が債権者に対して受任通知を発し、取立行為等の中止を求めるとともに、債権調査に協力するよう要請します。そして、債務者が破産手続開始の申立てをして、裁判所が破産手続開始決定をすると、債務者は破産者となり、その有する財産は「破産財団」を構成します（破産法34条１項）。そのうえで、債務者が有していた財産の管理処分権は、裁判所によって選任された破産管財人に移行することになり、破産者は自ら財産を管理することができなくなります（同法78条１項）。

この段階に至れば、金融機関としては、預金者である破産者に対して払戻しをすることができなくなり、破産管財人に対して支払わなければなりません。

逆に言えば、破産手続が開始する前の段階であれば、債務者は、いまだ預金の管理処分権を失っていないので、預金の払戻しを請求することが可能です。

債務者の代理人弁護士から債務整理の受任通知があった場合、差押命令や転付命令が発令された場合を除き、預金の払戻しには応じざるを得ないでしょう。

もっとも、金融機関が債務者に対して債権を有しているような場合には、預金との相殺をして優先的に回収を図ることが多いと思われます。代理人弁護士からの債務整理受任通知の送付は、内容により「支払停止」と解されることがあります（最判平24.10.19集民241号199頁、金法1962号60頁）。債務者が支払停止となったことは、取引約定書の当然喪失事由に該当するため、この場合には、後の相殺に備えて、払戻しに応じることは避けるべきです。

他方、相殺の必要がない場合には、払戻しに応じても問題はないでしょう（受任通知到達後の相殺については、相談事例148参照）。

相談事例 141 連帯債務者の1人が破産した場合

A・Bを連帯債務者として融資をしています。現在延滞は発生していないものの、Aの代理人弁護士から、債務整理を受任した旨の通知が来ました。Aからの債務整理受任通知が届いたことは、Bに対して何か影響があるのでしょうか。Aは期限の利益を喪失すると考えますが、Bの期限の利益も喪失するのでしょうか。

1．Aについて

債務整理受任通知の内容はさまざまですが、債務者の弁済能力がなくなり、債務を期限どおりに弁済できなくなったことを表明している点は同じです。その意味で、これは債務者の一般的・継続的な支払不能の事実を外部に表示するもので、「支払停止」に該当すると考えられます。したがって、Aは、取引約定による期限の利益の当然喪失事由に該当します。

2．Bについて

それでは、Aが期限の利益を喪失したことにより、他方の連帯債務者であるBも期限の利益を喪失するのでしょうか。

連帯債務の性質は、数人の債務者が同一内容の給付について、各自が独立に全部の給付をなすべき債務を負担するものの、1人の給付があれば他の債務者も債務を免れるというものです。このことから、連帯債務者の1人がした弁済、代物弁済、供託の効力は他の連帯債務者にも及びます。しかしながら、弁済等以外の事由が連帯債務者の1人について生じた場合、原則として、それは他の連帯債務者に対して効力を生じません。例外的に、民法434条から439条に定める絶対的効力事由に限り、連帯債務者の1人に生じた事由が他の連帯債務者に対して効力を生じるとされています（民法440条）。そして、連帯債務者の1人について生じた取引約定による期限の利益喪失は、絶対的効力事由には含まれていません。

したがって、連帯債務者の1人が取引約定書により期限の利益を失っても、他の債務者が当然に期限の利益を失うことはありません。つまり、債務整理受任通知によりAについて期限の利益が喪失したとしても、そのことはBに影響せず、Bは期限の利益を喪失しないことになります。

第7章 倒産・再生

相談事例 142 破産手続開始の決定と法人代表者への影響

株式会社について破産手続開始の決定がされました。会社の破産は、代表者の地位にどのような影響があるのでしょうか。

株式会社と取締役とは委任の関係にあり、委任者（会社）が破産手続開始決定を受けたことは委任の終了事由とされています（会社法330条、民法653条2号）。そうすると、会社が破産した場合は、取締役の地位は当然に終了すると考えるのが文言に忠実な解釈であるといえます。最判昭43.3.15（民集22巻3号625頁、金法512号40頁）は、そのように解し、株式会社が破産手続開始決定と同時に破産手続廃止決定を受けた後に、残余財産について清算手続を行うときは、従前の取締役は当然には清算人にならないとの結論を導いています。

他方、株式会社の取締役等の解任または選任を内容とする株主総会決議不存在確認訴訟が係属中に株式会社が破産したとき、当該訴訟の訴えの利益（訴えを提起する必要性）が消滅するかが争われた事案では、「会社につき破産手続開始の決定がされても直ちには会社と取締役…（中略）…との委任関係は終了するものではない」と判示し、訴えの利益は当然には消滅しないと結論づけたものがあります（最判平21.4.17金法1878号39頁）。

一見すると矛盾する判例が存在するように思えますが、前掲平成21年判決では、「会社が破産手続開始の決定を受けた場合、破産財団についての管理処分権限は破産管財人に帰属するが、役員の選任又は解任のような破産財団に関する管理処分権限と無関係な会社組織に係る行為等は、破産管財人の権限に属するものではなく、破産者たる会社が自ら行うことができる」と述べている点に注目すべきです。すなわち、会社が破産した場合の代表者の地位について、判例からは、「会社の代表機関の果たすべき職務として、会社の財産管理に関する職務と、それ以外の職務とを峻別し…（中略）…前者は旧取締役の職務から切り離されるが、後者は旧取締役の職務として残る」（八田卓也『倒産判例百選〔第4版〕』（別冊ジュリスト184号）113頁［有斐閣］）と思われます。

相談事例 143　破産手続開始決定後の保証人の弁済

主債務者について破産手続が開始されました。連帯保証人からの返済が続いていますが、これからも返済を受領してよいのでしょうか。
また、保証人からの返済を受領することが許される場合、残債務額が減少し続けると思いますが、主債務者の破産手続への債権届出額はいつの時点のものを届け出るべきなのでしょうか。

事例解説

1．保証人の弁済を受領できるか

主債務者が破産手続開始決定を受けたとしても、これは債権者が保証人に対して有する保証債権には影響を及ぼしません。したがって、債権者は、保証人から弁済を受けることができます（『4500講』Ⅴ巻767頁）。

2．破産債権届出額

連帯保証人は、主債務者が債務を弁済しない場合に、主債務者に代わって弁済します。もっとも、主債務者と連帯保証人は、同一の金銭債務を負担している関係（お互いに全部分の履行をする義務を負担している関係）にあるといえます。この主債務者と連帯保証人のように、複数人が全部の履行をする義務を負う場合に、その中の誰かが破産手続開始決定を受けたときは、債権者は、破産手続開始決定時に破産者に対して有していた債権額全額について、配当を受けるために債権届出をすることができます。そのため、主債務者について破産手続が開始された場合、開始決定を受けたときに主債務者に対して有していた残債務額で、破産債権を届け出ることになります（破産法104条1項）。

たとえば、債権者が主債務者に対して1,000万円の債権を有し、連帯保証人が300万円を弁済した後に、主債務者について破産手続が開始した場合を考えてみます。この場合、債権者は当初債権額の1,000万円ではなく、連帯保証人の弁済額300万円を控除した開始時の債権額である700万円で債権届出をすることになります。また、破産手続開始後に、たとえば連帯保証人からさらに200万円の弁済を受けたとしても、配当額算定の基準となる債権総額は減少しないことから、債権者は開始時の債権額の700万円で権利を行使できます（同法104条2項）。

第7章 倒産・再生

相談事例 144 滞納処分と破産

預金に対して滞納処分に基づく差押えを受けていたお客さまに破産手続開始決定がなされました。この場合、預金は破産管財人に払い戻すべきなのでしょうか。それとも、滞納処分をした税務署職員に対して払い戻すべきなのでしょうか。

　破産債権は、原則として個別的権利行使が禁止されます（破産法100条1項）。もっとも、破産手続開始の時に破産財団に属する財産に対して、既にされている国税滞納処分によって、破産債権である租税等の請求権（同法97条4号）を行使するのは、例外的に許容されます（同法100条2項1号）。すなわち、国税滞納処分が既にされている場合には、破産手続開始決定は、国税滞納処分の続行を妨げず、その手続は停止しません（同法43条2項）。

　なお、破産手続開始時に滞納処分に着手していない租税等の請求権については、それが財団債権（同法148条1項2〜3号）であれば、破産管財人による随時弁済により（同法2条7項）、それが破産債権であれば、破産管財人による配当に委ねられます。破産手続開始後に新たな滞納処分をすることはできません（同法43条1項。以上の規律の趣旨について、伊藤眞『破産法・民事再生法〔第3版〕』272〜273頁〔有斐閣〕、小川秀樹『一問一答　新しい破産法』191〜193頁〔商事法務〕、田原睦夫ほか『注釈破産法（上）』306〜307頁等参照）。

　本事例では、お客さまについて破産手続が開始する前に滞納処分に基づく差押えがなされていますので、この滞納処分は破産手続開始決定の影響を受けません。したがって、税務署職員は、後に破産手続が開始したとしても、滞納処分に基づいて差し押さえた預金債権を取り立てることができます（国税徴収法67条1項）。金融機関は、税務署職員の取立に応じればよいことになります。

相談事例 145 自由財産からの債権回収

貸付先が破産しました。自由財産から債権を回収することは可能でしょうか。

　自由財産とは、破産者が有する財産のうち、破産財団を構成しない財産をいいます。
　破産手続が開始された当時の破産者が有するいっさいの財産は、破産財団を構成します。これに対して、①破産手続開始決定後に破産者が取得した財産（新得財産）、②差押禁止財産等（破産法34条3項1号・2号）、③破産管財人が破産財団から放棄した財産（同法78条2項12号）、④自由財産の範囲の拡張によって認められた財産（同法34条4項）については、自由財産となります。このような自由財産の制度が存在する趣旨は、破産者の生活保障および経済的更生を図ることにあるとされています。
　上記のうち、②の差押禁止財産は、民事執行法が債務者の生活を保護するために差押えを禁止したものです。したがって、このような自由財産については、そもそも差押えが禁止されている以上、強制執行を考える余地はありません。
　また、これ以外の自由財産についても、免責許可の申立てがあれば、その裁判が確定するまでの間は、免責債権か非免責債権かを問わず、「破産者の財産」に対する破産債権に基づく強制執行手続は禁止されていること（破産法249条1項）、破産手続中は、破産債権による強制執行は許されないこと（同法100条1項）からすれば、破産手続によらない権利行使として禁止されると考えられます。
　なお、旧破産法下の事案において、判例は、「破産財団を破産宣告時の財産に固定する（旧破産法6条）とともに、破産債権者は破産手続によらなければその破産債権を行使することができない（旧破産法16条）と規定し、破産者の経済的更生と生活保障を図っていることなどからすると、破産手続中、破産債権者は破産債権に基づいて債務者の自由財産に対して強制執行をすることなどはできないと解される」と判示しています（最判平18.1.23民集60巻1号228頁）。

それでは、破産者が自由財産から任意に弁済を申し出た場合、これを受領しても強制執行の場合と同じく無効となるのでしょうか。
　この点に関して、上記判例は「破産者がその自由な判断により自由財産の中から破産債権に対する任意の弁済をすることは妨げられない」が、「自由財産は本来破産者の経済的更生と生活保障のために用いられるものであり、破産者は破産手続中に自由財産から破産債権に対する弁済を強制されるものではないことからすると、破産者がした弁済が任意の弁済に当たるか否かは厳格に解すべきであり、少しでも強制的な要素を伴う場合には任意の弁済に当たるということはできない」としています。そして、任意の弁済であるというためには、弁済を強制されるものではないことを認識しながら、その自由な判断により、貸付金債務を弁済したものということができることが必要であるとして、任意性について厳格な要件を課しつつも、破産者の自由財産による弁済が有効となる場合があることを認めました。
　上記判例が摘示した任意弁済の有効要件が実務に与える影響は大きいものであると考えられますので、破産者による自由財産からの弁済の申出を受ける際には、強制的な要素がないよう十分に留意する必要があります。

相談事例 146　貸出先の破産と抵当権による回収

貸出先が破産してしまいました。貸出には抵当権を設定しています。貸出先が破産しても抵当権を実行できるのでしょうか。

　破産法上、抵当権等の担保権は別除権とされ、破産手続によらないで行使できます（破産法2条9項、65条1項）。すなわち、別除権者は、破産手続によらずにその担保物権の本来の行使方法によって実行することができます。債務者であり抵当不動産の所有者について破産手続開始決定がなされた場合、破産財団に属する財産の管理処分権は破産管財人に専属しますので（同法78条1項）、別除権行使の申立ては破産管財人を相手方として行います。ただし、破産管財人が破産財団から別除権の対象不動産を放棄した場合には、破産管財人を相手方として別除権行使の申立てをすることができなくなります（破産管財人が別除権の対象不動産を放棄する理由に

ついては、『4500講』Ⅴ巻784頁以下参照)。

　破産管財人が別除権の対象不動産を破産財団から放棄した場合、当該不動産について破産管財人は管理処分権者ではなくなります。そのため、破産者が自然人であるならば破産者本人が以後当該財産の管理をすることになりますので、自然人である破産者を相手方として別除権の実行を申し立てることになります。

　これに対して、破産者が法人である場合は注意が必要です。たとえば、株式会社の場合、会社が破産手続開始決定を受けると、代表取締役であった者は会社財産についての管理処分権を失います（相談事例142参照)。破産管財人が破産財団から財産を放棄したとしても、当該財産について代表取締役に管理処分権が復帰することもありません。すなわち、代表取締役を相手に別除権実行の申立てをすることはできず、このような状況で別除権実行の申立てをするためには、特別代理人（民事執行法20条、民事訴訟法35条・37条）または清算人（会社法478条2項）の選任が必要となります。

相談事例 147 別除権の放棄と意思表示

貸出先が破産してしまいました。貸出には抵当権を設定していますが、先順位の抵当権者が存在し、その抵当権で売却額をすべて回収されてしまいます。後順位担保権者である当行は無剰余となるのですが、少しでも回収できる方法はあるのでしょうか。

事例解説

　担保不動産の売却額がすべて第1順位の抵当権者に回収され、第2順位の抵当権者が無剰余となる場合、第2順位の抵当権者は、別除権による回収が見込めません。このような後順位別除権者にとっては、一般債権者として破産手続に参加する選択があります。参加するためには別除権の行使により弁済を受けることができない額を確定する必要があります。

　すなわち、破産者が同時に担保権者に対する債務者であるときには、担保権者は、別除権たる担保権の行使とは別に被担保債権を破産債権としても行使できるはずです。しかし、担保権が被担保債権について優先弁済を得るための手

段であることを考えると、1個の債権の満足を得るために別除権行使による回収とは別に破産債権の行使によって被担保債権の満足を認めるのは、他の破産者との関係で公平ではありません。そこで、別除権を有する破産債権者は、別除権の行使によって弁済を受けることができない債権の額についてのみ破産債権者としてその権利の行使ができるとされています（破産法108条1項本文。不足額責任主義）。そのため、別除権者は、最後配当において配当を受けるためには、最後配当の除斥期間内に、被担保債権の全部もしくは一部が破産手続開始後に担保されなくなったことを証明するか、または担保権の実行によっても弁済を受けることができない債権額を証明する必要があります（同法198条3項）。

ただし、別除権を放棄した場合には、その債権額全額につき破産債権者として権利を行使できます（同法108条1項ただし書）。別除権の放棄によって、別除権は実体法上消滅し、別除権の行使によって弁済を受けられない債権額が確定するからです。本事例では、別除権による回収が見込めないのですから、不足額を確定し、破産債権として少しでも回収するため、別除権を放棄することが考えられます。

受任通知到達後の相殺

債務者の代理人弁護士から債務整理受任通知が届きました。債務者の預金との相殺によって回収しようと思うのですが、注意点はありますでしょうか。

受任通知の内容は、弁護士が債務者から債務整理の委任を受けたこと、債権者に対して債務額等債務の内容の開示を求めること、債務者本人やその家族への連絡を差し控え、連絡は代理人宛てにするよう求めること等が多いようです（井川正行「カードローン債務者の代理人弁護士からの「受任通知」受領」金法1986号112頁）。受任通知を送付する行為は、債務者が支払能力を欠くために一般的かつ継続的に債務の支払をすることができないと考えて（破産法2条11項参照）、その旨を明示的または黙示的に外部に表示したものと考えられます。すなわち、受任通知の送付は、「支払の

停止」に該当すると考えられます（最判平24.10.19集民241号199頁、金法1962号60頁）。

　受任通知には、必ずしも自己破産の予定があるといった記載があるわけではありません。しかし、資金状況が悪化しているのは明らかですから、貸金を預金との相殺によって回収する際には、後に倒産手続が開始することを想定した対応が必要です。

　なぜなら、倒産手続開始前の相殺であっても倒産法上の相殺禁止規定の規律が及ぶからです（伊藤眞『破産法・民事再生法〔第3版〕』473頁〔有斐閣〕）。

　たとえば破産において、破産債権者は、支払停止があった後に破産者に対して債務を負担した場合、その当時支払停止があったことを知っていたときは、相殺をすることができません（破産法71条1項3号。民事再生法93条1項3号も同様です）。前掲最判平成24.10.19を前提としますと、金融機関は、受任通知を受領した時点で「支払の停止があった」ことを知ったことになります。そうすると、相殺が許されるのは受任通知受領時点までの預金であり、受領後に入金された（たとえば、売掛金の入金があった場合）預金とは相殺が許されません。この点に注意して相殺を行う必要があります。

相談事例 149　当座貸越債権との相殺

当座貸越取引を行っているお客さまについて破産手続が開始されました。当座貸越債権と預金を相殺できるのでしょうか。

　当座貸越の法的性質については諸説ありますが、一般的には、当座預金額を超えて一定限度額まで手形・小切手の支払をする委任契約と、その委任契約に基づく求償権を消費貸借の目的とする（準）消費貸借の予約であるとされています。したがって、金融機関は、自らの資金によって一定限度額まで取引先が振り出した手形・小切手を決済し、その資金を貸し付ける義務（融資義務）を取引先に負っています。

　この融資義務の履行として手形を決済した場合、当該当座貸越債権の取得が、貸越先が破産手続の開始申立てを行ったことを金融機関に通知する前であるならば、貸越債権と預金債権との相殺は、破産法上の相殺禁止には該当しま

せん（破産法72条2項2号）ので、金融機関は相殺により回収することができます。

これに対して、貸越先が破産手続の開始申立てを行ったことを金融機関に通知した後に手形が交換呈示され、融資義務の履行として決済した場合、相殺は許されないのではないかが問題となります。なぜなら、この手形の支払に応じることで金融機関は当座貸越債権を取得しますが、これは「破産手続開始の申立てがあった後に破産債権を取得した場合であって、その取得の当時、破産手続開始の申立てがあったことを知っていたとき」という破産法72条1項4号に該当するからです。したがって、相殺が許されるためには、同条2項の相殺禁止の例外に該当する必要があります。

この点について、融資義務の存在は破産法72条2項2号の相殺禁止の例外となる「破産手続開始の申立てがあったことを破産者に対して債務を負担する者が知った時より前に生じた原因」に該当する（関沢正彦・中原利明『融資契約〔第3版〕』206頁）として、預金と相殺することは可能であるとの見解があります。これによれば、金融機関は、破産手続開始申立て後に発生した当座貸越債権を自働債権とし、これと預金とを相殺することができます。

もっとも、取引先の信用状態の悪化をあらかじめ認識できれば、「債権の保全その他相当の事由がある」（当座勘定貸越約定書例6条1項）として当座貸越契約を解約できますし、解約により手形を決済する義務が消滅すれば、そもそも当座貸越債権は発生しません。したがって、当座貸越許容先については、日頃から与信先として取引先の業況などを十分把握し、倒産のおそれを察知できるように努めることです（関沢・中原・前掲206頁）。

なお、貸越先について破産手続開始前の弁済禁止の保全処分がなされている場合は、手形の返却理由となり、当座貸越債権は発生しませんので、問題とはなりません。

劣後債権との相殺

破産手続開始決定後に生ずる利息・損害金を相殺によって回収することはできるのでしょうか。

預金を有する貸出先債務者について破産手続が開始された場合、貸金返還債権と債務者の有する預金債権とを相殺することにより、回収を図ります（破産法67条）。破産債権者が相殺をする場合の破産債権の額は、破産法103条2項各号に定める額とされています（同法68条1項）。貸金債権は同法103条2項2号に定める債権に該当しますので、貸金債権の「債権額」が相殺により回収可能となります。

相殺に供し得る貸金債権としては、貸出金元本、利息、遅延損害金が挙げられます。しかし、破産法68条は、利息付債権を自働債権とする場合の相殺に供することができる債権額の範囲を規定していません。そこで、利息付債権を自働債権とする場合、相殺に供し得る「債権額」はいくらになるのか、その範囲が問題となります。

これについて、一般的な見解は、破産手続開始後に生ずる利息・損害金は相殺に供することはできないとしています。その理由は、「理論的には、相殺権を行使すると、自働債権消滅の効果が破産手続開始時に遡って生じるので、破産手続開始後に利息の発生する余地がないこと、実質的には、破産手続開始後の利息が劣後的破産債権とされるので（破産法97条1項1号・99条1項1号）、相殺を認めるのが妥当でないこと」（伊藤眞『破産法・民事再生法〔第3版〕』466頁［有斐閣］）、「破産宣告後の利息も含めて自働債権となしうると解すると、破産宣告後の利息については完全な優先弁済を受けたのと同じ結果になり、これを他の破産債権者に対する公平の見地から劣後的破産債権とした法の趣旨を没却することになる」（大阪地判昭56.2.12判タ452号140頁）という点にあるようです。

第7章 倒産・再生

相談事例 151 債権届出後の相殺

債務者が破産したので、破産手続で債権届出を行いました。届け出た債権を自働債権として相殺することは可能でしょうか。

　債務者の預金との相殺によって貸金全額が回収できる場合、あえて債権届出を行う必要はありません（『4500講』Ⅴ巻1063頁）が、仮に債権届出を行ったとしても相殺権が制限されるわけではありませんので、債権届出を行った貸金債権を自働債権として相殺することは、可能です。

　相殺を行うことができる時期については、民事再生や会社更生とは異なり（民事再生法92条1項、会社更生法48条1項）、破産手続においては特別な制限はありません。そのため、破産手続が終了するまで（破産法220条）は相殺を行うことが可能です。しかし、相殺権を有する破産債権者が相殺をしないままでいると、円滑な破産管財業務（債権確定や配当）が阻害されてしまいます。そこで、相殺権の行使が可能な破産債権者が相殺するか否かを明らかにしないときには、破産管財人は、1カ月以上の期間を定めて、この破産債権者に対して相殺するか否かの確答を催告でき（破産法73条1項）、破産債権者がその期間内に確答しないときには、その後に相殺を行ったとしても、破産手続上では相殺の効力を主張できなくなります（同条2項）。相殺の効力を主張できない結果、債務者の預金から相殺によって回収することはできず、債務者の預金は、破産債権者への配当原資に充てられます。したがって、相殺による回収は、早期に行うことが妥当であるといえます。

　なお、相殺によって貸金の全額が回収できない場合には、破産手続で配当を受けるため、債権届出を行う必要があります。届出にあたっては、相殺後の自働債権残額ではなく、自働債権全額を届け出ることも可能ですが、配当を受けることができる破産債権は、相殺によって回収ができなかった範囲となります（伊藤眞『破産法・民事再生法〔第3版〕』498頁［有斐閣］）。また、自働債権全額を届け出た場合は、相殺を行った後、未回収額が確定した時点で、届け出た事項（破産債権）の変更の内容およびその原因を、裁判所に届け出なければなりません（破産規則33条）。

破産免責と相殺

免責許可決定確定後に破産債権を自働債権として預金等と相殺することは認められるのでしょうか。

1. 免　責

　破産手続は、債務者の債務（借金）を法的に消滅させる制度ではありませんから、破産手続が終了しただけでは、債務者は、清算後に残った債務（借金）を返済する義務を免れることはできません。この義務を免れるためには、破産手続とは別に、借金の支払義務を免除する決定（免責許可決定）を裁判所から得る必要があります。そのための手続を「免責」といいます。免責とは、破産債権者が破産者に対してその債権の弁済を求める可能性を消滅させること、すなわち破産者（債務者）の債務（借金）についての法律上の支払義務を免れさせることによって、債務者の経済的な立ち直りを助ける制度です。そして、免責を受けるためには、まずは破産手続開始決定を受けることが必要になります。

　破産法では、免責許可決定の確定により、破産債権についての責任を免れると規定されていますが（253条1項柱書本文）、「責任を免れる」の解釈については議論が分かれています。

　1つ目は、「自然債務説」と呼ばれる考え方で、免責が確定しても債務そのものは消滅せず、単に責任を消滅させるものであり、債務そのものは自然債務（給付保持力はあるものの訴求力・執行力がない債務）として残存するとの見解です。この説によれば、裁判により強制的に回収を実現することはできませんが、債務者からの任意の弁済を受けることはできることになります。

　2つ目は、「債務消滅説」という考え方で、免責の効果として、文字どおり債務が消滅すると考えるものです。この説を前提とすれば、破産債権者は、債務者から任意の弁済を受けることもできず、仮に弁済を受けた場合には不当利得（民法703条）に当たることになります。

　通説・判例（最判平9.2.25金法1518号38頁）は自然債務説であるものの、債務消滅説も合理性のある有力説であるとされています。

2．相殺の可否

では、免責許可決定確定後に、破産債権を自働債権として預金等と相殺することが認められるかどうかですが、債務消滅説によれば、免責の確定により破産債権は消滅する以上、その後に破産債権を自働債権として相殺することはできないと解することになります。一方、自然債務説によれば、破産法上の相殺禁止に該当しない限り、相殺することは制限されないと考えることになります。

この点、下級審では、保険の解約返戻金と免責の対象となった貸出金を相殺した事例において、免責の効力について自然債務説に依拠したうえで、破産債権者であった者は自己の債権が免責の対象となっても、破産以前から受働債権との相殺についての合理的期待を有しているとして、特段の事情がない限り相殺が可能であると判示したものがあります（名古屋地判平成17.5.27金法1747号7頁）。

以上のように、通説・裁判例は、おおむね相殺を認める傾向がみられますが、上記のとおり有力な反対説もありますので、免責された債権との相殺については、実務上慎重に対応する必要があると考えられます。

相談事例 153　不誠実な破産者の免責と意見申述

債務者が破産手続開始および免責許可の申立てを行いました。この債務者は不誠実であるため、免責されることが納得できません。免責不許可に向けてとり得る手段はあるのでしょうか。

事例解説　免責許可の申立てに対し、裁判所は、破産者について破産法252条1項各号の免責不許可事由がない場合もしくは免責不許可事由が存在するがいっさいの事情を考慮して免責許可が相当であると認められる場合に、免責許可決定を行います（破産法252条）。破産法は、裁判所に免責許可の判断資料を提供するための破産管財人による調査・報告の制度を定め（250条）、また、破産管財人および破産債権者に対して免責に関する意見申述権を認めています（251条）。

そこで、本事例では、債権者は、債務者が不誠実であるから免責が不相当で

ある旨の意見を裁判所に提出することが考えられます。この意見は、どのような事実が破産法252条1項各号の免責不許可事由に該当するかを明らかにしなければなりません（破産規則76条2項）。たとえば、FX取引などの投機行為のために借金を重ねたといった事情（破産法252条1項4号）や、支払不能の状態であるのに資産・収入が存在すると誤信させ信用取引を行った事情（同項5号）などが考えられます（その他、具体例については、東京地裁破産再生実務研究会『破産・民事再生の実務 破産編〔第3版〕』570頁以下参照）。

　意見申述は、原則として書面で行いますが、審尋期日に出席する場合には口頭でも可能です（破産規則76条1項）。実務的には、破産管財人の調査を促す意味で、破産管財人に対して免責不許可事由の存在を告げ調査を要請するという対応もあり得るようです（粟澤方智「免責不相当事案と金融機関の対応」金法2020号39頁）。

　債権者の述べた意見は裁判所の参考資料となりますが、裁判所はこの意見に拘束されませんので、免責許可決定がなされることもあります（田原睦夫ほか『注釈破産法（下）』663頁）。これに不服のある場合は、即時抗告の申立てにより争うことになります（破産法252条5項）。

相談事例 154　主債務者の破産と保証債務の時効管理

主債務者が破産し、免責決定も受けました。保証債務の時効管理はどのように行えばよいのでしょうか。

　個人債務者が破産した場合、金融機関は保証人に対して保証債務の履行を求めることになるため、保証人に対する時効管理も必要になってきます。

1．通常時における保証債務の時効管理

　保証人は、保証債務自体について消滅時効を援用することができますが、主債務についての消滅時効も援用することができるとされています（大判大4.7.13民録21輯1387頁）。保証人が主債務についての消滅時効を援用した場合、主債務は消滅し、付従性により、保証債務も消滅することになります。他方で、主債務について時効が中断すれば、保証債務についても時効が中断する

ため(民法457条1項)、通常は、主債務についてのみ時効中断措置をとれば足りるものとされています。

2．主債務者に対する免責許可決定と保証債務の時効管理

　主債務者が破産して免責許可決定を受けた場合、免責許可決定の効力は保証人には及びません(破産法253条2項)。そのため、主債務者の免責によっても、金融機関としては保証人に対して保証債務の履行を請求することは可能です。この場合、保証人は主債務の消滅時効を援用し、保証債務の履行を免れることができるのでしょうか。

　この点、判例(最判平11.11.9金法1568号42頁)は、「免責決定の効力を受ける債権は、債権者において訴えをもって履行を請求しその強制的実現を図ることができなくなり、右債権については、もはや民法166条1項に定める「権利ヲ行使スルコトヲ得ル時」を起算点とする消滅時効の進行を観念することができないというべきであるから、破産者が免責決定を受けた場合には、右免責決定の効力の及ぶ債務の保証人は、その債権についての消滅時効を援用することはできないと解するのが相当である」と判示しています。

　そのため、保証人は主債務についての消滅時効を援用できず、保証債務についてのみ消滅時効を援用できることになります。金融機関としては、主債務者に対して免責許可決定がなされた場合、保証債務の消滅時効についてのみ時効中断措置を行えば足りることになると思われます。

　なお、上記判例に従えば、主債務者に対して免責許可決定がなされた後に、主債務について時効中断措置をとったとしても、民法457条1項の適用はなく、保証債務について時効中断は生じないものと考えられるため、注意が必要です。

破産者との契約の有効性

過去に破産したことのある者と預金契約や融資契約を締結することはできるのでしょうか。また、その取引の有効性に問題はないのでしょうか。

相談事例42で解説したとおり、破産手続開始決定を受けた破産者は、公法上あるいは私法上のさまざまな権利や人的資格の制限を受けることがあります。ただし、破産者が個人の場合、破産手続開始の事実は、権利能力や行為能力には影響がありません（伊藤眞『破産法・民事再生法〔第3版〕』174頁［有斐閣］）。この場合の権利能力とは、権利義務の主体となり得る地位・資格のことであり、行為能力とは、法律行為を単独で有効に行うことのできる法律上の資格をいいます。

破産手続開始決定がこれらに影響しないということは、破産者であっても、破産者でない人と同様に、消費寄託契約（預金契約）や金銭消費貸借契約（融資契約）を締結することに法律上の制限はないことを意味します。つまり、たとえ破産者が復権する前であっても、その契約の有効性に問題はありません。

したがって、預金取引については、通常の一般顧客と同様に取引を行うことができます。しかしながら、融資取引については、法律上の制限はないとしても、信用が回復するまでは取引を控えるのが一般的です。加えて、再生計画認可（破産法255条1項3号）による復権者は、その再生計画に従って債務を弁済していかなければなりませんので、その計画内容を十分検討し、信用度の判断を慎重に行う必要があります（『4500』Ⅰ巻834頁）。

相談事例 156 破産手続終結後の会社代表者への預金払戻し

貸出先の会社が破産し手続は終結しましたが、この会社名義の預金が残っており、旧代表者から預金の払戻請求がありました。この場合、払戻請求に応じてもよいのでしょうか。

破産手続終結決定により、原則として、破産管財人の管理処分権は消滅し、破産者の法人格は消滅します。しかし、法人に残余財産があった場合には、その清算に必要な範囲でなお法人が存続するため、破産法人が清算法人となって財産の管理処分権を回復します（伊藤眞ほか『条解 破産法〔第2版〕』320頁・622頁［弘文堂］）。清算会社の代表は清算人であり、清算人が清算業務を行いますので（会社法481条・483条）、本事例における預金の払戻権限を有するのは清算人です。このとき、旧代表者が当然に清算人になるのか、それとも新たに清算人選任を裁判所に求める必要があるかが問題となります。

判例は、従前の取締役は当然に清算人になるわけではなく、商法旧417条2項（会社法478条2項）に則り、「利害関係人の請求によって裁判所が清算人を選任すべき」と考えています（最判昭43.3.15民集22巻3号625頁、金法512号40頁）。したがって、旧代表者が清算人に選任されていない段階では、旧代表者からの預金払戻請求に応じることはできません。

なお、破産手続終結後に新たに発見された財産につき、破産管財人が追加配当の対象とすることを予定し、または予定すべき特段の事情があるときには、例外的に当該財産に対する破産管財人の管理処分権は消滅しないと解されており（最判平5.6.25民集47巻6号4557頁、金法1400号101頁）、破産管財人による追加配当の可能性が認められます（破産法215条）。

発見された財産につき破産管財人の管理処分権が残っていると考えられる場合には、当該財産を換価し、配当が相当であれば追加配当が実施されますが、配当に適しない程度の少額にとどまる場合は破産管財人の追加報酬や事務費と扱われているようです（東京地裁破産再生実務研究会『破産・民事再生の実務 破産編〔第3版〕』543頁、全国倒産処理弁護士ネットワーク『破産実務Q&A200問』349頁）。

民事再生の申立てと相殺

債務者が民事再生手続を申し立てました。民事再生を申し立てた債務者に対して相殺を行う場合の注意点について教えてください。

　債務者に複数の債権者がいても、相殺の意思表示という一方的な行為によって、受働債権を自働債権への満足に充てること、すなわち受働債権の任意弁済と自働債権の名目額での強制取立とを同時に行うことを実現できます。融資の場面でいえば、預金債権を融資債権の担保に取ったのと同様の効果が期待できます。これを指して、相殺には担保的機能があるといわれます。

　倒産債権は、原則として倒産手続によらなければ行使することができません（破産法100条1項、民事再生法85条1項）。しかし、相殺の担保的機能は、相手方が無資力の典型的な場面である倒産の場合にこそ機能すべきことが期待されます。そのため、相殺権は倒産手続によらずに行使することができるとされています。もっとも、倒産手続上、相殺適状にあればいつでも相殺ができるわけではありません。受働債権となる債務の負担時期および自働債権となる倒産債権の取得時期によっては、相殺が制限されます（破産法71条・72条、民事再生法93条・93条の2）。

　さらに、民事再生手続においては、相殺権行使に時期的制限があることに注意が必要です。再生手続で相殺をすることができるのは、債権届出期間満了前に相殺適状となった場合で、債権届出期間内に限られています（民事再生法92条1項）。その理由は、相殺の担保的機能が無限定に拡大することを防ぐことと、相殺権行使が遅れることによって、再生計画立案の基礎となる再生債権額や再生債務者財産の内容が不明確になり、再生手続の遂行が妨げられるおそれを排除することにあります（伊藤眞『破産法・民事再生法〔第3版〕』908頁以下〔有斐閣〕）。

　以上に注意して、相殺による回収を行ってください（なお、民事再生法93条2項ないし4項にも再生手続特有の定めがあります（伊藤・前掲877頁参照））。

第7章 倒産・再生

相談事例 158　民事再生手続における住宅資金特別条項

住宅ローンを組んでマイホームを購入した個人債務者が、その後に経済的に苦しい状況に陥っています。民事再生手続を検討していますが、再生債務者が住宅を失うことなく再生を図れる住宅資金特別条項について教えてください。

事例解説

住宅ローンを組む際に設定された抵当権（土地や建物に対する担保権）は、民事再生手続では手続開始後も別除権として自由に実行することができ、また、再生計画の効力は担保権には及ばないため、一度抵当権が実行されてしまうと、再生債務者は住宅を手放さざるを得なくなってしまいます。そこで、民事再生法の10章では、再生債務者が住宅を手放すことなく再生を図ることができるように、住宅資金特別条項が設けられています。

再生債務者は、住宅ローン債権について再生計画に弁済期限の繰延べ等を内容とする住宅資金特別条項を定めることができます。基本的には、住宅ローンの減額は認められませんが、最長10年間弁済期間を延長したうえで、弁済条件を変更することができます。住宅資金特別条項を定めた場合には、再生計画の効力は、住宅や住宅の敷地に設定されている抵当権にも及ぶことになります。そのため、再生債務者が再生計画に従った弁済を続けている限り、住宅等に設定されている抵当権の実行を回避することができることになります。

住宅資金特別条項を利用する場合、民事再生手続開始の申立て後、再生計画認可決定までの間に、債務者が住宅ローンの支払を遅滞して期限の利益を喪失し、多額の遅延損害金が生じてしまうことを避ける必要があります。

そこで、民事再生手続開始決定前の時点においても、債務者から住宅ローンの弁済を受けることができます。また、民事再生手続開始決定後の時点においても、債務者は、裁判所の許可を得て、住宅ローンの支払を継続することが認められています（民事再生法197条3項：弁済許可）。

1．債権の中に住宅ローンと事業用ローンが併存している場合

住宅資金特別条項は、ほかに債権があるうち、住宅資金の貸付だけを特別に保護するために存在することから、事業用ローンが併存する場合でも利用でき

るといえます。もっとも、住宅ローンと事業用ローンとが同一の根抵当権によって担保されているような場合は、事業用ローンを担保する別除権が設定されていることと同じことになるため、原則として、住宅資金特別条項を定めることができないとされています。

2．後順位抵当権者がいる場合

典型的な例としては、住宅ローン債権を担保するための抵当権が設定されている住宅について、事業用ローン債権を被担保債権とする後順位抵当権が設定されている場合が挙げられます。

この場合、後順位抵当権者は、別除権を有する再生債権者となるため、このままでは住宅資金特別条項を利用することはできません。そこで、東京地方裁判所破産・再生部によると、後順位抵当権を消滅させるか、再生計画認可決定までに消滅させることが相当程度の確実性をもって見込まれ、個人再生委員が開始相当の意見を提出したというような場合であれば、住宅資金特別条項を利用できるという運用をしているようです。

3．住宅ローンの返済に延滞が生じた場合

通常の民事再生手続であれば、再生債務者が再生計画を履行しない場合、再生債権者の手段としては、強制執行、再生計画変更の申立て、再生計画取消しの申立て等が考えられます。

これに対して、住宅資金特別条項によって権利の変更を受けた住宅ローンの債権者は、届出債権者ではないため再生計画取消しの変更を申し立てることはできませんし（民事再生法187条1項）、再生計画の取消しを申し立てることもできません（同法206条1項）。もっとも、住宅資金特別条項によって権利の変更を受けた住宅ローン債権については、当初の住宅ローン契約の期限の利益喪失条項が引き続き効力を有しています（同法203条2項）。そこで、再生債務者が変更後の住宅ローンを弁済しないときは、住宅ローン債権の期限の利益を喪失させ、抵当権の実行や保証人に対する保証債務の履行の請求といった回収方法を検討すべきといえます。

4．債務者区分・自己査定および債権償却

(1) 債務者区分・自己査定

住宅資金特別条項の適用がある住宅ローン債権については、改めて期限の利益を回復することになるため、正常債権として非分類の取扱いができるのではないかという考え方もできますが、条件緩和債権（要管理債権）として、住宅

ローン債権全額をⅡ分類とすべきです。

債務者区分については、債務者が裁判所に民事再生手続開始の申立てをした時点で「破綻先」に区分されます。

その後、再生計画の認可決定が下りた時点では、「破綻懸念先」とすることが可能です。

ただし、金融検査マニュアル上、再生計画が認可された時点で、住宅ローン債権について弁済条件の変更もなく、遅滞なく弁済している債務者については、「要注意先」としてさしつかえないとされています。なぜなら、個人再生手続では、住宅ローン以外の債務については、原則3年、最長5年で3カ月に1回以上は分割弁済しなければならないとされており（同法229条2項）、住宅ローンを除けば、すべて5年以内に完済する計画、すなわち5年以内に正常先となる計画となっているためです。

そのような債務者については、住宅ローンがもともと長期分割弁済を予定していた債権であることから、住宅ローン以外の他の再生債務を完済した時点をもって「正常先」に格上げすることも考えられます。

これに対して、住宅ローン債権について、弁済条件の緩和等の条件変更をした債務者については、たとえ住宅資金貸付債権を遅滞なく弁済中であり、他の再生債務を完済したとしても、「要注意先」にとどめるべきといえます。

(2) 債権償却

住宅資金特別条項の適用がある住宅ローン債権については、再生計画どおり弁済が行われており、または行われる限りにおいては、上記のように全額Ⅱ分類債権となります。そのため、たとえ、5年を超える弁済予定部分があったとしても、その金額は法人税法施行令96条1項1号ロによる貸倒引当金繰入れの対象とはなりません。したがって、その場合は住宅ローン債権を除いた債権（無担保カードローン等）が直接償却・引当ての対象になります。

第8章
相　続

相談事例 159 代襲相続の考え方

預金者であるAさんが死亡しました。Aさんには複数の子どもがいますが、そのうちの1人（Bさん）がAさんよりも前に死亡しているようです。Bさんには子ども（C君）がいます。この場合、C君もAさんの相続人になるのでしょうか。

代襲相続とは、被相続人の死亡時に、相続人となるべき者が、被相続人より先または被相続人と同時に死亡している場合、または相続欠格や廃除によって相続権を失っている場合に、相続権を失った者の直系卑属（子、孫など自分より後の世代で、直通する系統の親族）が、相続権を失った者に代わって、その者の受けるべき相続分を相続することをいいます。

この被相続人より先または被相続人と同時に死亡している場合、相続欠格、廃除のような代襲相続が発生する原因を代襲原因といいます。

代襲相続が認められているのは、子が相続人となる場合と兄弟姉妹が相続人となる場合であります（民法887条2項、889条2項）。被相続人の子だけでなく孫にも代襲原因がある場合には、孫の子（被相続人の曾孫）が代襲相続をすることになりますが、兄弟姉妹が相続人となる場合には、このような再代襲相続は認められません。

本事例においては、Aさんの子であるBさんがAさんよりも前に死亡しているため、Bさんには代襲原因があります。よって、C君は代襲相続をすることにより、Aさんの相続人となります。

第8章 相　続

養子縁組と相続

預金者であるAさんが死亡しました。Aさんには子どもや配偶者はいませんが、養子縁組をしている養親Bさんがいました。(1)預金者の実親も養親Bさんも存命である場合、誰が相続人になるのでしょうか。(2)預金者の実親も養親Bさんも死亡しており第2順位までの相続人はいません。Bさんには、Aさんのほかに、実子がいます。養親の実子は、相続人になるのでしょうか。

　養子縁組には、普通養子縁組と特別養子縁組の2つがあります。養子縁組により、養子と養親およびその血族との間に、血族間におけるのと同一の親族関係が成立することは（民法727条）、普通養子縁組と特別養子縁組で異なるところはありません。しかしながら、実方との関係においては、普通養子縁組では、実親等との親族関係が存続するのに対して、特別養子縁組では、実親等との親族関係が終了します（同法817条の9）。

　そのため、普通養子縁組では、子と実親および養親双方との間で相続関係があるのに対し、特別養子縁組では、養親との間でのみ相続関係があることになります。

　事案(1)では、Aさんには第1順位の相続人である子どもおよび配偶者がいないのですから、第2順位である直系尊属（父母、祖父母など自分より前の世代で、直通する系統の親族）のみが相続人となります。そのため、普通養子縁組では、実親と養親であるBさんが相続人となり、特別養子縁組では、実親は相続人とならず、養親Bさんが相続人となります。

　事案(2)では、養親の実子は、養親の血族に当たりますので、Aさんと養親の実子との間には血族間におけるのと同一の親族関係が生じます。そのため、普通養子縁組においても、特別養子縁組においても、Aさんと養親の実子は、兄弟姉妹の親族関係となり、養親の実子が第3順位の相続人となります。この点、民法727条は、養子と養親およびその血族との間の関係を規定しており、養子の血族と養親との間には、親族関係が成立するものではないことに注意が必要です。

相談事例 161 遺留分を侵害する預金の払戻し

死亡した預金者は遺言を残していますが、当該遺言は遺留分を侵害する内容となっています。この遺言に従って、預金を払戻ししてもよいのでしょうか。

　遺留分とは、被相続人が有していた財産について、法律上、一定範囲の法定相続人に保障されている一定の割合のことをいいます。

　具体的な遺留分の割合は、直系尊属のみが相続人である場合には、被相続人の財産の3分の1、それ以外の場合には、被相続人の財産の2分の1となります。兄弟姉妹には、遺留分は認められていません（民法1028条）。

　この遺留分を侵害された相続人は、自己の遺留分を保全するのに必要な限度で、遺贈や生前贈与の減殺を請求することができ、これを遺留分減殺請求権といい（同法1031条）、この遺留分減殺請求権を行使するかどうかは、当該相続人の自由とされています。

　この点、遺留分を侵害する内容の遺言に従って預金を払い戻すことができるかが問題となりますが、遺留分を侵害する内容の遺言も、それ自体は違法でも無効でもなく、遺言としての要件を満たしていれば完全に有効となります。遺言によって遺留分を侵害された相続人は、遺留分権利者として、遺留分を侵害している相続人に対して減殺請求することができるというだけのことになります。

　よって、金融機関としては、遺言の内容が遺留分を侵害することが明白であったとしても、その遺言に従って、名義書換えや払戻しの手続を行うことができます。遺留分権利者に対して、遺留分減殺請求権を行使するかどうかの確認などを行うことも、原則として必要ありません（『4500講』Ⅰ巻1294頁）。

相談事例 162 遺言がある場合の遺産分割協議との優劣

被相続人は遺言を残しましたが、相続人らは遺産分割協議を行いました。この場合、遺言と遺産分割協議はどのような関係にあるのでしょうか。

遺言による遺産処分中、相続人以外の第三者への遺贈などにおいては、相続人はその義務者となるため、それに反する遺産分割協議は遺言に優先することはありません。

これに対し、遺言内容が相続分の変更や遺産分割方法の指定などで関係者が相続人に限られる場合は、協議内容が遺言に抵触しても、協議として有効に成立している限り、遺言に優先するというのが判例・通説です。

なお、民法908条に規定する遺産分割を禁止する旨の遺言が存在する場合は、死後最長5年間は遺産分割をしてもその効力は認められません。

また、遺産分割方法の指定に遺言執行者の指定を伴っている場合につきましては、遺言者の意思は、これに反する共同相続人等による遺産分割を許さず、遺産分割の実行およびそれに伴う諸手続のすべてを遺言執行者に委託したものと解すべき場合が多いと考えられます。判例にも、遺産分割方法の指定として、特定の財産をあげて分配を具体的に指示し、かつ、遺言執行者を指定した遺言につき、これを相続分の指定を伴う遺産分割方法の指定であるとし、遺言執行者は指定された遺産分割方法に従った遺産分割の実行の委託を受けたものとして、これに反する共同相続人の協議による遺産分割は許されないとしたものがあります（東京地判平元.2.27金法1234号39頁）。したがいまして、このような遺言の場合は、遺言が優先するものとして遺言執行者を相手に処理するのが妥当と考えられます（『4500講』Ⅰ巻1287頁）。

このように、遺言と遺産分割協議の優劣は、その遺言の内容に左右されるものといえます。

相談事例 163 外国国籍を有する被相続人の預金の取扱い

外国国籍を有する預金者が死亡しました。相続人と称する者から預金の払戻しを求められた場合、どのように対応すべきでしょうか。

　法の適用に関する通則法36条は、「相続は、被相続人の本国法による」と定め、同法37条1項は、「遺言の成立及び効力は、その成立の当時における遺言者の本国法による」と定めていますので、被相続人の本国法の定めによって相続人が決まることになります。そのため、相続人と称する者から預金の払戻しを求められた場合には、まず、準拠法である被相続人の本国法を調べ、その準拠法に基づいて相続人が誰であるかを確認することが必要となります。

　確認の方法としては、被相続人が国籍を有する国の在日公館等（大・公使館、領事館等）に照会し、その取扱方法（相続人、その順位、日本の戸籍謄本に当たるものがあるかなど）について確認するとともに、領事館等が発行する「死亡証明書」「相続に関する証明書」等の関係書類の提出を受け、相続人を確認のうえ、払戻しに応じます。その際、相続人が日本に在留しているときは、「在留カード」または「特別永住者証明書」等を提出してもらい、本人確認をします。この場合、「万一この相続について紛議を生じた場合は、私どもにおいてすべて解決し、貴行には迷惑・損害をかけない」旨の念書も併せて提出を受けるとともに、有力な保証人を徴求することが望ましいといえましょう（『4500講』Ⅰ巻1242頁）。

　しかしながら、外国人の場合には、準拠法が判明してもその法を調査研究するのに限界があり、日本のような戸籍制度がないことが多く、そのために相続人が誰であるかを正確に確認することは困難な場合があります。したがいまして、提出を受けた相続関係書類では相続人の確定ができない場合には、債権者（相続人）不確知（民法494条後段）を理由として、法務局に弁済供託をすることを検討することになります。

相談事例 164 韓国国籍を有するお客さまの死亡と相続

韓国国籍を有するお客さまが死亡しました。預金や貸出については、どのように相続されるのでしょうか。

相続は、被相続人の本国法によって行われることになります（法の適用に関する通則法36条）。そのため、韓国国籍のお客さまが死亡した場合には、原則として韓国の相続関連法規によって相続が行われますので、韓国の民法を調査して、それに基づいた相続手続が求められます。

韓国の民法における相続に関する定めは、日本の民法における相続に関する定めと類似していますが、大きく以下の点で異なります。

(1) 相続順位は、日本では、①子、②直系尊属、③兄弟姉妹であるのに対し、韓国では①から③（ただし、韓国では①は直系卑属となることに注意）のほか、④4親等以内の傍系血族も相続人となります。

(2) 配偶者の相続順位は、日本の場合、①②③と同順位で共同相続人となるのに対して、韓国の場合、①と②が同順位で共同相続人となり、①②がいない場合には、配偶者がすべてを相続することになります。つまり、韓国では、配偶者がいない場合にはじめて、③④の相続人が存在することになります。

(3) 共同相続人の相続分について、日本では、民法900条に従って割合が決まりますが、韓国では、同順位の相続人が数人いる場合には、その相続分を均等とし、ただし、被相続人の配偶者の相続分は、①直系卑属または②直系尊属の1.5倍となります。たとえば、配偶者と子2人が相続人で1,400万円の預金を相続する場合、日本では、配偶者が700万円、子2人が350万円ずつとなるのに対し、韓国では、配偶者が600万円、子2人が400万円ずつとなります（『4500講』Ⅰ巻1244頁）。

相続権の調査

融資先に相続が発生し、相続人に相続放棄が相次いだ場合、相続権の調査をどこまですべきでしょうか。

　相続放棄は、自己のために相続が開始したことを知ったときから3カ月以内に、家庭裁判所にその旨の申述をすることによりなされます（民法915条1項）。相続放棄をした相続人は、最初から相続人にならなかったものとみなされるため（民法939条）、代襲相続原因とはなりません。

　そのため、配偶者が相続放棄をしている等の理由で相続人とならない場合には、子が相続を放棄すれば第2順位の直系尊属のみが相続人となり、その直系尊属が相続を放棄すれば第3順位の兄弟姉妹のみが相続人となり、その兄弟姉妹も相続を放棄すれば相続人がいないことになり、相続人不存在の場合の手続に移行することになります。

　相続人不存在となった場合には、相続財産管理人の選任を家庭裁判所に申請して、相続財産管理人を相手方として債権回収を図ることになります。

　以上から、金融機関としては、被相続人または相続人の財産から融資金を回収する見込みが認められるのであれば、第3順位の兄弟姉妹まで相続放棄があったか否かを調査すべきと考えられます。

　なお、被相続人の財産は総債務以上にあるのに、債務超過にある相続人が相続放棄をしなかったために相続人の債務がかなり大きく回収困難になるおそれのある場合には、債権者として相続財産分離の手続を請求する必要があることに留意が必要です（『4500講』Ⅲ巻805頁）。

第8章 相 続

相談事例 166 相続放棄と熟慮期間内の回収

貸付先の債務者が死亡しました。相続人は全員相続放棄をする意向です。相続放棄をされる前に、放棄の熟慮期間内に回収してもよいのでしょうか。

相続の放棄とは、被相続人の死亡によって相続が開始された後に相続人が行う相続拒否の意思表示をいいます。

相続の放棄をするには、相続人は、自己のために相続が開始したことを知ったときから3カ月以内にその旨を家庭裁判所に申述しなければならないとされています（民法915条1項、938条）。この3カ月の期間を相続放棄の熟慮期間といいます。

相続債務は、相続開始の時、当然に分割され、各共同相続人が相続分に応じて債務を分割承継していると解されていますので（最判昭34.6.19民集13巻6号757頁）、金融機関としては、この熟慮期間内に回収することも可能ではあります。

しかしながら、相続放棄をした相続人は、その相続に関しては最初から相続人にならなかったものとみなされるとされており（民法939条）、したがって、債務を負担しなかったことになります。そのため、熟慮期間内に債務を回収したとしても、その後に相続放棄がなされれば、実質的に無意味な回収行為となってしまうことに留意が必要です。

なお、相続債務の弁済は保存行為と解されており、法定単純承認にも該当しません（同法921条1号ただし書。谷口知平・久貴忠彦『新版注釈民法（27）』447頁［有斐閣］）。

以上のように、相続放棄をする意向の相続人から貸付金を回収することは現実的ではないと考えられます。これは相続放棄の制度が、債務超過の相続によって過大な不利益を負う相続人を保護するために認められたものであることから、やむを得ないことといえます（『4500講』Ⅲ巻804頁）。

203

相続人全員が相続放棄をした場合の対応

貸付先の債務者が死亡しました。債務者の相続人は、全員が相続放棄をしました。債権回収上どのように対応すべきでしょうか。

　相続人である配偶者、第1順位の子、第2順位の直系尊属、第3順位の兄弟姉妹の全員が相続放棄をした場合には相続人が存在しないことになります。このような相続人不存在の場合、相続財産は法人となり（民法951条）、その法人によって債権・債務の清算がなされることになります。

　この法人による清算手続を行うための相続財産の管理人の選任は、利害関係人などの請求があってはじめて可能になります（同法952条）。預金との相殺を行う場合にも、その意思表示の相手方としてこの管理人が必要となります。また、担保権を実行する場合にも、その通知の相手方としてこの管理人が必要となる場合があります。

　そのため、誰も相続財産管理人の選任の申立てを行わない場合は、金融機関が自ら家庭裁判所に対し、相続財産管理人の選任を請求する必要があります。

　この管理人が選任されると家庭裁判所はその旨を公告し、それから2カ月以内に相続人のあることが明らかにならなかったときは、管理人は債権の届出をするように公告をしますから、金融機関としては、この届出期日までに残債権をすべて届け出なければなりません。ただし、管理人の承知していた債権者に対しては、公告のほかに直接通知がなされ、債権の届出が遅れても排斥されることはありませんが（同法958条の2）、実務上は債権届を届出期日までになすべきといえます（『4500講』Ⅲ巻786頁）。

　管理人は、相続財産をすべて処分して、その換価した代金などによって、届出債権者に対し、債権額の割合に応じて配当することになります（同法957条2項・929条）。

　以上から、金融機関としては、債務者になんら財産が残されていなければ特段の手続は必要ありませんが、回収できる財産がある場合には、相続財産管理人の選任を家庭裁判所に申請して、その者を相手に回収を図らなければなりません。

第 8 章 相 続

相談事例 168 相続人の1人が行方不明の場合

取引先の個人が死亡しました。相続人は複数いるのですが、相続人の中に行方不明者がいるため、遺産分割協議を行うことができません。行方不明の相続人を除いて遺産分割協議を行うことは可能でしょうか。

事例解説　協議によって遺産を分割するためには、相続人全員の意思が合致することが必要です。一部の相続人を除外して協議したり、一部の相続人の意思を無視して協議を成立させても、そのような遺産分割は無効です。したがって、行方不明の相続人を除いて遺産分割協議を行うことはできません。

このような場合に遺産分割協議を行う方法として、以下の2つが考えられます。

① 不在者財産管理人の選任

不在者が財産の管理人を置かなかったときは、家庭裁判所は、利害関係人または検察官の請求により、不在者財産管理人の選任など不在者の財産管理について必要な処分を命じることができます（民法25条1項）。この不在者財産管理人は、不在者の法定代理人と解されています。したがって、不在者財産管理人が行方不明の相続人の法定代理人として協議に参加することで、遺産分割協議を行うことが可能となります。

ただし、不在者財産管理人は、保存行為、利用行為、改良行為についての権限のみを有します（同法28条前段・103条）。遺産分割協議は、これらの権限の範囲に入らないと解されるので、不在者財産管理人が遺産分割協議に参加するためには、家庭裁判所の許可が必要となります（青山修『相続の登記実務Q＆A120問』182頁以下）。

② 失踪宣告の手続

民法30条1項は、「不在者の生死が7年間明らかでないときは、家庭裁判所は、利害関係人の請求により、失踪の宣告をすることができる」と規定しています。また、同条2項は、「戦地に臨んだ者、沈没した船舶の中に在った者その他死亡の原因となるべき危難に遭遇した者の生死が、それぞれ、戦争が止ん

だ後、船舶が沈没した後又はその他の危難が去った後1年間明らかでないときも」失踪宣告をすることができる旨規定しています。

したがいまして、行方不明者が、これらのいずれかに該当する場合には、失踪宣告を検討する余地があります。この場合には、失踪宣告を受けた者は死亡したこととみなされるので（同法31条）、他の共同相続人の間で遺産分割協議を行うことが可能となります（伊藤眞ほか『貸出管理』307頁）。

相談事例 169 未成年の相続人への対応

被相続人に対し貸付があったため、相続預金との相殺を行って回収することを考えていますが、相続人の中に未成年者がいるようです。この未成年者が相続する債務および預金に関する相殺通知は、未成年者宛てに行えばよいのでしょうか。

事例解説　従来、貸付先の債務者が死亡した場合、その債務者である被相続人に対する預金も貸金も、可分債権・可分債務であるので、相続開始の時、当然に分割され、各共同相続人が相続分に応じて債権・債務を分割承継していると解されていました（最判昭29.4.8民集8巻4号819頁）。そのため、この承継された預金と貸金についての相殺権は失われることはなく、金融機関としては、この相続分の割合に応じて相殺通知をすればよいこととされていました。また、相続人間で預金・貸金について法定相続分と異なった遺産分割協議がなされている場合に、金融機関としてこれを認めることもでき、その場合には、遺産分割に従って預金・貸金が相続されたものとして相殺通知をすることも可能とされてきました（『4500講』Ⅴ巻83頁）。

以上の取扱いは、相続預金は、被相続人の開始により法律上当然に分割されて相続人に承継される（当然分割承継説）という従来の判例に基づくものといえます。

この点、最高裁平成28年12月19日大法廷決定は、「共同相続された普通預金債権、通常貯金債権及び定期貯金債権は、いずれも相続開始と同時に当然に相続分に応じて分割されることはなく、遺産分割の対象となるものと解するのが相当である」と判示し、相続預金については当然分割承継説の立場を変更しま

した。

　そのため、相続人に対して、どの割合に応じた相殺通知をすればよいのか、そもそも相殺が可能となるのか検討する必要があります。この点、同決定による影響について「派生する論点は少なくない。例えば、相続預金からの回収には、従来、法定相続分につき相殺による回収や差押えが可能であったが、本決定後は検討が必要となろう」（浅田隆「相続預金の可分性に関する最高裁大法廷決定を受けて」金法2058号16頁）とされており、相殺の可否等について議論が待たれるところです。

　預金と貸金との相殺が許されるときに、相続人の中に未成年者がいる場合、未成年者には意思表示を受領する能力がありませんので、その親権者を代理人として相殺通知を行う必要があります。未成年者に親権者がいない場合には、意思表示を受領する相手方が存在しないことになりますので、家庭裁判所に未成年後見人の選任を申し立て、この未成年後見人を相手に相殺通知を行うことになります。

相談事例 170　相続債務の引受

相続債務における債務引受の留意点について教えてください。

　債務者が死亡し相続が開始すると、当該債務は、各相続人の法定相続分に従って分割承継されるのが判例・通説とされています（最判昭34.6.19民集13巻6号757頁）。しかし、金融機関としては、このような処理に従うと、債権管理の面で手続が煩雑になってしまいます。これを避けるには、相続人との間で債務引受契約（免責的債務引受または併存的債務引受）を締結することが考えられます。

　免責的債務引受では、特定の有力な相続人が相続債務の全部を引き受け、他の相続人は債務を免れることになります。これに対して、併存的債務引受では、債務者と引受人は特段の事情がない限り連帯債務関係が生じることになります（最判昭41.12.20民集20巻10号2139頁）ので、共同相続人のうち有力な相続人が自己の相続債務に加えて他の相続人の債務を引き受けることになります。

それぞれの債務引受では、相続人との間での債権管理等において違いが生じるため、以下の点に留意する必要があります。

なお、ここでは相続に関する留意点のみを取り上げます（債務引受の方法につきましては、相談事例72参照）。

①免責的債務引受について

免責的債務引受は、債権者、原債務者、引受人の3者で行うことが原則となります。相談事例72で解説したとおり、債権者、引受人の2者間で行った免責的債務引受については、原債務者から意思に反すると主張がされると無効となるおそれがあります。そのため、相続人の中に連絡のとれない者がいるなどした場合には、この方法による引受を行うことは困難となります。

原債務者と引受人のみで行われた免責的債務引受は、債権者の承認がなければ有効とならないため、相続人が遺産分割協議で勝手に引受人を決めたとしても、金融機関はこれに従わなければならないわけではありません。もし遺産分割協議で引受人が決められた場合、引受人の資力や資産状態等を調査し、これに応じるか否か慎重に判断する必要があります。

免責的債務引受では、後述の併存的債務引受のような連帯債務関係は生じないため、時効や免除において引受人だけを管理すればよいなど、債権管理を簡素化することができます。しかし、免除した相続人に対して弁済請求することも個別財産への執行もできないことになりますので、引受人の資産が十分でないと回収に不安が生じます。そのため、免責的債務引受を行う場合には、引受人の資産をよく確認し、回収に不安があれば、他の相続人からの保証を徴求するといった対応が必要となることがあります。

②併存的債務引受について

併存的債務引受でも、債権者、原債務者、引受人の3者で行うことが原則です。ただし、原債務者の承諾がなくとも有効となるため、相続人の中に連絡がとれない者がいたとしても、この方法であれば引受を行うことができます。

原債務者と引受人とが連帯債務関係になる併存的債務引受では、相続においては、原債務者からは分割相続された債務の弁済を受けられるのに加え、引受人からは原債務者の相続債務および自己の相続債務の双方の弁済を受けられるということになります。つまり、相続人の1人の資力に不安がある場合でも他の相続人からの回収を図れるメリットがあります。

しかし、併存的債務引受では、民法の連帯債務に関する絶対効の規定の適用

（432～439条）を受ける結果、時効の完成や免除の効果が原債務者・引受人双方に対して及んでしまうことになります。そのため、それぞれの相続人に対して債権管理を行わなければならず、債権管理が複雑になるおそれがあります。

以上のように、免責的債務引受・併存的債務引受という異なる２つの方法により、分割承継された相続債務を特定の有力な相続人に引き受けさせることができます。しかし、それぞれの手続の相違やメリット・デメリットがあるため、金融機関としては、事案の性質に応じてどちらの方法が適当であるかについて慎重に検討を重ねる必要があります。

相談事例 171　連帯保証人の死亡

保証人が死亡した場合、その相続人に保証債務の履行を請求することはできるのでしょうか。

事例解説　保証人が死亡した場合、その相続人は被相続人のいっさいの権利義務を承継することになり（民法896条本文）、保証債務も相続の一般原則に従って、相続人に承継されるのが原則となります。もっとも、判例においては、責任範囲が広範囲のもので、保証人と被保証人との特殊な信頼関係に基づく保証債務（身元保証）、あるいは保証責任の限度額および保証期間の定めのない継続的取引の保証等については、一身専属的なものとして（同条ただし書）その相続性が否定されています。

なお、平成17（2005）年４月１日に施行された改正民法においては、根保証人が個人であり、被保証債務に貸金債務または手形割引に係る債務が含まれている場合（「貸金等根保証契約」の場合）、保証人の責任は極度額を限度とすること（民法465条の２第１項）、元本確定期日が設けられたこと（同条の３第１項）により、限度を定めない保証契約はありえず（無効となります。同条の２第２項）、期間を定めない保証契約は、締結の日から３年を経過する日に元本が確定する（同条の３第２項）ことに留意が必要です。そして、貸金等根保証契約では、保証人が死亡したときには、元本が確定することになりますので（同条の４第３号）、相続人は保証人が死亡時に有していた特定の保証債務のみを相続し、死亡後に発生した債務を相続することはありません（『4500講』Ⅲ

巻576頁）。

　保証債務の相続性が認められる場合には、各相続人は保証債務を相続分の割合で、互いに連帯することなく相続することになりますので、金融機関としては、各相続人が相続した保証債務の範囲で、各相続人に保証債務の履行を請求することができます。

相談事例 172　連帯債務者の死亡

連帯債務者の1人が死亡しました。他の連帯債務者が従前から返済をしています。亡くなった方には相続人である妻と子1人がいます。この場合、どのような対応が必要でしょうか。

事例解説　連帯債務が共同相続された場合について、判例は、「連帯債務者の1人が死亡した場合においても、その相続人らは、被相続人の債務の分割されたものを承継し、各自その承継した範囲において、本来の債務者とともに連帯債務者となる」（最判昭34.6.19民集13巻6号757頁）としています。つまり、各人が1,000万円の連帯債務を負担していた場合、死亡した連帯債務者の相続人である妻と子が法定相続分500万円ずつの範囲で残存連帯債務者と連帯して債務を負担することになります。

　そして、連帯債務には、連帯保証と異なり、①連帯債務者の1人に対して行った時効中断行為が、履行の請求の場合を除いて、他の連帯債務者に影響を及ぼさないため、個別に時効管理を行う必要があります。また、②連帯債務では、債務者相互に負担割合があり、ある1人に対して免除を行うと、その債務者の負担割合について、他の債務者も債務を免れることになるため、連帯債務者の1人から一部弁済を受けて残額を免除しようとした場合、他の連帯債務者に影響を及ぼさないようにしておく必要があります（「連帯債務者の相続」金法1683号80頁）。

　他の連帯債務者が返済を続けている場合でも、このような連帯債務のデメリットを避けるために、上記の例でいうと、妻が負担する500万円の連帯債務を子に免責的に引き受けてもらい、子を1,000万円の連帯債務者とする（可能であればこの債務を妻に連帯保証してもらう）などの方法により、債権管理を

行う必要があります。ただし、これらを行うには相続人らの合意が必要ですので、合意が得られない場合には、上記の点に注意しながら債権管理を行う必要があります。

173 物上保証人の死亡

抵当不動産の所有者が死亡したのですが、抵当権の実行は可能でしょうか。また、抵当権を実行するにはどのような手続を経る必要があるのでしょうか。

1．相続人が存在する場合

抵当不動産の所有者が死亡したとしても、抵当権の実行は可能です。しかし、死亡した所有者を担保不動産競売の当事者として競売申立てをすることはできません。死亡した所有者に相続人が存在する場合、不動産の所有権は相続人に承継されるのが普通ですので、その相続人を競売手続の当事者たる所有者として担保不動産競売を申し立てます。しかし、競売申立てが可能であっても、競売開始決定に伴う差押えの登記には、抵当不動産の所有者が相続人になっていなければ受理されません。そのため、相続登記が未了である場合、担保不動産競売を申し立てたとしても、結局手続が進行できなくなってしまいます。したがって、相続人が相続登記を行わないときには、債権者としては、代位による相続登記をしておく必要が生じます（具体的な手続については、東京地方裁判所民事執行センター実務研究会『民事執行の実務 不動産執行編（上）〔第3版〕』103頁以下参照）。

2．相続人が存在しない場合

(1) 相続財産管理人の選任

相続人不存在の場合、相続財産は法人となり、このままでは仮に財産があっても弁済はされず、差押え等の権利行使もできません。この場合に担保不動産競売を行うためには、相続財産法人を当事者とするため、家庭裁判所に相続財産管理人を選任してもらう必要があります。さらに、相続財産管理人によって、目的不動産の所有者の表示変更の付記登記手続が行われる必要があります。もっとも、相続財産管理人が表示の変更登記を行わない場合は、債権者

が、上記1の場合に準じて、相続財産管理人に代位して、表示の変更登記手続を行わざるを得ません。

(2) 特別代理人の選任

相続財産管理人を選任している時間的余裕がない場合は、特別代理人を選任するという手段（民事執行法20条・民事訴訟法35条1項）をとることも考えられます。しかし、東京地裁民事執行センターの運用では、相続財産管理人の選任を待っていたのでは、時効による消滅等により損害が生じる可能性がある場合や、物件がガソリンスタンドで速やかな処分が要求されるなど、特別代理人の選任を必要とするきわめて例外的な場合に限られている（東京地方裁判所民事執行センター実務研究会・前掲105頁）ようですので、注意が必要です。

根抵当権設定者兼債務者の死亡と相続

根抵当権設定者兼債務者に相続が発生した場合の留意点について教えてください。

一定の範囲に属する不特定の債権を極度額の限度で担保する抵当権のことを根抵当権といいます（民法398条の2第1項）。

相続が生じると、被相続人に属したいっさいの権利義務は、被相続人の一身に専属したものを除いて相続人に承継され（同法896条）、遺産分割前の相続財産は相続人の共有に属するとされています（同法898条）。したがって、根抵当権設定者兼債務者が死亡した場合、根抵当目的物は遺産分割が行われるまでは相続人の共有となります。

他方、金銭債務等の可分債務は、法律上当然に分割され、各相続人にその相続分に応じて承継されます（最判昭34.6.19民集13巻6号757頁）。したがって、被担保債権は法律上当然に分割され各相続人に相続分に応じて承継されることになります。

根抵当権は、相続人の共有となった根抵当目的物の上に存続します。もっとも、元本確定前の根抵当権については、根抵当債務者の死亡により原則として元本が確定するので、注意が必要です。元本を確定させないためには、相続開

始後6カ月以内に根抵当権者と根抵当権設定者（相続人）との間で根抵当取引を承継すべき債務者を相続人の中から指定し、その合意の登記を備える必要があります（民法398条の8第4項、同2項）。

この合意の登記の前に、根抵当目的物の所有権を相続する相続人を定め、その者に所有権移転の登記を行わなければなりません。共同相続される場合には共有とすることもさしつかえありません。また、相続による債務者変更登記を行う必要があります（不動産登記法92条）。

なお、根抵当取引継続合意の登記申請とこれらの登記申請を同時に行うことも可能です（『4500講』Ⅳ巻462～463頁）。

これらの登記がなされると、当該根抵当権の元本は確定せず、相続開始時に存する債務のほか、指定された相続人が相続開始後に負担する債務をも担保することになります（民法398条の8第2項）。

上記のとおり、被担保債権は法律上当然に分割され各相続人に相続分に応じて承継されますが、相続人の資力の問題や債権管理の煩雑さから、分割承継された債務を有力な相続人に引き受けさせることが実務上よく行われています。

債務引受には、原債務者および引受人がそれぞれ同一内容の債務を負う併存的債務引受と、引受人のみが債務者となり原債務者は債務を免れる免責的債務引受とがありますが、いずれの契約に基づいて債務者の変更の登記をしても、引受人の債務を担保することはできないとされています（同法398条の7第2項）。そのため、債務引受による引受人の債務を根抵当権の被担保債権とするためには、引受人を根抵当権の債務者とする債務者の変更の手続をするとともに引受人の債務を根抵当権の担保すべき債務とする被担保債権の範囲の変更をすることが必要です（後藤基・横山亘「根抵当権の債権の範囲の変更または債務者の変更の登記に関する諸問題」金法1441号7～8頁）。具体的には、根抵当権者と設定者とで、債務者および被担保債権の範囲の変更を合意し、かつその旨の登記をすることになります（同法398条の4）。

相談事例 175 連帯保証人が債務者を相続した場合の対応

主債務者が死亡しました。相続人は複数います。相続人の1人が連帯保証人なので、その方に保証人として返済を続けてもらっています。この場合、主債務の消滅時効はどのように考えればよいのでしょうか。

事例解説　主債務を相続した保証人は、従前の保証人としての地位に併せて、包括的に承継した主たる債務者としての地位をも兼ねるとされていますので、本事例のような連帯保証人としての地位に基づく保証債務の弁済も認められます（最判平25.9.13民集67巻6号1356頁参照）。

それでは、保証債務の弁済により主債務の消滅時効も中断することになるのでしょうか。この点、上記最判は「主たる債務者兼保証人の地位にある者が主たる債務を相続したことを知りながらした弁済は、これが保証債務の弁済であっても、債権者に対し、併せて負担している主たる債務の承認を表示することを包含するものといえる。これは主たる債務者兼保証人の地位にある個人が、主たる債務者としての地位と保証人としての地位により異なる行動をすることは、想定し難いからである」と述べ、保証債務の弁済により主たる債務の承認を認め、主債務の消滅時効の中断を認めています。

なお、本判決が「主たる債務を相続したことを知りながら」と述べていることや、「承認」の意義からは、被相続人の死亡を知らずに保証債務を弁済した場合には、本判決の射程は及ばないと考えられます。また、各相続人は、各相続分に応じた主債務のみを相続していることになりますから、保証債務の弁済が、相続していない主債務の消滅時効を中断する効力は有しないと考えられます（下村信江「保証人が主たる債務を相続したことを知りながら保証債務の弁済をした場合における主たる債務の消滅時効の中断」金法2001号25頁）。

相談事例 176 共同相続人の1人からの全額弁済

貸出先の債務者が死亡しました。相続人は複数います。共同相続人の1人が「債務は私がすべて支払います」と言っているのですが、この弁済を受領してもよいのでしょうか。

事例解説　判例上、共同相続における金銭債務は、各相続人にその相続分に応じて分割して承継されるとされています（当然分割説。最判昭34.6.19民集13巻6号757頁、金法216号10頁）。各相続人は、各自が承継した範囲の債務のみを負担し、相続分を超える範囲の債務については弁済する義務を負いません。そうすると、債権者としては、各相続人に対しそれぞれ請求しなければならないことになります。債権者である金融機関にとっては、被相続人の単独債務であったものが複数の相続人に分割承継される事態は、事後の債権管理・回収面で多くの労力を要する状況といえます。そのため、共同相続人のうち資力のある相続人に他の相続人の相続債務を引き受けてもらい、その者から回収するといった対応をとることも考えられます（詳細は、相談事例170参照）。

この相続債務の債務引受がなされていないときに共同相続人の1人が債務全額を弁済する場合には、弁済者は、自分の法定相続分の相続債務について弁済するほか、他の相続人の法定相続分の相続債務を弁済する形になります。これは第三者弁済となりますので、「利害関係を有しない第三者は、債務者の意思に反して弁済をすることができない」と規定している民法474条2項を考慮する必要があります。利害関係を有する第三者とは、自分が代わりに弁済しなければ債権者等から請求を受けるような関係にある人をいいます。分割債務者同士はこれに当たりませんので、全額弁済を申し出た共同相続人の弁済は、他の相続人にとっては、「利害関係を有しない第三者」の弁済となります。したがって、「他の相続人が自分で返済する意思があった」と後で主張した場合、第三者弁済に係る範囲は無効ということになってしまいます。

このような状況を避けるため、共同相続人の1人からの全額弁済を受ける場合には、それが他の相続人の意思に反しないことを確認し、同意をもらうことが肝心です。

相談事例 177 相続預金の滞納処分

相続預金に対して、滞納処分に基づく差押えがなされました。この場合、どのように対応すべきでしょうか。

相続預金に対して滞納処分に基づく差押えがなされる場合には、①被相続人が滞納していた国税を徴収する場合、②相続人固有の滞納国税を徴収する場合などが考えられます。

相続預金は、相続人が複数いる場合においては、被相続人の相続開始により法律上当然に分割され、各共同相続人がその相続分に応じて権利を承継するとの従来の判例の考え方（最判昭29.4.8民集8巻4号819頁）からは、相続預金は被相続人名義ではあっても相続人の預金となります。この点、債務についても同様に承継すると考えられています。

そのため、①の場合には、本来は、債務である納税義務を承継した相続人を相手方として差押えを行うべきであり、被相続人を対象として行われた差押処分は無効なものです。しかしながら、滞納者である被相続人の預金は相続人が承継しますので、当該差押えを無効なものとして改めて相続人に対して差押えを行うことは事務手続上も無駄なことですので、その差押えは単に表示を誤っただけのこととして、国税徴収法139条2項は、相続人に対する滞納処分として以後の取立手続が続行できるとしています（郷間一男「相続預金の滞納処分」金法1410号84頁）。

②の場合には、相続預金は被相続人名義であっても相続人の預金ですので、相続人の債権者として有効に差し押さえることができます。よって、税務署が一部の相続人を差押債務者として、相続預金のうち差押債務者の相続分に相当する部分を差し押さえた場合には、金融機関はその差押えに応じて差押預金を支払ってよいことになります（金融財政事情研究会『実務必携預金の差押え』143頁）。

以上の取扱いは、相続預金は、被相続人の相続開始により法律上当然に分割されて相続人に承継されるという従来の判例に基づくものといえます。

この点、最高裁平成28年12月19日大法廷決定は、「共同相続された普通預金債権、通常貯金債権及び定期貯金債権は、いずれも相続開始と同時に当然に相

続分に応じて分割されることはなく、遺産分割の対象となるものと解するのが相当である」と判示し、当然分割承継説の立場を変更しました。

この判例変更により、「派生する論点は少なくない。例えば、相続預金からの回収には、従来、法定相続分につき相殺による回収や差押えが可能であったが、本決定後は検討が必要となろう」（浅田隆「相続預金の可分性に関する最高裁大法廷決定を受けて」金法2058号16頁）、「相続開始後に共同相続人の１人を差押債務者とする被相続人に帰属する預金債権の相続分相当額を対象とする差押命令を得ることが可能なのかどうかの点は、金融機関が債権者の立場と第三債務者の立場の双方で興味を覚えるところである」（両部美勝「相続預金の可分性に関する最高裁大法廷決定を受けて」金法2058号27頁）とされており、従来の取扱いがどのように変更されるのかは議論の待たれるところです。

相談事例 178 貸金庫の内容物の引渡し

貸金庫の契約者（借主）が死亡しました。その共同相続人の１人から貸金庫の内容物について引渡しを求められた場合、これに応じなければならないのでしょうか。

事例解説　貸金庫契約は、目的物を保管するための安全な場所を提供することを目的とするものですから、その法的性質は、貸金庫そのものの賃貸借契約（民法601条）であると解されています。そのため、取引先の死亡により賃貸借契約は終了せず、相続人が貸金庫の賃借人としての地位を承継することになります（東京高判昭58.7.28金法1054号46頁）。もっとも、貸金庫規定ひな型では、借主の死亡は解約事由とされており、金融機関は貸金庫契約を解約することもできます。

このように、貸金庫契約が相続の対象となる以上、相続人からの要求により、貸金庫の内容物を相続人に引き渡す場合には、相続人全員に引渡しをなすべきといえます。したがって、共同相続人の１人からの引渡し要求には、原則として応じることは問題があります。そのため、相続人を相手に貸金庫の内容物の引渡しに応じる場合には、相続人全員の同意のもと、次のような手続が必要となります（『4500講』Ⅱ巻1126～1127頁）。

①　死亡者の戸籍謄本（除籍者の記載があるもの）を徴求して、誰が相続人であるかを確認する。
②　貸金庫の開扉と、内容物の搬出に関する相続人全員の連署した依頼書を徴求する（この依頼書には、後日、相続人以外の第三者から異議申立てがされて、万一、金融機関に損害が生じた場合には、これを担保する旨の文言を必ず付加しておくことが必要です）。
③　相続人全員の印鑑登録証明書を徴求する。
④　相続人全員の立会いによる貸金庫の開扉と内容物の搬出を原則とすべきであるが、もし、立会不参加の相続人があれば、その者から自ら不参加のまま開扉等が行われても異議がない旨の確認を得ておく。

なお、内容物として遺言書があった場合には、遺言の内容を点検のうえ、遺言執行者を相手方として、引渡しを行うことも可能とされています（神戸地決平11.6.9判時1697号91頁、吉岡伸一ほか『取引先の相続と金融法務』189頁）。

相談事例 179　相続人による貸金庫開扉要求

貸金庫の契約者が死亡しました。共同相続人の1人から「貸金庫内に遺言書が入っている可能性があるため、遺言書の有無だけを確認させて欲しい」と貸金庫の開扉要求をされました。相続人は2人ですが、もう1人は海外に住んでいるとのことです。この場合、どのように対応すべきでしょうか。

事例解説　貸金庫内の内容物については、被相続人（契約者）しか知らないことが多く、相続人の一部から「内容物は持ち出さないので、中身の確認（点検）だけをさせて欲しい」という開扉要求をされるケースがあります。

相談事例178で解説したとおり、貸金庫契約が相続の対象となる以上は、一部の相続人のみで貸金庫を開扉すると、他の相続人が貸金庫内の財産を隠匿したのではないか等の疑念を抱くおそれもあり、相続人間でトラブルが発生する危険性があります。また、貸金庫の内容物は必ずしも被相続人の所有物であるとは限らないことから、相続人以外の第三者との関係でもトラブルが生じる危

険性も考えられます。それに伴い、金融機関もトラブルに巻き込まれ、貸金庫を開扉した責任を追及されるおそれがあるといえます。そのため、本事例のように相続人の１人が海外に住んでいる場合でも、①全相続人により開扉する、または②全相続人の同意を得たうえで開扉することが原則となります。

　もっとも、相続人は相続財産の調査権を有していますし（民法915条２項）、実務上「貸金庫の中に遺言書が入っている」など、やむを得ず相続人の一部のみで開扉する正当な理由があると判断される場合も生じることもあり得ます。こうした場合、まず金融機関の役席者立会いのもと、かつ金庫内容物の入出庫はいっさい行わずに開扉を行うという対応も考えられますが、上記のようなトラブルを避けるためにも、公証人に開扉の立会いと貸金庫内容物についての確認、およびそれらに係る事実実験公正証書の作成を依頼する（山下実紀「一部の相続人からの貸金庫開扉請求」金法1963号77頁）という対応が望ましいといえます。

　事実実験公正証書とは、公証人が五感（見る・聞く・嗅ぐ・味わう・触る）によって直接体験してわかった事実を記載した文書です。事実実験公正証書を作成しておけば、同文書は公務員である公証人によって作成された公文書として高度の証明力を有します。公証人という公正中立な第三者に、開扉に立ち会ってもらい、貸金庫の内容物についての確認、および当該相続人が遺言書の改ざんや内容物の隠匿等を行っていないことの確認をしてもらうことで、立ち会わなかった相続人の内容物に対して「何か不正が行われたのではないか」という疑いを回避することができるものと思われます。

相談事例 180 預金相続人からの取引履歴開示請求

共同相続人の１人から「相続預金の取引履歴を開示して欲しい」と要求されました。これに応じなければならないのでしょうか。また、伝票類の開示も請求されているのですが、開示する義務があるのでしょうか。

　最判平21.1.22（金法1864号27頁）は、「預金者が死亡した場合、その共同相続人の１人は、…（中略）…共同相続人全

員に帰属する預金契約上の地位に基づき、被相続人名義の預金口座についてその取引経過の開示を求める権利を単独で行使することができる（民法264条、252条ただし書）というべきであり、他の共同相続人全員の同意がないことは上記権利行使を妨げる理由となるものではない」と判示しました。したがって、共同相続人の1人からの預金取引履歴開示請求に対しては、応じる必要があります。

　では、預金の払戻伝票の開示請求についても応じる必要があるのでしょうか。相続預金が預金者以外の者によって払い戻された可能性があり、相続人が伝票の筆跡を確認したい場合などは、預金の払戻伝票の開示を依頼されることも想定されます。これについて本判決では、「開示請求の態様、開示を求める対象ないし範囲等によっては、預金口座の取引経過の開示請求が権利の濫用に当たり許されない場合がある」としていますが、この判示からは、伝票類が開示請求の対象になるか否かは明確ではありません。

　学説では、伝票は開示請求の対象に含まれるとする見解（尾﨑達夫・伊藤浩一・金子稔「相続預金の取引経過明細の開示請求に対する実務対応」金法1774号32頁など）がある一方で、含まれないとする見解（淺生重機「預金者の取引経過開示請求権の有無」金法1700号82～83頁、関沢正彦「預金取引経過開示請求についての最高裁判決」金法1865号15頁など）も複数あります。

　預金契約の典型的な性質を考えますと、伝票を預金者に開示することは、金融機関が負担する事務処理の射程外ではないでしょうか。したがって、本判決に基づく開示請求権は、伝票類には及ばない（座談会「預金者の取引経過開示請求権に係る最高裁判決が金融実務に及ぼす影響」金法1871号28～29頁）と考えられます。

第 8 章 相 続

相談事例 181 相続人からの解約預金の取引経過開示請求

相続人の1人から被相続人が生前に解約していた預金の取引経過の開示請求を受けました。解約済みの預金についても取引経過を開示しなければならないのでしょうか。

預金者の共同相続人の1人から取引経過の開示請求があった場合に、金融機関が開示義務を負うかについて、従来から争いがありましたが、最高裁によって肯定されたことにより決着がつけられました（最判平21.1.22民集63巻1号228頁）。

では、被相続人が生前に解約していた預金についても、金融機関は開示義務を負うのでしょうか。

この点が争われた裁判例で、第1審判決は、金融機関の取引経過開示義務は、預金契約の解約の前後で異なるものではなく、預金契約が解約された後も残存するとし、その残存期間について預金解約の日から5年間としました（東京地判平22.9.16金法1924号119頁）。

これに対し、控訴審判決は、金融機関は預金契約解約後、従前の取引経過および解約の結果を報告すべき義務を負うが、その報告を完了した後も、過去の預金契約につき、預金契約締結中と同内容の取引経過開示義務を負い続けると解することはできないと判示したうえ、仮に信義則上、金融機関が相続人に対して、被相続人が生前解約した預金取引の経過を報告すべき義務を負うと解する余地があるとしても、本件の請求は権利の濫用であるから、これを認めることはできないと判断しました（東京高判平23.8.3金法1935号118頁）。

この控訴審判決は、「預金契約の存続中は、いつでも過去の事務処理の報告を求めることができるのに対し、預金契約の解約後は、取引経過等の報告を完了すれば取引経過開示請求権は消滅すると解して、解約後に生ずる顛末報告義務としての取引経過開示請求権に限って、一回的行使による消滅を認めるようである」（森田宏樹「預金契約の解約後の相続人に対する金融機関の取引経過開示義務の存否」金法1953号13頁）とされています。

もっとも、実務的には「法的義務でないから開示要請に応じないというスタンスではなく、できるかぎり協力し、開示を求める理由が明確でなかったり開

示請求の内容が包括的で負担が重い場合には、これを明確化させたりポイントを絞った依頼内容に誘導するなど、ケースバイケースで適切な対応ができるよう努めるべき」(『4500講』Ⅰ巻1234頁)といえます。

第9章
協同組織金融機関

地区内転入予定者の会員資格

現時点では地区外に居住しているのですが、地区内に転入予定の方がいます。この方には会員資格があると考えることができるのでしょうか。

地区内への転入予定者は、「その信用金庫の地区内に住所又は居所を有する者」（信用金庫法10条1項1号）として、会員資格が認められるかが問題となります。

ここで「住所」とは、個人の場合、その者の生活の本拠をいい（民法22条）、「居所」とは、個人が多少の期間継続して居住しているが、その場所とその人の生活の結び付きが住所の場合ほど密接でないもの、すなわちそこがその人の生活の本拠であるというに至らない場所をいいます（信用金庫実務研究会報告「会員資格等（その2）」金法1218号17頁）。

転入予定者は、現在においては地区内に生活の本拠も有さず、継続して居住しているともいえないため、地区内に住所または居所を有するとはいえず、会員資格は認められないと考えられます。この点、金融審議会金融分科会第二部会協同組織金融機関のあり方に関するワーキング・グループ「中間論点整理報告書」の別表「規制緩和要望事項」において、「地区外の者が一定期間内に地区内に転入する（会員・組合員資格を得る）ことが確実な場合、当該者への貸出を員外貸出として認めること」が要望されており、地区内への転入予定者は会員資格を有しないことが前提とされています。

第9章　協同組織金融機関

相談事例 183　親子会社の会員資格

親会社または子会社の会員資格を判断する際には、親（子）会社単独で判断するのでしょうか。それともグループ全体を1つとして判断するのでしょうか。

事例解説　親会社または子会社の会員資格を判断する際は、会社単体で、資本金の額、常時使用する従業員の数および事業所の所在地が、信用金庫法10条1項および同法施行令4条が定める会員たる資格の要件を充足していれば、信用金庫は、当該会社の会員資格を認定することができます。

　このことは、信用金庫が子会社に対する貸付について、会員たる資格のない親会社の連帯保証や物上保証を取得して行う場合であっても、子会社の会員たる資格の認定に影響を及ぼすものではありません。

　また、当該会社が上場会社であって連結子会社を有する場合も同様であり、上場会社が単体で上記の要件を充足していれば、連結子会社の資本金の額および従業員の数を合算せずに、会員たる資格を認定することができます。また、会員たる資格のない親会社が全額を出資した子会社であっても、当該子会社が単体で会員の要件を充足する場合には、信用金庫は、その会員たる資格を認定してさしつかえないことになります（『4500講』Ⅲ巻1187〜1188頁）。

学校法人・財団法人の会員資格の判定基準

学校法人・財団法人の会員資格の判定基準は、どのようになっているのでしょうか。

　地区内に住所または事業所を有する法人が会員資格を有するためには、常時使用する従業員の数が300人以下であるか、資本の額または出資の総額が9億円以下（信用金庫法施行令4条）でなければなりません（信用金庫法10条1項ただし書）。つまり、従業員数か資本金等の総額に関する要件のいずれか一方を満たせば会員資格が認められることになります。

　この点、学校法人については、資本金や出資に当たるものが存在していません。また、財団法人についても、設立者が設立に際して財産を拠出していますが、これは財団法人を組成するための行為であり、資本金や出資の概念とは異なるものと解されます。

　そのため、学校法人や財団法人のように、資本金や出資の概念に当たるものがない法人においては、従来から、その常時使用する従業員数のみによって会員資格を判定するものと考えられています（全国信用金庫協会編『会員法務基礎解説』4頁）。

　もっとも、このように解すると、これらの法人においては、資本金等要件はつねに充足されているとして取り扱われることになり、会員資格が認められにくくなります。そこで、信用金庫の制度が設けられた地域の国民大衆のための金融の円滑化等を図るという趣旨から、資本金も出資も法律上の制度として想定されていない法人については、そういう性質のものは充足していないと解して、信用金庫の会員となりうる門戸を広げて運用していくのが相当とする見解もあります（飯島悟「法人の信用金庫の会員としての欠格事由」銀法701号36頁）。

第 9 章　協同組織金融機関

相談事例 185　地区内の大学に通学する学生の会員資格

自金庫の地区内にある大学に通学する学生の会員資格はどのように判断するのでしょうか。

　信用金庫が会員たる資格を認定することができる個人は、原則として、自金庫の地区内に住所もしくは居所を有する者または自金庫の地区内において勤労に従事する者となります（信用金庫法10条1項1号・3号）。したがいまして、信用金庫は、地区内に所在する大学に通学する学生のうち、地区内に住所または居所を有する学生については、会員資格を認定して貸付を行うことができますが、地区内に住所または居所を有しない学生については会員資格を認定することはできません（同条1号）。また、大学生は、自金庫の地区内に所在する大学に「通学している」のみであり、「勤労に従事している」（同条3号）わけではありませんので、この面からも、会員資格を認定することはできません。

　この点、会員資格を有する大学生であっても、後日、学生が卒業とともに自金庫の地区外に就職し、転居した時は、事後地区外貸出となる可能性があります。そのため、信用金庫は、事後地区外貸出となった場合には、与信管理がむずかしくなることも考慮して、自金庫の地区内に所在する大学の学生に対する貸付を検討する必要があります（『4500講』Ⅲ巻1193頁）。

　さらに、大学生が未成年者であった場合には、この点にも留意が必要です。

　未成年者の会員資格について、信用金庫法は何も規定していませんが、信用金庫は国民大衆のための地域金融機関としての機能を担っており、この機能を勘案すると、信用金庫法10条1項1号の「その信用金庫の地区内に住所又は居所を有する者」には未成年者も当然含まれると考えられます。しかし、未成年者は単に権利を取得し、義務を免れる行為、つまり実質的に自己の何らの不利益もない行為は単独に行うことができますが、その他の行為についてはそのつど原則として法定代理人たる親権者（民法818条1項）が同意をするか（同法5条1項本文）、あるいは未成年者を代理して行為することが必要であるため（同法824条本文）、慎重な対応が必要です（平野英則「信用金庫の法務入門」金法1687号58頁）。

相談事例 186 アパート経営と会員資格

賃貸アパートを当庫の地区内に所有する方がいるのですが、この方は会員資格があると判断してよいのでしょうか。また、賃貸アパートは、信用金庫法10条1項2号の「事業所」に該当するのでしょうか。

事例解説

「事業所」とは、事業を行う場所をいい、営業所であると否とを問わず、また本店であると支店、出張所、工場その他であるとを問わず、およそある事業の内容たる活動が行われる一定の場所を意味します。また、「事業」とは、一定の目的をもって同種の行為が反覆継続的に遂行されることをいい、営利の目的をもってなされるかどうかを問いません（内藤加代子ほか『逐条解説信用金庫法』35頁）。

本事例において、賃貸アパート所有者の「住所」または「居所」が地区内に存在していない場合や当該所有者が地区内に勤務していない場合には、当該賃貸アパート所有者に会員たる資格が認められるか否かは、当該賃貸アパートが「事業所」といえるか否かで判断されます。そして、当該賃貸アパートが、その所有者にとって「事業所」といえるためには、当該賃貸アパートにて、事業の内容たる活動が行われていなければなりません。したがいまして、当該所有者が、賃貸アパートの管理・運営業務等を賃貸アパートにて行っていない場合には、単に地区内に賃貸アパートを所有しているだけでは、「事業所」に該当せず会員資格は認められないことになります。

会員の地区外転出と貸付債務

会員に対して貸出をしていましたが、貸出をしたのち、会員が地区外に引っ越しをしてしまいました。この場合、直ちに回収をしなければならないのでしょうか。

信用金庫の融資対象は原則として会員に限られ（信用金庫法53条）、例外として認められている会員以外への貸出（員外貸出）は信用金庫法施行令8条に規定されている場合に限られています。

そのため、会員が貸出後に地区外に移転した場合に生じる事後地区外貸出については、同法施行令8条に規定されていないことから、法令違反の状態となることが懸念されます。しかし、この場合、会員であった期間になされた貸出は有効であったため、一概に法令違反として無理な回収を図ることは、「国民大衆のために金融の円滑を図」る（信用金庫法1条）という観点から妥当とはいえません。

そこで、信用金庫は合理的な範囲内でこのような員外貸出を継続することが許容されると考えられます。この合理的な範囲内かの判断にあたっては、金融庁の検査における次の取扱いが参考となります。

① 償還について積極的な努力をしていると認められるものについては、法令違反としないが、その後の整理を引き続き促進させるため、不備事項として取り上げることとする。
② 償還について積極的な努力が認められず、貸出がいたずらに放置されているものについては、法令違反とはしないが、貸出態度の問題として取り上げ、同時に不備事項として指摘する。
③ 前記①および②の場合においても、貸増しまたは更改を行っているものについては、法令違反として指摘する。

以上のように、信用金庫は早期回収に努めるべきことは当然であるとしても、これを一概に法令違反と断じ、無理な回収を図る必要はなく、会員資格喪失後、貸出期限まで不可避的に生じる過渡的な回収のズレを員外貸出の継続により補完することも許されると考えられます（平野英則「信用金庫の法務入門」金法1700号132頁）。

事後地区外貸出の存続と持分払戻しの要否

会員への貸出後、会員が地区外に引っ越しをしました。その後も貸出を継続していましたが、完済前に当該会員から持分の払戻しを請求されました。この持分払戻請求に応じなければならないのでしょうか。

会員は信用金庫の地区外への転居により、会員たる資格を喪失しますので法定脱退事由に該当することになります（信用金庫法17条1項1号）。会員は、この脱退により金庫の定款の定めるところにより持分の払戻しを請求することができます（同法18条1項、信用金庫定款例14条1項1号、16条）。したがいまして、法定脱退した会員から持分払戻請求があった場合、信用金庫は、特段の事情がない限り、法定脱退した会員の権利に対応するものとして、これに応じる義務があります。

この点、信用金庫法20条は、その例外として、「金庫は、脱退した会員が金庫に対する債務を完済するまでは、その持分の払戻を停止することができる」と定めていますので、同条を根拠に持分払戻請求を拒むことができるかが問題となります。

同条は、信用金庫の債権保全を必要とする事由が借入人について生じた場合に適用されるものと考えられており、具体的には、借入人の破産による法定脱退に伴い（同法17条1項3号）、脱退した事業年度が終わってから、信用金庫が自己の貸金債権と借入人の持分払戻請求権との相殺を予定しているような場合に適用されます。

信用金庫は、会員たる借入人が地区外に転居した場合でも、借入人が貸付金の返済を一度も延滞することなく約定どおり行っていれば、今後も、事後地区外貸出として貸付を存続することが通常といえます。

このように会員が貸付金の返済を延滞していない状況において、会員から持分払戻請求があったときには、信用金庫は、債権保全を必要とする状況にはないことから、信用金庫法20条に基づく持分の払戻しの停止を行うことはできず、会員の持分払戻請求に応じる義務があるといえます（『4500講』Ⅲ巻1191頁）。

相談事例 189 非会員を連帯債務者とする借入れの申出

自金庫の会員資格を有する顧客から、地区外に居住する会員資格のない者を連帯債務者とする借入れの申出がありました。この申出に応じることはできるでしょうか。

連帯債務は、数人の債務者が同一内容の給付について、各自独立に全部の弁済をなすべき債務を負担し、そのうちの1人が弁済をすれば、他の債務者もことごとく債務を免れる債務関係であると解されています（我妻榮『新訂債権総論〔民法講義Ⅳ〕』401頁〔岩波書店〕）。

そのため、連帯債務は、数人の債務者が同一内容の給付について、各自独立に全部の弁済をなすべき債務を負担するものであるので、原則として、連帯債務による貸付は、連帯債務者のすべてが会員であるときのみ可能とされます（信用金庫法53条1項2号）（森井英雄『信用金庫法の相談事例〔四訂〕』18頁〔経済法令研究会〕）。

本事例では、一方の連帯債務者に会員資格がないため、信用金庫は、顧客からの申出に応ずることはできません。

信用金庫としては、会員たる資格がない者の信用力も拠り所に顧客の申出を応諾しようとするのであれば、会員たる資格がある顧客を単独の借入人とする貸付について、会員たる資格がない者の連帯保証を徴求する方法を用いればよいことです。なぜなら、信用金庫法は、連帯保証人については会員たる資格を要求していませんので、信用金庫の顧客に対する貸付について、連帯保証人には、自金庫の会員たる資格がなくてもよいからです（『4500講』Ⅲ巻1201～1202頁）。

理事との取引と利益相反

信用金庫の理事の長男が金庫から融資を受けるにつき、理事が連帯保証をします。この場合、信用金庫と理事が直接取引を行う関係上、理事会の承認が必要となるのでしょうか。

　理事は、信用金庫の業務執行の責任者であり、信用金庫から委任を受けて、善良なる管理者としての注意義務をもって職務を行う立場にあります。理事が、その資格を離れて、個人として信用金庫と取引をしたり、信用金庫と取引の相手方の代理人として取引をする場合には、ややもすれば、その地位を利用し、信用金庫の利益を犠牲にして、自己または第三者の利益を図る危険性をはらんでいるわけです。そこで、信用金庫と理事の取引の公正を図るため、法律は、理事の利益相反取引について、理事会の承認を得ることとしたのです（信用金庫法35条の5第1項）。

　本事例においては、まず、理事と信用金庫が保証契約を締結する点が問題となります。この保証契約は、形式上、理事と信用金庫との直接取引に当たります。しなしながら、直接取引といっても、もっぱら信用金庫に利益を与え、損失を与えるおそれのないものについては、利益相反取引に当たらないと解されています。この点からすれば、保証債務を負担するのは理事であり、信用金庫には、不利益が生ずるおそれはなく、この保証契約は利益相反取引に当たらないといえます。

　次に、信用金庫が、理事の長男に貸付を行う点が問題となります。長男が、未成年者であり理事が法定代理人である場合など、理事が長男の代理人として信用金庫と借入契約を締結するような場合は別として、長男は独立の人格者として融資を受けるわけですから、借入れが規制される理由はないと思われます（関沢正彦「信用金庫の理事と利益相反取引」金法1343号41頁）。

　以上から本事例においては、理事会の承認は不要と考えられます。ただし、実質的にみれば、理事が長男の利益を図り、信用金庫の利益を害するおそれがないとはいえませんので、念のため取締役会の承認を求めることも1つの考え方といえます。

持分払戻請求権の消滅時効

持分払戻請求権の消滅時効について、起算点や期間等はどのように考えればよいのでしょうか。

　持分払戻請求権とは、会員について信用金庫法17条1項1号ないし4号および同条2項に定める法定脱退事由が生じた場合に、会員が、金庫に対して持分の全部または一部の払戻しを請求できる権利をいいます（信用金庫法18条1項）。

　この持分払戻請求権は、脱退の時から2年間行わないときは時効によって消滅します（同法19条）。

　この時効の起算日である「脱退の時」については、法定脱退事由発生の時であって、脱退者がその旨を金庫に通知した時、ないし信用金庫がその事実を知った時ではないとする説、および法定脱退のあった事業年度の終わりから進行するとする説があります。

　このように説は分かれていますが、消滅時効は、権利を行使しうる時から進行するのが原則であり（民法166条1項）、脱退者が現実に持分の払戻しを請求することができるのは、法定脱退事由が生じた事業年度末であり、その時から進行すると解すべきと思われます。

　この消滅時効が実務上意味をもつのは、信用金庫が脱退者に対する貸金等の債権をもたない場合、または持分払戻額が貸金債権額を上回る場合であります。なぜなら、脱退者は自己の持分払戻請求権の消滅時効後も信用金庫の貸金債権と相殺ができるからです（民法508条）。したがいまして、信用金庫は、法定脱退事由が発生した事業年度末において貸金債権が残っていれば、相殺により速やかにこれを回収するとともに、余剰があればこれを脱退者に返還し、貸金債権がなければ持分の全額を払い戻すべきであります（『4500講』Ⅲ巻1185頁）。

相談事例 192 持分への滞納処分による差押え

会員が租税を滞納したようで、出資持分に対して滞納処分に基づく差押えがなされました。税務署に対して、どのように支払をすればよいのでしょうか。

信用金庫の会員（信用協同組合の組合員も同様）の出資持分に対する滞納処分による差押えは、第三債務者である金融機関に対する差押通知書によって行われます（国税徴収法73条1項）。その効力は差押通知書が第三債務者である金融機関に送達された時に生じ、その結果、債務者である会員は差押えを受けた出資持分の処分を禁止され、金融機関は会員に対する出資の払戻しを禁止されることになります。なお、剰余金の配当については、強制執行による差押えの場合と異なり、別に差押えを受けない限り、差押えを受けた会員に支払ってもさしつかえありません。

滞納処分により差し押さえた会員の出資持分は、公売あるいは公売に代えて随意契約（国税徴収法94条、109条）により売却することによって換価されることになります。しかし、持分の譲渡には金融機関の承諾を要すること、譲受人の資格に制限があることなどにより、買受けの申出をする者がほとんどいないため、この方法によって換価されることはまれで、大部分は金庫に対する持分の一部払戻（譲受）請求により換価されています。

この一部払戻（譲受）請求の手続は、次のとおりとなります。

① 税務署長が30日前に払戻（譲受）請求の予告を行う（国税徴収法74条2項）。
② 予告期間が経過したのち、税務署長が払戻（譲受）請求を行う（同法74条1項）。
③ 払戻請求があったときは、その持分の一部（最低口数を超える部分）について、各金融機関の定款に則って払戻手続を行う。なお、信用金庫では、出資持分の全部譲渡により脱退でき、譲受人がいないときは信用金庫に譲受けを請求できることになっていますので（信用金庫法16条）、払戻請求に代えて信用金庫に譲受けを請求できます（金融財政事情研究会『実務必携預金の差押え』220～221頁）。

第9章 協同組織金融機関

相談事例 193 会員の民事再生（会社更生）手続開始決定

貸付先について民事再生手続開始決定がなされました。出資持分と貸付金を相殺することは可能でしょうか。また、貸出先について会社更生手続開始の決定があった場合はどうでしょうか。

民事再生手続が開始されると、原則として再生債権者は再生手続によってのみ権利の行使が可能となりますが（民事再生法85条1項）、再生債権者が再生手続開始当時に再生債務者に対し債務を負担しており、かつ、再生債権の届出期間満了前に相殺適状になれば、その届出期間内に限り、再生手続によらずに相殺することができます（同法92条1項）（『4500講』Ⅲ巻1177頁）。

このように、再生債務者に対する相殺の意思表示は、再生債権の届出期間満了前に相殺適状となったうえ、相殺の意思表示を行わなければなりません。しかし、再生手続の開始は、法定脱退事由には該当しませんので、再生手続が開始したとしてもこれを理由に持分が持分払戻請求権に転化することはなく、相殺適状を生じることはありません。

したがいまして、再生手続において出資持分と貸金を相殺することが可能となるのは、①再生手続の開始以前に、会員から金庫に対し持分全部の譲受請求がなされ、請求日から6カ月を経過した日以後に到来する事業年度末が、再生債権の届出期間満了前に到来し、信用金庫が持分譲受債務を負担している場合、②再生手続の開始以前に、除名処分等の法定脱退事由が発生し、出資持分が持分払戻請求権に転化しており、その履行期である事業年度末が、再生債権の届出期間満了前に到来している場合などになります。

以上のような場合には、出資持分と貸付金との相殺は可能でありますが、実際にこのような状況になることは多いとはいえ、実際の信用金庫が再生手続の開始後に相殺することはまれと思われます（『4500講』Ⅲ巻1177頁）。

なお、会社更生手続が開始された場合も、同様の結論になります（同Ⅲ巻1178頁）。

相談事例 194 会員の破産手続開始決定

貸付先について破産手続開始決定がなされました。出資持分と貸付金を相殺することは可能でしょうか。

破産手続の開始は、会員の法定脱退事由であります（信用金庫法17条1項3号）。

破産手続が開始されると、原則として破産債権者は破産手続によってのみ権利の行使が可能であります（破産法100条1項）。しかし、破産債権者が破産手続開始当時に破産者に対して停止条件付債務を負担しており、かつ、相殺に対する合理的な期待を有していた場合には、破産手続開始後に停止条件が成就した場合であっても、破産法により相殺が禁止される「破産手続開始後に破産財団に対して債務を負担したとき」（同法71条1項1号）には該当せず、破産債権者は、同法67条2項後段により、破産手続終結までの間に、停止条件付きの受働債権の現実化を承認して相殺することもできるし、停止条件の成就を待って相殺することもできるとするのが通説および下級審裁判例（東京地判平15.5.26金商1181号52頁）の立場であります。

会員は、法定脱退により持分払戻請求権を取得する（信用金庫法18条1項）のに対応して、信用金庫は持分払戻債務を負担します。持分払戻債務は、法定脱退事由が生じた事業年度末における信用金庫の正味資産の存在を停止条件とする停止条件債務となります（同法18条2項、信用金庫定款例16条）。

したがいまして、持分払戻請求権は脱退した事業年度の終わりまでは、具体的な数額が定まらず、行使することができない権利であるため、実際に信用金庫が相殺できるのは、会員が破産した事業年度末以降となります（『4500講』Ⅲ巻1179～1180頁）。

第10章
その他

相談事例 195 誤振込への対応

お客さまから「口座番号を間違えて振込をしてしまったので、振込を取り消して元に戻して欲しい。それができないのであるならば、口座名義人と連絡をとりたいので、住所・氏名・連絡先等を教えて欲しい」との要求がありました。この場合、どのように対応すべきでしょうか。

事例解説

1．誤振込による法律関係と組戻し

振込は、振込依頼人からの依頼を受けて仕向金融機関が発信した振込通知に基づき被仕向金融機関が受取人の預金口座に入金した時点で完了します。この時点で、受取人の被仕向金融機関に対する預金債権が成立します。これは誤振込であっても同様であり、受取人の口座に入金されてしまえば預金債権として成立するというのが判例です（最判平8．4．26民集50巻5号1267頁、金法1455号6頁）。

振込依頼人が振込の組戻しを求める場合、振込が完了する前であれば、振込依頼人からの依頼だけで行うことができます。しかし、振込が完了すると、上記のとおり振込金は受取人の預金となってしまいます。したがって、被仕向金融機関が組戻しのために受取人の口座から振込金を引き落とすには、受取人の同意が必要になります。

2．受取人が組戻しに応じない場合の調整（受取人情報取得の必要）

(1) 不当利得返還請求による調整

受取人が組戻しに同意しない場合、受取人はもともと振込金を受け取るべき権利がないにもかかわらず振り込まれた振込金を取得するという不合理な結果が生じます。この点について、前掲平成8年最判は、「振込依頼人と受取人との間に振込みの原因となる法律関係が存在しないにかかわらず、振込みによって受取人が振込金額相当の預金債権を取得したときは、振込依頼人は、受取人に対し、右同額の不当利得返還請求権を有する」と判示しています。つまり、誤振込による振込金は受取人にとって不当利得であるので、振込依頼人が受取人に対して不当利得返還請求をすることによって調整されることになります。

振込依頼人が受取人に対して返還を請求するには、受取人の情報が必要で

す。しかし、振込依頼人は誤振込先である受取人を知らないことが通常ですので、受取人情報を得るため、被仕向金融機関に対して受取人情報の開示を要求することがあります。この場合、被仕向金融機関は、守秘義務や個人情報保護法との関係上、この要求に応じることができるかが問題となります。

(2) 受取人の同意

　個人預金者の住所・氏名は、取引を通じて取得した非公開情報であり、守秘義務の対象です。また、特定の個人を識別する情報ですので、個人情報に該当するとともに、個人データにも該当することが通常と思われます（個人情報保護法2条1項、4項）。したがって、被仕向金融機関が受取人である預金者の住所・氏名を振込依頼人に教えることは、守秘義務に抵触するとともに、個人データの第三者提供になりますので、原則として預金者である受取人本人の同意を得る必要があります。

(3) 弁護士会照会

　受取人がこの同意を拒否した場合、原則として、被仕向金融機関は受取人情報を提供することができません。このような場合、なんとしても受取人とのコンタクトをとりたい振込依頼人が、弁護士会照会（弁護士法23の2）を通じて受取人情報の開示を要求することがあります。弁護士会照会を通じて受取人情報の開示を要求された場合、被仕向金融機関は、受取人の同意がない場合であっても、受取人情報を開示することが許されるのでしょうか。

　振込依頼人は、振込口座のある被仕向金融機関から情報を得ない限り、提訴すら不可能な状況にあります。このことを考慮して、照会書面や対象口座の取引履歴等から誤振込の蓋然性が高いと判断できる場合には、回答に応じることで得られる利益が守秘義務に優越するとして、受取人の同意がなくても照会に応じている金融機関もあります。もっとも、照会に応じる場合であっても、開示する情報は、損害回復のための提訴に不可欠な情報（具体的な届出住所、氏名のみ）に限定しているようです（長谷川卓・木村健太郎「弁護士会照会に関する三井住友銀行の取組み」金法2022号28頁以下。なお、加来輝正「地域金融機関の弁護士会照会への取組みと今後の課題」金法2024号4頁以下も参考になります）。

相談事例 196 貸金庫への差押え

貸金庫に対して差押えがなされました。この場合、どのように対応すべきでしょうか。

貸金庫内の内容物に対して動産執行がなされた場合、「債務者以外の者の占有する動産の差押え」（民事執行法124条）には、当該占有者による任意の提出が必要です。したがって、差押えを受けた金融機関は、内容物を執行者に提出するのか、これを拒むのかというむずかしい判断を迫られます。従来金融機関は、動産の差押えや引渡請求権の差押えに基づく動産の引渡請求に任意に協力しないことが多かったようです。それは、利用者に対する善管注意義務の関係で、利用者の同意なくして強制執行に協力した場合には、利用者に対する債務不履行になるという理由からです。

この点について、最判平11.11.29（金法1567号20頁）の北川弘治裁判官補足意見は、次のとおり述べています。「引渡請求権が差し押さえられた場合に任意に貸金庫を開扉する行為が債務不履行にならないことはもとより、そもそも、任意に動産執行に応じて貸金庫の内容物を提出したとしても、社会的に許容される行為として違法性を欠き、利用者に対する債務不履行となる余地はないものというべきである」。

さらに、動産執行において、金融機関が任意に協力しない場合には、動産執行は妨げられますが、債権者は、債務者が金融機関に対して有している貸金庫契約上の内容物引渡請求権を差し押さえる方法で、内容物につき強制執行することが可能とされています（上記判例）。

第三債務者である金融機関は、差押命令の送達を受けると、利用者に対して内容物を引き渡すことが禁止されます（民事執行法145条1項）。また、差押命令において、対象動産が具体的に特定されていても、差押えの効力は内容物全体に及んでいますので、送達を受けた後は、利用者に対して貸金庫（複数ある場合は全部）の開扉請求を全面的に拒否しなければなりません。そして執行官は、金融機関から任意に内容物のいっさいの引渡しを受け、売却可能な動産を選別して受領します。他方で残った動産は執行による拘束を解かれるため、貸金庫は再び利用可能な状態になります。

第10章　その他

197 店内遺失物への対応

店内遺失物については、どのように対応すべきでしょうか。

店内での遺失物に関する規定は、次のとおりです。

まず、金融機関店舗内等の施設において遺失物を拾得した拾得者（顧客）は、速やかにその遺失物を施設占有者に交付しなければなりません（遺失物法4条2項）。その際、金融機関は、拾得者の住所、氏名、連絡先等、拾得場所と日時等を確認し、拾得者立会いのもと、拾得物の内容も確認します。また、遺失者が判明し、返還する際には拾得者の氏名等を告知することに同意するかどうかの確認も行います。もっとも、拾得者が報労金などの権利を放棄する場合は、同意は不要でしょう。

そして、拾得者から交付を受けた施設占有者は、速やかに当該交付を受けた物件を遺失者に返還し、または警察署長に提出しなければなりません（同法13条1項）。この間、遺失物については、善良な管理者の注意をもって取り扱わなければなりません（同法15条）。また、施設占有者は、拾得者の請求があったときは、①物件の種類および特徴、②物件の交付を受けた日時、③施設の名称および所在地ならびに施設占有者の氏名（法人にあっては、その名称および代表者の氏名）を記載した書面を交付しなければなりません（同法14条）。

金融機関のように、不特定かつ多数の者が利用する施設においては、物件の交付を受け、または自ら物件の拾得をしたときは、その施設を利用する者の見やすい場所に物件の種類および特徴と物件の拾得の日時および場所を掲示しなければなりません（同法16条1項）。あるいは、こうした事項を記載した書面をその管理する場所に備え付け、かつ、これをいつでも関係者に自由に閲覧させることにより、掲示に代えることができます（同法16条2項）。遺失者でない者によるなりすましを阻止するため、ブランド名や具体的な絵柄、金額などは明記しないよう配慮が必要です。

遺失者が現れて遺失物を返還する場合には、その者が本当に遺失者であることを十分確認したうえで返還してください。もっとも、遺失物が盗品であることが判明した場合には、警察に通報し、届け出る必要があります（同法13条1項）。

上記の措置によっても遺失者が判明しない場合、遺失物の交付を受け、または自ら拾得した日から7日以内に警察署長に届け出ます（同法34条参照）。その後に遺失者が判明した場合には、警察から交付された拾得物件預り書に書かれている受理番号を教示し警察署に問い合わせるよう案内してください。

相談事例 198 競売不動産に残された前所有者の持ち物

競売不動産の中に前所有者の持ち物がある場合、落札者はこれを自由に処分することができるのでしょうか。

　落札者が買い受けたのは、あくまで競売不動産であり、その中にある前所有者の荷物についてまで、所有権を取得したとはいえません。したがって、自由に処分してしまうと、後になって問題を生じかねません。

　民事執行法は、不動産を競売で買い受けたけれども、鍵の引渡しを受けることができなかったり、建物内に前所有者の荷物が残っている場合など、買受人が簡易迅速に不動産を占有できるようにするため、引渡命令という制度を用意しています。これによって、占有者等に競売物件を買受人に引き渡すべきことが命じられ、買受人は別途訴訟を提起して明渡しを求める必要がなくなります。

　強制執行の目的でない動産は、占有者に引き渡されることになりますが、それが困難な場合には、執行官が売却することができます（民事執行法168条5項）。売却は原則として、競り売り等によって行われますが（民事執行規則114条）、引渡執行においては、例外が2つあります。

　1つは、即時売却といいますが、執行に先立つ明渡催告と同時に、引渡執行の実施予定日を定めたうえで、執行当日に直ちに目的外動産を売却する旨をあらかじめ決定しておくものです（同規則154条の2第2項）。

　もう1つは、即日売却・近接日売却（同条3項）といって、執行日に前所有者に目的外動産の引渡しができなかった場合に、相当期間待っても引渡しの見込みが立たないときは、即日に目的外動産を売却するか、執行日から1週間未満の日を定めて目的外動産の売却をすることができるというものです。

実際にこのような規定を用いるかどうかは、占有者による引取りの可能性や、目的外動産の種類や量など、さまざまな事情を考慮して執行官が判断することになりますが、失効日当日その場で売却が実施された場合には、買受人が自ら目的外動産を買い受けて処分することもできます。

したがって、ほとんど価値がないような荷物については、上記制度を利用して、買受人が買い取ったうえで処分するのが望ましいでしょう。

保証人への情報開示

保証人（物上保証人）から主債務者の残存元本額、返済状況について教えて欲しいと要求されています。保証人に主債務者の情報を提供してもよいのでしょうか。

守秘義務について、判例では、「金融機関は、顧客との取引内容に関する情報や顧客との取引に関して得た顧客の信用にかかわる情報などの顧客情報につき、商慣習上又は契約上、当該顧客との関係において守秘義務を負い、その顧客情報をみだりに外部に漏らすことは許されない」（最決平19.12.11金法1828号46頁）とされています。もっとも、顧客情報についての一般的な守秘義務は、「みだりに外部に漏らすことは許されない」というものですから、金融機関が当該顧客情報を第三者に開示することが許容される正当理由がある場合には、当該顧客情報を第三者に開示したとしても、守秘義務違反とはなりません。この正当理由については、顧客の同意がある場合や法令等に基づく場合に認められるほか、情報開示の必要性・合理性と、開示により顧客に及ぼす影響等を具体的場面に則して総合的に衡量し、その有無が判断されると考えられます。

保証人は、金融機関から保証債務の履行請求を受ける立場にあります。そのため、主債務の残存元本額、返済状況については、自らが金融機関から実際に請求を受けるかどうかの可能性等を見極めるために必要かつ合理的な範囲の情報であると考えられます。一方、主債務者にとっては、これらの情報を保証人が取得することは想定しているとも考えられます。そうすると、保証人に対して残存元本額、返済状況について開示したとしても、守秘義務違反とはならな

いものと考えられます。これは、物上保証人についても同様です（八田剛「保証人等に対する主債務者に関する情報の開示」金法1978号106頁）。とはいえ、「返済状況については、一律に情報提供を義務づけず、柔軟に対応できることとしていただきたい」（全国地方銀行協会）との意見もある（浅井弘章『個人情報保護法と金融実務〔第4版〕』316頁）ことから、できる限り主債務者の同意を得るという実務対応が望ましいと思われます。

相談事例 200 防犯カメラの映像提供・調査

防犯カメラに映った映像を本人の同意なく他の金融機関に提供することは、個人情報保護法上、問題はないのでしょうか。また、不在者財産管理人の司法書士よりATMで引出しをしている人物を特定するため防犯映像の調査依頼がありましたが、この調査に協力しないといけないのでしょうか。

事例解説

1. 他の金融機関への映像提供

個人情報保護法は、個人情報取扱事業者に対して、あらかじめ本人の同意を得ないで、「個人データ」を第三者に提供することを原則として禁止しています（23条1項）。そのため、個人情報保護法上の問題の有無としては、防犯カメラに映った映像が「個人データ」に該当するかを検討することになります。

「個人データ」とは、個人情報データベース等を構成する個人情報をいいます（同法2条4項）。「個人情報データベース等」とは、個人情報を含む情報の集合物であって、特定の個人情報を電子計算機を用いて検索することができるように体系的に構成したもののほか、これに含まれる個人情報を一定の規則に従って整理することにより特定の個人情報を容易に検索することができるように体系的に構成した情報の集合物であって、目次、索引その他検索を容易にするためのものを有するものをいいます（同法2条2項、同法施行令1条）。そのため、防犯カメラの映像がこのように特定の個人情報を検索することができるようになっていなければ、他の金融機関への提供は「個人データ」の第三者提供に該当しないことになります。

加えて、防犯カメラに映った映像では特定の個人を識別することができないのであれば、そもそも「個人情報」(同法2条1項)に該当せず、よって「個人データ」の第三者提供に該当しないと考えられます。

　ただし、個人情報保護法上は問題ないとしても、防犯カメラに映った映像をみだりに第三者に提供することは、プライバシー等の問題を引き起こす懸念もあります。そのため、他の金融機関への提供は、「個人データ」と同様に、防犯など正当な理由がある場合に行うことが適当であろうと考えます。

2．不在者財産管理人への映像提供

　上記のように、防犯カメラに映った映像は「個人データ」に該当しないことが多いと思われ、この場合は、不在者財産管理人である司法書士への提供も個人情報保護法上は問題ないと考えられます。

　もっとも、調査へ協力する義務が金融機関にあるものではなく、不用意に提供すれば映っている者からプライバシー侵害などといった苦情やトラブルが生じるおそれもあります。そのため、提供する場合には、他の金融機関への提供と同様に正当な理由の有無を十分に確認するとともに、たとえば、他の目的で利用しないことや厳格な保管等を書面で確約してもらうといった対応が考えられます。

もしもし"調査相談室"に寄せられる
よくある金融実務相談事例200

平成29年4月11日　第1刷発行

　　　　　監修者　行　方　洋　一
　　　　　　　　　林　　　正　裕
　　　　　編集代表　小　宮　夏　樹
　　　　　編　者　融資問題研究会
　　　　　発行者　小　田　　　徹
　　　　　印刷所　三松堂印刷株式会社

〒160-8520　東京都新宿区南元町19
発　行　所　一般社団法人　金融財政事情研究会
編 集 部　TEL 03(5368)5956　FAX 03(5368)5988
販　　　売　株式会社きんざい
販売受付　TEL 03(3358)2891　FAX 03(3358)0037
URL http://www.kinzai.jp/

表紙カバーイラスト　中島　泰代

・本書の内容の一部あるいは全部を無断で複写・複製・転訳載すること、および磁気または光記録媒体、コンピュータネットワーク上等へ入力することは、法律で認められた場合を除き、著作者および出版社の権利の侵害となります。
・落丁・乱丁本はお取替えいたします。定価はカバーに表示してあります。

ISBN978-4-322-13058-4